Texturen – Essays und anderes zu Hans Magnus Enzensberger

New York University Ottendorfer Series
Neue Folge, Band 19

unter Mitarbeit von
Joseph P. Bauke (Columbia), Helmut Brackert (Frankfurt/M.),
Peter Demetz (Yale), Reinhold Grimm (Wisconsin),
Walter Hinderer (Princeton)

herausgegeben von
Volkmar Sander

PETER LANG
New York · Bern · Frankfurt am Main

Reinhold Grimm

TEXTUREN

Essays und anderes
zu
Hans Magnus Enzensberger

PETER LANG
New York · Bern · Frankfurt am Main

Library of Congress Cataloging in Publication Data

Grimm, Reinhold.
Texturen: Essays und anderes zu Hans Magnus Enzensberger.
(New York University Ottendorfer series,
ISSN 0172-3529; n.F., Bd. 19)
Bibliography: p.
1. Enzensberger, Hans Magnus – Criticism and interpretation. I. Title. II. Series.
PT2609.N9Z67   1984   831'.914   83-48820
ISBN 0-8204-0059-9

CIP-Kurztitelaufnahme der Deutschen Bibliothek

Grimm, Reinhold:
Texturen: Essays u. anderes zu Hans Magnus
Enzensberger / Reinhold Grimm. – New York;
Bern; Frankfurt am Main: Lang, 1984.
  (New York University Ottendorfer series;
N.F., Bd. 19)
  ISBN 0-8204-0059-9

NE: New York University: New York University...

© Peter Lang Publishing Inc., New York, 1984

All rights reserved.
Reprint or reproduction, even partially, in all forms
such as microfilm, xerography, microfiche, microcard, offset prohibited.

Printed by Lang Druck, Inc., Liebefeld/Berne (Switzerland)

INHALTSVERZEICHNIS

[Hans Magnus Enzensberger:] Der Auswanderer 7

I: Einleitendes 9

    Option für einen Klassiker (1981) 9

    An Introduction to Enzensberger (1982) 12

II: Aufsätze, Essays, Studien 21

    Montierte Lyrik (1958) 21

    Bildnis Hans Magnus Enzensberger.
    Struktur, Ideologie und Vorgeschichte eines Gesellschaftskritikers (1974) 44

    Enzensberger, Kuba und *La Cubana* (1975) 97

    Poetic Anarchism?
    The Case of Hans Magnus Enzensberger (1982) 112

    Festgemauert und noch nicht entbehrlich.
    Enzensberger als Erbe Schillers (1982) 129

    Das Messer im Rücken.
    Utopisch-dystopische Bildlichkeit bei Hans Magnus Enzensberger (1982) 148

III. Kleinere Beiträge und Ergänzendes 169

Das alte Rätsel und die neuen Spiele
[Besprechung von] *verteidigung der wölfe* (1957) 169

Silent Summer (1979) 172

Eiszeit und Untergang.
Zu einem Motivkomplex in der deutschen Gegenwartsliteratur (1981) 174

[Hans Magnus Enzensberger:]
Entrevista 1969 (1974) 218

[Diskussion zu] *Festgemauert und noch nicht entbehrlich* (1982) 229

Nachwort 233

Nachweise 235

Hans Magnus Enzensberger

DER AUSWANDERER

für Reinhold Grimm

Er wundert sich heute noch, daß sie ihn lassen,
daß er darf, daß das Leben im leeren Amerika
für einen so schweren Mann so leicht ist,
so leicht: in fünfundfünfzig Minuten
ist er in Chicago, kaum einen Tag
kostet ihn der Flug nach Hawaii
oder nach Jerusalem, oder der Weg zurück
zu den Sandsteinhäusern, den Ententeichen
(Dürers Wasserfarben: rosa, taubengrau, lauchgrün)
und zu den halbverwilderten Krautgärten
hinter dem Bahndamm
zwischen Stein und Neusündersbühl.

Wer hätte gedacht, daß er eines Tages
so viele Kenntnisse so zierlich eintäfeln würde
unter dem immer weißer werdenden Haar
und so weit fort fahren, fliegen,
ohne verloren zu gehn, schneller als Celtis,
weiter als Harsdörffer, reicher als Klaj,
weit entfernt von den Heimatgerüchen,
Bombenschutt Bohnerwachs Teer,
und von der Wirtschaft Zum Schiefen Eck,
wo der Vater sein Bier trank aus einem Glas,
auf dem ein lauchfarbenes Krokodil seine Zähne zeigte,
grüner als die Insel Hawaii, doch entbehrlich:

daß er dies alles entbehrlich fände, nur die Wörter,
die alten Wörter nicht, die mit ihm fliegen
über die Weizenfelder Wisconsins, und nach Jerusalem.

Hans Magnus Enzensberger (Foto: Peter Zollner, © Suhrkamp Verlag)

1. Einleitendes

OPTION FÜR EINEN KLASSIKER
(1981)

Einige haben es zwar von Anfang an gewußt oder zumindest geahnt. Alfred Andersch zum Beispiel schrieb schon vor zwanzig Jahren: "Es gibt für den Auftritt Hans Magnus Enzensbergers auf der Bühne des deutschen Geistes keinen anderen Vergleich als die Erinnerung an das Erscheinen von Heinrich Heine."[1] Der Anlaß für diese Feststellung war Enzensbergers zweites Gedichtbuch, der Band *Landessprache* von 1960; aber sie galt darum nicht minder auch für sein erstes. Bereits in ihm, dem schmalen, schwarz kartonierten Bändchen von 1957, auf dem weiß und in schlanker, fast zierlich wirkender Handschrift der Titel stand, hatte Andersch jene Heinesche "Dichtung aus Kritik" oder "Kritik als Dichtung" wahrgenommen; bereits mit Enzensbergers Erstlingswerk, ja gerade mit ihm hatte er jenen "epochalen" Umschwung in der deutschen Lyrik sich vollziehen sehen, den er nun, anläßlich der fulminanten Zweitveröffentlichung, ausdrücklich beim Namen nannte.[2] Oder besser gesagt: bei einem weiteren, noch gewichtigeren Namen. Denn wie hatte Andersch schon 1958, in seiner Anzeige der *Verteidigung der Wölfe*, geschrieben? Dieser eine, Enzensberger, habe geschaffen, "was es in Deutschland seit Brecht nicht mehr gegeben hat: das große politische Gedicht". Er, dieser eine, habe einer ganzen Generation, "die, sprachlos vor Zorn, unter uns lebt", endlich und endgültig "Sprache verliehen".[3]

Das sind Formulierungen, mit denen man Klassiker zu begrüßen pflegt. Und natürlich könnte ich auch noch andere Zeugen auf-

---

[1] Alfred Andersch, *Hans Magnus Enzensberger, "Landessprache"*. In: *Über Hans Magnus Enzensberger*. Hrsg. von Joachim Schickel, Frankfurt 1970, S. 68f.
[2] Ebd.
[3] Ders., *1 (in Worten: ein) zorniger junger Mann*. In: *Über Hans Magnus Enzensberger*, S. 9ff.; hier S. 13.

bieten. Ich könnte sogar mich selber zitieren. Auch mir nämlich schien sich damals "eine neue Unmittelbarkeit [...] ankündigen zu wollen"; ja, mit der Unbekümmertheit des kaum Promovierten wagte ich ebenfalls die kühne Voraussage: "Es könnte [...] sein, daß hier eine neue Epoche der [deutschen] Lyrik beginnt." So mein eigener (wissenschaftlicher) Erstling von 1958, der vermutlich überhaupt den ersten solchen Beitrag zum Thema darstellt.[4] Doch bereits zuvor, noch im Erscheinungsjahr von *Verteidigung der Wölfe*, glaubte ich in einer Besprechung allen, die Enzensbergers politische Lyrik als ärgerlich oder gar schockierend empfanden, keck und altklug raten zu dürfen: "Dennoch sollten Sie weniger den Zeigefinger heben als ihn befeuchten. Blättern Sie ruhig zurück; lesen Sie noch einmal, lesen Sie sorgsam, genau, kritisch, was dieser junge Mann an Freundlichem, Traurigem und Bösem geschrieben hat; es lohnt, und Sie werden sich seinen Namen ohnedies merken müssen."[5]

Abermals also, wie bescheiden immer, die Begrüßung eines künftigen Klassikers. Denn was ist oder bedeutet Klassik? Mit diesem Begriff bezeichnen wir das Mustergültige, Vorbildhafte; er meint die Höchstleistung, allerdings auch das Zusammentreffen einer genialen Begabung mit einer ganz bestimmten, ihr gemäßen historischen Situation. Und Anlage und geschichtlicher Kairos − sowenig vom Glück begünstigt die Lage sonst war − wie später dann Wirkung und Einfluß trafen bei Enzensberger in der Tat zusammen. Seine Sprache und sein Stil, im Gedicht wie in der Prosa, dürfen schlechthin beispielgebend heißen; seine Art zu schreiben, soviel sie ihrerseits Vorbildern verdankt, hat die nachbrechtische Lyrik im Deutschland der sechziger und siebziger Jahre entscheidend geprägt, ja förmlich Schule gemacht. Nicht umsonst wird dies von der Rezeptionsforschung (derjenigen jedenfalls, die ernst zu nehmen ist, nicht der bloß öd und pedantisch krittelnden) unumwunden bestätigt. "Es ist erwiesen", meldet sie, "daß die frühe Lyrik Enzensbergers [...] zur Zeit ihrer Entstehung die Interessen und Bedürfnisse, das 'Lebensgefühl' einer ganzen Generation, der Generation der damals Fünfundzwanzig- bis

---

4 Vgl. meinen Beitrag *Montierte Lyrik* im vorliegenden Band.
5 Vgl. meine Besprechung *Das alte Rätsel und die neuen Spiele* im vorliegenden Band.

Dreißigjährigen, so genau zum Ausdruck brachte, daß geradezu leitbildbestimmte und existentiell-identifikatorische Rezeptionsweisen sich einstellten. Das allgemeine (und ziellose) Unbehagen an den gesellschaftlichen und politischen Entwicklungen und Deformationen fand sich artikuliert und gleichsam erlöst in Enzensbergers Gebärde des Zorns, der Auflehnung und der Negation. In seiner Beschreibung und Bestimmung der Lage fanden die Leser ihre eigene beschädigte Wirklichkeit vor. [...] So erhielt die in England aufgekommene Bewegung der 'zornigen jungen Männer' auch hierzulande ihren historisch allfälligen Vertreter und Vorreiter, der alsbald Epigonen und eine beträchtliche literarische Mode, desgleichen aber auch die in solchen Fällen unvermeidliche Entrüstung auf den Plan rief."[6] Diese Charakteristik entgeht nicht völlig der Einseitigkeit, insbesondere durch ihre Betonung des rein Negativen und der Nähe zu Englands *angry young men*; doch benennt sie immerhin klar genug, was bei alledem den Ausschlag gab. Geschildert wird die Aufnahme eines modernen Klassikers oder Klassikers der Moderne. Selbst wer, als Kritiker oder Literarhistoriker, skeptischer urteilen möchte, konnte und kann nicht umhin, dem Lyriker Enzensberger Klassizität zu bescheinigen. Und ähnliche Klassizität, kein Zweifel, gilt für den Essayisten.[7]

---

6   Dieter Steinbach, *Hans Magnus Enzensberger – Zur Rezeption und Wirkung seines Werkes*. In: *Text + Kritik*, Heft 49: Hans Magnus Enzensberger (Jan. 1976), S. 41ff.; hier S. 44.
7   Der Rest dieses als Nachwort zur Neuauflage von Enzensbergers erstem Gedichtband erschienenen Textes stimmt im wesentlichen mit dem Mittelteil meines Beitrags *Festgemauert und noch nicht entbehrlich* im vorliegenden Band überein.

AN INTRODUCTION TO ENZENSBERGER
(1982)

It happened nearly two decades ago, yet I can recall it perfectly well. Indeed I remember it as vividly as if it had occurred yesterday. The scene: Frankfort University, named after Germany's greatest son, Goethe; the year: 1964. A slender, fair-haired and soft-spoken, almost boyish looking man of thirty-five was mounting the rostrum, after having been introduced to an attentive, unusually receptive audience, and was greeted with a veritable uproar of applause. His first public address as newly appointed poet-in-residence had been the talk of the town; in fact, town and gown – both students and scholars, critics and fellow writers, the representatives of the big publishing firms and of the mighty media, as well as the city's dignitaries, all in all about 2,000 people – were in attendance. Needless to say that not even the largest lecture hall could hold this crowd: the event had to be broadcast, by way of short-circuit transmission, to an adjacent, near equally large hall, though there was still not enough room. And none other than the late Theodor W. Adorno, the editor and propagator of Walter Benjamin and then leading philosopher, sociologist, and aesthetician of his country, had volunteered to present the speaker. Echoing one of Germany's most influential scholars in the humanities, Ernst Robert Curtius, who in turn had been echoing one of the most seminal critics and essayists in her entire tradition, Friedrich Schlegel, Adorno declared, cheered by his listeners: "All we have in German literary criticism, nay in criticism as such, is Hans Magnus Enzensberger [...] and a few scattered attempts" (*Wir haben ihn und Ansätze*). This is precisely what Curtius once stated in regard to that brilliant romanticist, Schlegel, and what Schlegel himself, around 1800, had pronounced with regard to Gotthold Ephraim Lessing, the founder and foster father, as it were, of a German literature of classical, worldwide dimensions, and of a comparable literary – and not merely literary – criticism in particular.

A most impressive pedigree, no doubt! But I have evoked it on purpose, fully convinced of being justified in so doing. Neither Adorno nor Curtius, after all, can be said to have been too generous with praise; nor can their illustrious precursor and model. It is true, when Enzensberger was hailed, in the mid-sixties, as a latter-day Lessing or Schlegel by his friend and mentor, only two volumes (albeit weighty and sizable ones) of his by now formidable critical and essayistic output had appeared. On the other hand, he had already brought out three volumes of poetry as well, containing some of the finest post-war verse written in the German tongue; and not only had his lyrical breakthrough in 1957 been likened to the meteoric rise and lasting fame of Heinrich Heine, but he had also been awarded, in 1963, the prestigious Büchner Prize which commemorates Heine's coequal contemporary. As anybody versed in German letters knows, far more was yet to come: a documentary play and a documentary novel, a pair of libretti, even an epic, apart from another three volumes of poetry, and another two of essays and criticism. Not to mention Enzensberger's many additional activities, notably as a prolific and conscientious editor who enjoys that rarest though, perhaps, least dispensable of editorial gifts: serendipity. With his two journals alone, *Kursbuch* (literally, "time-table" or "railroad guide", a title abounding with ambiguities and allusions) and *Transatlantik*, which he founded – rather than co-founded, for he is always at the helm – in 1965 and 1980, respectively, he might safely boast of having installed himself as the most innovative and stimulating, indeed most important, literary promoter and critical mediator of his whole generation.

Born at Kaufbeuren (a small town in the Bavarian Allgäu region) in 1929, Hans Magnus Enzensberger grew up in the city of Nuremberg, Germany's medieval treasure-house and modern hall of infamy, the atmosphere of which, during those ominous thirties and early forties, was a strange and often stifling mixture of provincial remoteness and drowsiness, with faint recollections of a magnificent past, and the deafening din and foaming bombast of Hitler's party rallies and bloody warmongering. Both the musty idyl and the pandemonium, as well as the devastating air raids that soon began to sweep the city, were experienced by the young Enzensberger; toward the end of the war, he was in effect drafted for the Nazis' alleged *levée en masse*, their desperate conscriptions of shaky old men and underfed teen-agers called "Volkssturm". Afterwards, he dabbled a little in the black market, as did many of us, yet also tried his hand — as again was quite common — at the theater. Neither of which prevented him from finishing high school; and likewise, having attended various German institutions, plus the Paris Sorbonne where he continued to study literature, languages, and philosophy, he promptly earned his degree at the local university at Erlangen, situated some twelve or fifteen miles north of Nuremberg. His dissertation, by the way, analyzed the techniques of a romantic poet shown to be a premature avantgardist, and eventually appeared in print although it was (as its author mockingly lamented) but compulsory routine stuff, pedestrian in substance and, moreover, poorly written. Of course, Enzensberger was quite unjust, for he graduated with honors. In fact, he received his Ph. D. — at the age of twenty-six — *summa cum laude*, unless I am grossly mistaken.

At any rate, he could easily have entered an academic career. As witness his lectures and speeches, at the Johann Wolfgang Goethe-Universität and elsewhere, he is as talented and impassioned a preceptor as he is an editor or, for that matter, an anthologist. Yet his aims, as his means and methods, were different. Immediately after his graduation, he joined the Stuttgart Radio to be assigned there, significantly enough, to the section dealing with essays; later on, he served as a reader for the Suhrkamp Verlag, his renowned Frankfort publisher from the very beginning. (In between, he actually taught for a while, if only as a visitor.) Still, even these three or four years of professional employment were merely a brief interlude. Ever since 1961, Enzensberger has lived and worked as a free-lance writer, and one of spectacular success and stature to boot — in spite of his preference for putting the freedom here involved in sarcastic quotation marks. After all, was he not able to found a publishing house of his own, as early as 1970, in his capacity as a "'freier' Schriftsteller"? There will be very few of his colleagues, if any, to rival this accomplishment.

Other such achievements are not quite so managerial in nature. It is, however, no less noteworthy and significant that Enzensberger has traveled a lot, and not just felt at home abroad but, for many years, stayed in foreign lands. Already as a student, he used to tour Europe, emerging in Spain and Greece, in Finland and Italy, indeed wherever the torn and ravaged continent was then accessible; subsequently, while in no way renouncing those more domestic wanderings, he took a good (and repeated) look at North and South America, at Australia, China, and the Soviet Union. One could go on listing countries and continents, and, overstating the case a bit, conclude that there may hardly be an area of importance Enzensberger has not yet inspected. ("Field work", incidentally, is a favorite term of his, applicable in a literal as well as figurative sense, if we think of documentary works like *Der kurze Sommer der Anarchie. Buenaventura Durrutis Leben und Tod* ["The Short Summer of Anarchy: Life and Death of Buenaventura Durruti", 1972, his novel on Spanish anarchism] and *Das Verhör von Habana* ["Hearings from Havana", 1970, his play on the abortive Bay of Pigs invasion], or even of poetic works like his monumental epic, *Der Untergang der Titanic. Eine Komödie* ["The Sinking of the Titanic: A Comedy", 1978] and his equally momentous collection, *Mausoleum. Siebenunddreißig Balladen aus der Geschichte des Fortschritts* ["Mausoleum. Thirty-Seven Ballads from the History of Progress", 1975, but devoted rather to the progress of barbarism].) As for Enzensberger's prolonged sojourns of roughly a decade, this polyhistor and genuine citizen of the world has lived, on the one hand, in Southern Norway, at times retreating to a tiny island in the Oslo Fiord, and, on the other, in that insular yet cosmopolitan city of West-Berlin, a place of strangely exterritorial climate though, somehow, also a hub of things. Only recently – in 1980, to be exact – has he moved to Munich: probably, as in 1965 when he settled in Berlin, on account of the responsibilities arising from the new editorship he then assumed. In between once more, Enzensberger spent at least a year at Lanuvio near Rome, well-nigh a year (and a crucial, both searching and disappointing, one it was) in Castro's Cuba. And need I stress the fact that he makes his regular appearance in New York and vicinity, too . . . even if, in 1968, he gave up his fellowship at the Center for Advanced Studies of Wesleyan University, and left the United States in open protest, decrying the war in Viet Nam and its abominations? Need I further point out that the letter in which he explained his decision, a scathing piece of criticism published jointly by the *New York Times* and the West-German weekly, *Die Zeit*, is still held against him by a number of people, and not necessarily Americans?

Controversies are inevitable. Doubtless, Enzensberger must be seen not only as a widely traveled and highly intellectualized, but also, politically and artistically speaking, as a deeply committed and boldly experimental author. Hence it should be obvious that I relate all this — including his childhood nightmares and adult forebodings, as well as his spontaneous outbursts, whether romantic, revolutionary, or both — because it constitutes a pattern which is, to be sure, characteristic of his life and personality, yet at the same time, and even more so, symptomatic of his work and views as a contemporary writer and, specifically, a critic and essayist. Indeed, Enzensberger's very concept of art and literature and their functions is reflected in this pattern or process of steady development and restless change. More and more, since his first publications in the mid-fifties, he has expanded his horizons, but likewise become absorbed in almost insoluble problems, has proceeded from local and national to global and international and, therefore, ever graver concerns. For instance, his earliest collection of essays, *Einzelheiten* ("Odds and Ends", also "Details") which dates from 1962, and was soon brought out as a two-volume paperback comprising *Bewußtseins-Industrie* ("The Consciousness Industry") and *Poesie und Politik* ("Poetry and Politics"), featured an acid polemic against the *Frankfurter Allgemeine Zeitung*, the foremost West-German newspaper, and an unmasking of the jargon of *Der Spiegel*, West Germany's equivalent to *Time Magazine*, whereas his last such collection to date, *Palaver. Politische Überlegungen* ("Palaver: Political Considerations") which came out in 1974,* contained a vast — and strongly self-critical — satire on the leftist intelligentsia of all countries and their cherished

---

* However, this has meanwhile been superseded by a new collection of Enzensberger's essays, *Politische Brosamen* ("Political Crumbs"), which appeared in 1982.

"tourism of the revolution", that is to say, their traveling and fellow traveling to socialist paradises, and tellingly culminated with a penetrating and truly universal "Critique of Political Ecology", again scarcely Marxist in any orthodox sense, but certainly Marxian. As to the two remaining volumes collected in the meantime, in 1964 and 1967, already their choice of titles (*Politik und Verbrechen* ["Politics and Crime"] and *Deutschland, Deutschland unter anderm* ["Germany, Germany among Other Things"]) clearly suggests that duality of centrifugal expansion and centripetal absorption, even entanglement though never total engulfment, which both distinguishes and, of necessity, disfigures, as it were, the growth and gradual formation of so manifold and seismographic an *œuvre*. For as controversies are unavoidable, so are contradictions. Enzensberger's widening gyre reveals itself as a deepening vortex as well.

Yet precisely this, in all its complexity, makes him exemplary for our present age, and elevates his writings, with their unceasing dialectic of past and future, closeness and distance, commitment and resignation, indeed of hope and despair, utopia and apocalypse, to an outstanding contribution not only to German life and letters, but to world literature and modern life in general. In terms of content, those essays can perhaps be best summed up by drawing on their author's own binary formula: namely, as treating, basically, either "poetic" or "political" issues, just as his creative work at large consists, for the main part, of either poetry or critical prose. Concerning the latter, the texts I have assembled ought to speak for themselves, representative as they are, I believe, of the scope and topicality of Enzensberger's approach, and of the way he tackles questions of art, literature, or culture, and of history, sociology, or ecology.* Concerning the former, however, I needs must content myself with a mere enumeration of the respective volumes. They are the following four: *Verteidigung der Wölfe* ("In Defense of the Wolves", 1957). *Landessprache* ("Language of the Land", or "Vernacular", 1960), *Blindenschrift* ("Braille", 1964), and *Die Furie des Verschwindens* ("The Fury of Disappearance", 1980); but

---

*   See Hans Magnus Enzensberger, *Critical Essays*. Ed. by Reinhold Grimm and Bruce Armstrong. Foreword by John Simon, New York 1982.

there is also, supplemented with some unpublished verse, a 1971 selection from the first three volumes, laconically entitled *Gedichte 1955–1970* ("Poems 1955–1970"), as well as a bilingual anthology called *Poems for People Who Don't Read Poems*, of 1968. Furthermore, let us not omit to note that Enzensberger, on top of being a superb poet in his own right, must be given additional credit for being a sovereign and extremely versatile translator. Enviably gifted for languages to begin with, and exceptionally well-read in the whole realm of literature, he is both a polyglot writer and a *poeta doctus* if ever there was one. By 1970, for instance, he had completed and published, as separate works or even books, translations from the French, the English, the Italian, the Spanish, the Swedish, and the Russian; also, to cite but a single concrete example of special relevance, he had translated and edited a volume of selected poems by William Carlos Williams . . . and, it might be observed, himself undergone a demonstrable influence by this American, whom he helped secure a German public. Last but by no means least, there exist virtually dozens of prefaces, commentaries, and the like that could be adduced, all of which appeared (composed, mind you, not merely in his native tongue) during the same, relatively short, span of time. Thus Enzensberger must be acclaimed as the most important literary promoter and mediator of his generation indeed, on an international no less than a national level. Fighting, with equal fervor and skill, poetic provincialism and political illiteracy, as is amply illustrated – though surely not exhausted – by his famous anthology, *Museum der modernen Poesie* ("A Museum of Modern Poetry", 1960), on the one hand, and, on the other, by his provocative collection, *Freisprüche. Revolutionäre vor Gericht* ("Acquittals: Revolutionaries on Trial", 1970), this remarkable author does in truth cover, in every conceivable respect, "poetry and politics".

In terms of structure and style – to return briefly to his essays proper – we unfortunately lack such a convenient formula. But then, do we possess any satisfactory, reasonably comprehensive definition of this genre? Is not the essay, as indicated by its very name, the experimental and, as a consequence, open and elusive genre *par excellence*? In effect, what it really is, so I am instructed, "has never been [. . .] determined" with any degree of precision and certainty, although there have been, as I also learn, hosts of lasting essayists and scores of memorable essays ever since the inception of this mode of expression by Montaigne and Bacon. Yet the same commanding reference book, an acknowledged dictionary of world-literary terminology, and the same entry I consulted in the vain expectation of being enlightened, does not list even one German title or author! Which is, I venture to say with all due restraint, simply outrageous and a downright scandal. Are there no such texts whatsoever written in the German language? Is there neither a Lessing nor a Schlegel whose work would deserve to be mentioned, let alone a Goethe, a Schiller, a Heine, a Friedrich Nietzsche? And how about so widely divergent modern classics as Thomas Mann, Gottfried Benn, and Bertolt Brecht? How about Brecht's friend, Benjamin, and, in his wake, Adorno? The situation is all the more embarrassing since, ironically, none other than the German tradition offers a wealth, not only of genuine essays worthy of reading, but also of pertinent insights well worth pondering. For isn't Schlegel's aphorism, according to which it is equally detrimental to a writer to have a solid system and to have no system at all, whence it becomes mandatory for him to sustain a combination thereof, *i.e.* a dialectical unity, if not balance, of contradictions — I ask, is not this definition valid, essayistically, for both content and structure of the genre, in the case of Enzensberger as in so many cases? And doesn't a similar validation hold good for that which Schlegel defines, now primarily, but again not exclusively, referring to style, "eine materiale, enthusiastische Rhetorik", *i.e.* a material, indeed materialistic, yet, all the same, passionate, indeed enthusiastic, mode of expression?

If anything, it is the production of the critic here presented, Hans Magnus Enzensberger, which might succeed in redressing the deplorable state of neglect or sheer ignorance that seems to prevail outside the German-speaking community, and initiate and further, at long last, a change for the better. Granted, while it would be foolish to pretend that his essays amount to nothing short of a subsumption of this German tradition in its entirety, they nevertheless preserve and enliven an overabundance of the legacy he carries on. Admirably, in form and essence, and for all the tentativeness and subjectivity peculiar to their kind, they partake of much of Lessing's humanistic verve and straightforwardness, much of Schlegel's literary urbanity and wit — to resort, in conclusion, to just those two great ancestors of his I evoked in the beginning. And steadfastly (though, I trust, not without fear and trembling) Enzensberger continues to take up and face, more than any other essayist I know of, the burning issues of our race and time.

II. Aufsätze, Essays, Studien

MONTIERTE LYRIK
(1958)

I

In einem unlängst erschienenen Gedichtband finden sich unter der Überschrift *bildzeitung* folgende vier Strophen:

du wirst reich sein
markenstecher uhrenkleber:
wenn der mittelstürmer will
wird um eine mark geköpft
ein ganzes heer beschmutzter prinzen
turandots mitgift unfehlbarer tip
tischlein deck dich:
du wirst reich sein.

manitypistin stenoküre
du wirst schön sein:
wenn der produzent will
wird dich druckerschwärze salben
zwischen schenkeln grober raster
mißgewählter wechselbalg
eselin streck dich:
du wirst schön sein.

sozialvieh stimmenpartner
du wirst stark sein:
wenn der präsident will
boxhandschuh am innenlenker
blitzlicht auf das henkerlächeln
gib doch zunder gib doch gas
knüppel aus dem sack:
du wirst stark sein.

auch du auch du auch du
wirst langsam eingehn

> an lohnstreifen und lügen
> reich, stark erniedrigt
> durch musterungen und malz-
> kaffee, schön besudelt mit straf-
> zetteln, schweiß,
> atomarem dreck:
> deine lungen ein gelbes riff
> aus nikotin und verleumdung
> möge die erde dir leicht sein
> wie das leichentuch
> aus rotation und betrug
> das du dir täglich kaufst
> in das du dich täglich wickelst.[1]

Man erkennt ohne weiteres: das Gedicht, unter Verzicht auf alles Gefühlvoll-Stimmungshafte, vielmehr im Ton eines Plakats, greift eines der Symptome unserer Massenwelt auf und identifiziert sich zunächst scheinbar mit dem Glauben an diese Wunschbilder, um sie nachher desto wirkungsvoller in ihrer Verlogenheit entlarven zu können. Das bereitet keine Schwierigkeiten. Aber der Gehalt ist nicht das Entscheidende: entscheidend sind die formalen Mittel, deren sich das Gedicht bedient.

Wenn man vom Inhaltlichen herkommt, fällt vielleicht zuerst auf, wie präzise diese vier Strophen gegliedert sind. Drei gleichgebaute, die nacheinander Mann und Reichtum, Frau und Schönheit, Masse und Stärke behandeln, stehen einer isolierten vierten gegenüber, wo sich nun alle drei angeschlagenen Motive vereint gegenüber finden. Aber damit nicht genug. Die Übereinstimmung reicht bis in kleinste Einzelheiten und ist oft geradezu frappierend. Ganze Zeilen entsprechen einander beinah wörtlich: "du wirst reich (schön, stark) sein"; oder etwas später: "wenn der mittelstürmer (produzent, präsident) will". In der Schlußstrophe werden die drei Schlüsselbegriffe Wort für Wort wieder aufgenommen; aber die verfremdende Verkoppelung mit völlig konträren Vorstellungen der Wirklichkeit macht jetzt ihre Hohlheit schlagartig offenbar. Die Formu-

---

[1] Hans Magnus Enzensberger, *verteidigung der wölfe*, Frankfurt 1957, S. 80f.

lierungen "stark erniedrigt" und "schön besudelt" zeigen das am deutlichsten.

Das Gedicht ist also genau durchdacht, seine Struktur sorgfältig angelegt. Doch damit wäre es erst ein klarer, scharf und konsequent gesagter Text, der den kleinen Mann und seinen Versuch, mühelos zu Geld zu gelangen, das kleine Mädchen mit seinem Traum vom berühmten Star und schließlich das Machtstreben der Masse überhaupt desillusioniert. Es kommt aber noch etwas anderes hinzu, das erst den eigentlichen Reiz und die Raffinesse dieses sprachlichen Gebildes ausmacht.

Vor allem wird ein ganz und gar entlegener, der banalen Realität des Gedichts fremder Bereich hereingeholt: nämlich die Welt des Märchens. Wiederum jedoch ist nicht das Thematische des Vorgangs bedeutsam, sondern allein seine formale Bewältigung. Nicht auf der Spiegelung des Alltäglichen im Märchenhaften liegt das Gewicht: es liegt auf der kunstfertigen Verschränkung der beiden Bereiche, auf dem Geschick des Lyrikers, die Märchenformel kühn in den Ablauf seiner Berichte einzumontieren, und zwar so, daß sie möglichst vielfältige und überraschende Bezüge von diesem neuen Ort aus zu entfalten vermag. Das erweist sich vielleicht weniger an der ersten und dritten Strophe als an der zweiten, wo ja das "eselin streck dich" den ganzen Komplex vom Dummheit und Sexualität, der hinter dem Starrummel steht, assoziativ in Bewegung bringt.

Freilich war dazu ein Eingriff nötig gewesen, eine winzige, aber, wie sich ergab, höchst folgenreiche Änderung: ein Buchstabe mußte herausgenommen werden. Stünde diese Beobachtung allein, könnte man von einem geistreichen Einfall sprechen; doch aufs neue zeigt sich, daß hier stilbestimmende Züge vorliegen. Das lyrische Subjekt, das ein solches Gedicht macht, prüft offensichtlich seine Worte, behorcht sie auf geheime Beziehungen, variiert sie und baut sie um. Man blicke eine Zeile höher: "mißgewählter wechselbalg". Es kann kein Zweifel sein, daß das auffallende Partizip sowohl auf die Wahl selbst, bei der irgendeine Miß kreiert wird, wie auch auf das Falsche, Unstimmige, Mißliche einer solchen Wahl anspielt. Das Wort "wechselbalg" ist in diesem Zusammenhang ebenfalls mehrdeutig.

Das aufschlußreichste Beispiel für ein derartiges Verhältnis zum Wort liefert die erste Strophe, wo die Haltung des Lyrikers geradezu experimentell genannt werden muß. Wie der Gedanke der Publicity in der zweiten, der einer brutalen Gewaltanwendung in der dritten den realistischen Kern der Strophe darstellt, so hier die Vorstellung des Fußballspiels und des Fußballtotos. Den Ausgangspunkt bildet der Begriff "mittelstürmer". Der Satz beginnt ganz klar und sachlich, bricht aber schon in der nächsten Zeile völlig aus seiner scheinbaren Realität heraus und verschränkt sich fortan auf raffinierte Weise mit der Welt der Turandot-Geschichte. Dabei lenkt das Wort den Sinn: eigentlich müßte es ja wohl heißen: "wird um eine mark geschröpft"; aber der Gleichklang, bei dem sich überdies eine neue Rück-Assoziation zur Vorstellung des Kopfballs einstellt, ruft "geköpft" hervor und eröffnet so einen völlig anderen Bereich.

Dieses Zerlegen und Umbauen des Wortmaterials wird zur festen Methode, zum Trick, den man geläufig handhabt, in der jeweiligen Anrede am Anfang der ersten drei Strophen. Am meisten fällt es in der zweiten auf: "manitypistin stenoküre" ist unverkennbar aus einem umgestellten "stenotypistin maniküre" entstanden. Soll damit ein neuer Sinn erschlossen werden? Man könte zur Not an ein manisches Tippen auf der Schreibmaschine und an den automatischen Ritus des Make-up denken; aber recht überzeugend wirkt das noch nicht. Immerhin: einmal aufmerksam geworden, erkennt man denselben Kunstgriff auch in den Zusammensetzungen "markenstecher uhrenkleber" und "sozialvieh stimmenpartner". Bei dem Paar "markenkleber uhrenstecher",[2] scheint es, gelingt die Aufschließung wieder nur halb; um so verblüffender ist dafür das vielschichtige und beziehungsreiche Spiel, das aus den beiden Schlagworten "sozialpartner stimm(en)vieh" erwächst.

Man könnte noch manche kleinere Beobachtungen anfügen. So ist zu bemerken, daß gern konkrete Dinge mit abstrakten Begriffen gekoppelt werden, woraus sich ein besonderer Effekt ergibt: "aus rotation und betrug", "aus nikotin und verleumdung", "an lohnstreifen und lügen reich". Der letzte Satz läßt sich übrigens in doppelter Richtung lesen; er lautet ja im Zusammenhang:

---

[2] Während das erste Wort zugleich auf Sozialversicherung und Freizeitgestaltung (Briefmarkensammeln) anspielt, ist das zweite aus einem Fachausdruck der Technik entwickelt; vgl. ebd., S. 68: "stich die kontrolluhr".

> auch du auch du auch du
> wirst langsam eingehn
> an lohnstreifen und lügen
> reich [...].

Einmal muß man verbinden: "eingehn an lohnstreifen und lügen"; zum andern aber: "an lohnstreifen und lügen reich". Die dritte Zeile ist also außerordentlich geschickt in das Satzgefüge eingepaßt. Ähnliches gilt auch für den Satz, "möge dir die erde leicht sein", der wie die Märchenformel vom "tischlein deck dich" als genaues Zitat aus einem zunächst ganz fremden Bereich hereingeholt wird: er entfaltet zwar nicht diese syntaktische Doppeldeutigkeit, ist aber ebenfalls sehr wirkungsvoll in den Ablauf der Strophe montiert. Auf die Vorliebe für stabende Verbindungen sei nur noch am Rande hingewiesen.

II

Diese Beobachtungen stehen nun keineswegs isoliert, sondern werden von andern Kennzeichen eines ganz bestimmten, stark ausgeprägten Stils ergänzt. Als allgemeinstes Merkmal wäre vielleicht die Einbeziehung sämtlicher überhaupt zugänglicher Sprachbereiche zu nennen. In der Tat: Rotwelschausdrücke stehen neben mythologischen und historischen Reminiszenzen, Zitate neben Sportjargon, Redensarten und Sprichwörter neben Bibeldeutsch. Man vergleiche: "zinken",[3] "stift",[4] "schibboleth",[5] "fischerkönig",[6] "alkibiades",[7] "candide",[8] "pompeji",[9] "maelstrom",[10] "tennisplätze",[11] "boxhandschuh",[12] "regatta";[13] "zöllner",[14] "verworfen",[15] "jüngstes

---

3 Ebd. S. 48; 85. 4 Ebd. S. 84.
5 Ebd. S. 38. 6 Ebd. S. 71.
7 Ebd. S. 58f. 8 Ebd. S. 22f.
9 Ebd. 10 Ebd. S. 39.
11 Ebd. S. 41. 12 Ebd. S. 80.
13 Ebd. S. 58. 14 Ebd. S. 76.
15 Ebd. S. 65.

gericht",[16] "silberlinge".[17] Andere Bereiche kommen hinzu, vor allem die Sprache der Politik, der Geschäftswelt, der Wissenschaft (namentlich der Medizin), des Militärwesens, der Kunst: "wiederaufrüstung",[18] "gipfelkongreß",[19] "amnestie",[20] "diktaphon",[21] "ratenzahlung",[22] "tratte",[23] "marginalien",[24] "druse",[25] "kindbettfieber",[26] "skalpell";[27] "abschußrampe",[28] "leuchtkugeln",[29] "stabschef",[30] "umbesetzung",[31] "blues",[32] "belcanto".[33]

Aber nicht nur die Fachsprachen werden für das Gedicht nutzbar gemacht. Vieles stammt aus der mit Ausdrücken der Technik durchsetzten modernen Umgangssprache, anderes aus der Mundart, wieder anderes aus archaischen Sprachschichten: "schlachthof",[34] "rolltreppen",[35] "schlafwagen",[36] "zackig",[37] "sich eindecken",[38] "blöd aus der wäsche gucken";[39] "hutzel",[40] "schussern",[41] "apfelbutzen";[42] "herauch",[43] "landstürzer",[44] "weil" (in der Bedeutung "während"),[45] auch das unflektierte oder nachgestellte Adjektiv: "ein blechern glockenlied",[46] "ein ding finster, ein ding feucht".[47] Das Derbe und Obszöne ist ebenfalls vertreten: "kotzen",[48] "entjungfern",[49] "verrecken".[50] Weiter begegnen geographische Bezüge, Fremdwörter, ja ganze fremdsprachliche Sätze, sowie Eigennamen:

16 Ebd. S. 71.
18 Ebd. S. 82.
20 Ebd. S. 26.
22 Ebd. S. 69.
24 Ebd. S. 77.
26 Ebd. S. 74.
28 Ebd. S. 82.
30 Ebd. S. 88.
32 Ebd. S. 38.
34 Ebd. S. 30.
36 Ebd. S. 42; 78.
38 Ebd. S. 88.
40 Ebd. S. 72.
42 Ebd. S. 20.
44 Ebd. S. 37.
46 Ebd. S. 11.
48 Ebd. S. 67.
50 Ebd. S. 48f.

17 Ebd. S. 90.
19 Ebd. S. 88.
21 Ebd. S. 68.
23 Ebd. S. 65.
25 Ebd. S. 39.
27 Ebd. S. 52.
29 Ebd. S. 42.
31 Ebd. S. 71.
33 Ebd. S. 82.
35 Ebd. S. 26.
37 Ebd. S. 79.
39 Ebd. S. 90.
41 Ebd. S. 26.
43 Ebd. S. 44.
45 Ebd. S. 71.
47 Ebd. S. 39.
49 Ebd. S. 71.
51 Ebd. S. 18.

"valladolid",[51] "nadarshin",[52] "patagonische äste",[53] "côte ragouse";[54] "makers of history",[55] "passé défini",[56] "la forza del destino",[57] "mi muy dulce amor";[58] "campari",[59] "hilde benjamin",[60] "diderot",[61] "calvados",[62] "pont alexandre trois".[63]
Wo Redensarten, Formeln, Sprichwörter auftauchen, sind sie meist schon umgeformt, aus ihren gewohnten Zusammenhängen gerissen und auf überraschende Weise neu verknüpft: "die tränen fassen sich kurz";[64] "das süßholz vorkaun";[65] "heimat hat goldenen boden, beriecht ihn";[66] "eigener handschellen schmied".[67] Aus dem Sprichwort "eine Krähe hackt der andern kein Auge aus" entsteht "schwestern sind, / mit euch verglichen, die krähen: / ihr blendet einer den andern";[68] aus der umgangsprachlichen Redensart "sich etwas unter die Nägel reißen" (= stehlen) wird das makabre Bild "neue felder der ehre, / auf denen ihr euch preiswert sterbend unsterblichkeit / reißen könnt unter die blauen, / blutigen nägel".[69] Hier liegt auch noch ein zweiter Fall vor, nämlich die Verfremdung des Schlagwortes vom Feld der Ehre durch die unerwartete Pluralisierung, die ihm plötzlich seine eigentliche Realität verleiht. Ähnlich verhält es sich bei der Formulierung "allgemeine mordpflicht",[70] von der es heißt: "man genügt ihr zwischen den konjunkturen".[71] Mitunter ist sogar ein ganzes Gedicht nach diesem Prinzip gestaltet:

> du hast einen spatzen in der hand
> aber die hand ist kein flügel
> du hast eine taube auf dem dach
> aber das dach hat kein haus
> was frommen die vögel?
> mir nichts dir nichts

52 Ebd. S. 76.
53 Ebd. S. 68.
54 Ebd. S. 38.
55 Ebd. S. 72.
56 Ebd. S. 49.
57 Ebd. S. 71.
58 Ebd. S. 18.
59 Ebd. S. 83.
60 Ebd. S. 82.
61 Ebd. S. 77.
62 Ebd. S. 68.
63 Ebd. S. 28.
64 Ebd. S. 73.
65 Ebd. S. 50.
66 Ebd. S. 82.
67 Ebd. S. 84.
68 Ebd. S. 91.
69 Ebd. S. 89.
70 Ebd. S. 48; 74.
71 Ebd. S. 74.

> der himmel blickt sprachlos
> auf rache vermählung hunger und licht
> (nur der spatz schweigt nicht)[72]

Also ein Sprichwort wird zerlegt und eine Redensart aus dem Alltag geistreich neben eine Hölderlin-Reminiszenz montiert. Die Verse sind bezeichnenderweise *scherzo* überschrieben.

Daß Zitate in der Regel parodistisch gebraucht werden, gehört zu diesem Stil. Der popularisierte Hölderlin erweist sich dafür am ergiebigsten: "stiftet lieber, was bleibet: die dummheit",[73] oder: "bekanntlich / wächst, wo gefahr ist, das rettende auch".[74] Weiter liefern Bibel und Liturgie solche Texte: "um die auferstehung des fleisches inzwischen und das ewige leben / werde ich mich, wenn es euch recht ist, selber bekümmern";[75] "durch die binsenwälder rauschen und trommeln / wie es war am anfang die weiber";[76] "nur der kirschendieb sitzt wie ein gott / in excelsis";[77] "mittwoch voll serum / mittwoch voll blei / und ein wohlgefallen / den menschen".[78] Am weitesten geht die Anspielung auf die Einsetzungsworte des Abendmahls: "trink / den tränenwein: das ist das harz der welt".[78]

Daneben stehen freilich Zitate, die ungeniert vorgeformtes lyrisches Gut ausbeuten. Wer dahinterkommt, von wem dieses Bild oder jene Antithese stammt, darf mit dem Autor das Augurenlächeln tauschen; auch das gehört ja zu diesem Stil. Es genügt, ein Beispiel anzuführen:

> der tag steigt auf mit großer kraft
> schlägt durch die wolken seine klauen [...].[80]

Zugrunde liegt Wolframs Tagelied:

> sine clâven durch die wolken sint geslagen,
> er stîget ûf mit grôzer kraft,

---

72 Ebd. S. 21.
74 Ebd. S. 89.
76 Ebd. S. 74.
78 Ebd. S. 48.
80 Ebd. S. 26.

73 Ebd. S. 82.
75 Ebd. S. 32.
77 Ebd. S. 67.
79 Ebd. S. 43.

ich sihe in grâwen   tegelîch, als er wil tagen,
den tac[81]

Belege aus Sappho, Villon, Shaw, Trakl, Benn, Brecht ließen sich hinzufügen. Die Operationen, die der Lyriker mit dem Wort vornimmt, äußern sich vielfach als Trick: "meine weisheit ist eine binse / schneide dich in den finger damit";[82] "doch tut / keine windsbraut euch auf / ihr wildes herz, ihren weißen leib";[83] "ich habe ein herz aus tuff / es wird schwer wenn es regnet".[84] Das heißt: Bilder und Formeln werden beim Wort genommen. Oder es werden, nach dem in *bildzeitung* gefundenen Muster, Einfälle "eingeschlagen wie Nägel und daran Suiten aufgehängt":[85] "durch die wolken / radschlagen die prokuristen".[86] Die Vertauschung eines einzigen Buchstabens provoziert eine Folge von grotesken Bildern. Derselbe Vorgang führt in der Prägung "das knurren der großen stiefel"[87] zu einer verblüffenden Ausweitung des Sinnes. Nimmt man die eingangs gemachten Beobachtungen hinzu, so wird deutlich, daß hier etwas planmäßig Gehandhabtes vorliegt, das freilich bereits bei Mallarmé[88] als voll entwickelt nachweisbar ist. Es beschränkt sich nicht auf den Umbau einzelner Buchstaben, sondern greift auf Silben und ganze Wörter über. Bildungen nach dem Schema "glockenhändler teppichzelte",[89] bei denen die Silben einfach umgestellt werden, sind uns ja schon begegnet; sie treten aber auch in größeren Zusammenhängen auf. Die Wendung "eine frau, eine junge basilika"[90] müßte eigentlich lauten "eine junge frau, eine basilika"; ebenso ist "ohne die spur eurer roten

---

81 Wolfram von Eschenbach ed. Leitzmann, Altdeutsche Textbibliothek 16, S. 186.
82 Enzensberger, S. 7.
83 Ebd. S. 72.
84 Ebd. S. 46.
85 Gottfried Benn, *Doppelleben*, Wiesbaden 1950, S. 201.
86 Enzensberger, S. 26.
87 Ebd. S. 60.
88 Hugo Friedrich, *Die Struktur der modernen Lyrik*, Hamburg 1956, S. 79f.
89 Enzensberger, S. 14.
90 Ebd. S., 68.

zähne"[91] aus einem ursprünglichen "ohne die rote spur eurer zähne" entstanden, wobei in der neuen Form zusätzlich eine farbliche Verfremdung[92] zur Wirkung gelangt. Über mehrere Sätze greift die Montage aus, wenn wir lesen:

> mein pfennig grünt auf dem meeresgrund
> meine liebe rostet im kalten gebirg [...].[93]

Hier sind zweifellos die beiden Verben vertauscht worden, um aus verbrauchten Bildern neue Aussagekräfte zu gewinnen.

Dasselbe Vertrauen auf die verborgenen Kräfte der Sprache, die man experimentierend aufschließen könne, beherrscht auch die Wortbildung, die Verwendung des Stabreims, die Metaphorik. Kontaminierte Formen finden sich, wie "kurzbrüstig"[94] (aus "kurzatmig" und "engbrüstig") oder "rollgeld" (aus "rollbahn" und "fahrgeld"),[95] dazu Wortzusammensetzungen, die auf durchtriebene Weise Versteck spielen, sei es durch ihren Sinngehalt oder durch Gleichklang. So steht hinter "gebetsturbine"[96] "gebetsmühle", hinter "lustflotte"[97] "luftflotte". Wenn es heißt: "am herbstzeitlosen himmel",[98] kann man sowohl an ein zusammengesetztes Hauptwort[99] als Bild für violette Farbe des Abendhimmels denken wie an eine Verbindung von Adjektiv und Substantiv: der Himmel ist herbstzeitlos. Die Art der Anordnung und Schreibung läßt beide Möglichkeiten offen, was zur Folge hat, daß beide gleichzeitig zu wirken vermögen. Die einzelnen Wörter sind so frei und selbständig nebeneinander hin-

---

91 Ebd. S. 50.
92 D.h. ein Widerspruch in der Zuordnung der Farbe zum Farbträger. Enzensberger bedient sich öfters dieses Mittels, z.B. "blaue tintentränen" (S. 56), "schwarzer zucker" (S. 60), "schwarzes mehl" (S. 54).
93 Ebd. S. 55.
94 Ebd. S. 54.
95 Ebd. S. 46; der Begriff existiert allerdings auch als selbständiger *terminus technicus*.
96 Ebd. S. 71.
97 Ebd. S. 27.
98 Ebd. S. 24.
99 Die Getrenntschreibung überwiegt in solchen Fällen durchaus.

gesetzt, daß sie nicht nur die erstaunlichsten Beziehungen zueinander entfalten, sondern auch ohne weiteres wieder isoliert herausgenommen und an anderer Stelle einmontiert werden können. Man vergleiche am Schluß des betreffenden Gedichts:

> zwischen den schüssen
> rührt sich die grille
> die herbstzeitlose
> laurentius flennt [...].[100]

Die Beispiele sind unerschöpflich. Durch simple Verschränkung zweier Vorstellungen entstehen frappierende Bilder: "springen den frauen die pelze im park auf";[101] oder es wird einer sonst metaphorisch gebrauchten Formel ihr realer Gehalt zurückgegeben: "angewurzelt / drohen die bräute"[102] – nicht *wie* angewurzelt: weil sie nämlich selber schon ein Bild für Kirschbäume sind. Oft scheint die Phantasie rein vom Lautwert gelenkt: "history, / häßliche hostess",[103] "calvados mit kutschern und komponisten zu trinken",[104] "von kursen, caux und kultura",[105] "voll tod und plötzlich voll teppichklopfern und tulpen",[106] "der eremit steuert ein taxi, / das paradies ist emeritiert",[107] "zu vergeblicher hochzeit lockend / zwischen lokomotiven und dommeln".[108] Auf die Koppelung von konkreten Dingen mit abstrakten Begriffen in der Art von "die schwarzen hüte / und die verantwortung"[109] wurde schon früher hingewiesen. Ebenfalls hierher gehört das Zusammenspannen entlegenster Vorstellungsbereiche, etwa in "caliban nobiscum"[110] oder in "luftkaravellen".[111] Erfaßt es einen ganzen Satz, so kann man lesen: "im treppenhaus dein blick / hinter schaltern ist überall vor den kinos".[112]

---

100 Ebd. S. 25.
102 Ebd. S. 30.
104 Ebd. S. 68.
106 Ebd. S. 28.
108 Ebd. S. 71.
110 Ebd. S. 67.
112 Ebd. S. 77.

101 Ebd. S. 19.
103 Ebd. S. 72.
105 Ebd. S. 83.
107 Ebd. S. 73.
109 Ebd. S. 88.
111 Ebd. S. 88.

Aber betrachten wir nun einige Fälle, wo die Montage die Struktur von Vers, Strophe, Gesamtgedicht bestimmt. Interessant und charakteristisch ist folgender Vorgang: eine Zeile am Gedichtende wird mehrfach wiederholt, wobei sie jedesmal um ein Wort oder eine Silbe verkürzt wird. Trotz dieser Eingriffe bleibt jedoch die einzelne Zeile in sich sinnvoll, ja ruft überraschende Kombinationen hervor:

>alles aussteigen
>aussteigen
>aus.[113]

Oder:

>die spieldose mit der alten sarabande nicht
>sarabande nicht
>bande nicht
>nicht [...].[114]

Das musikalische Element hat sich gegenüber dem formal-spielerischen durchgesetzt, wo die Zeilen nicht mehr automatisch verkürzt, sondern neue Wörter auf Grund ihres Klanges eingebaut werden:

>meine zarte schalmei
>schalmei april
>schalmei.[115]

Eng damit verwandt ist die Umgruppierung, die Variation eines vorgegebenen Wortmaterials. Das beginnt schon bei refrainartigen Einzelteilen: "bist du lange fort", "lange bist du fort", "du bist lange fort";[116] es kann aber auch auf ein ganzes Gedicht übergreifen. Ein eindrucksvolles Beispiel bietet *schläferung:*

>laß mich heut nacht in der gitarre schlafen
>in der verwunderten gitarre der nacht

---

113 Ebd. S. 53. 114 Ebd. S. 41.
115 Ebd. S. 8.   116 Ebd. S. 58.

>   laß mich ruhn
>   im zerbrochenen holz
>   laß meine hände schlafen
>   auf ihren saiten
>   meine verwunderten hände
>   laß schlafen
>   das süße holz
>   laß meine saiten
>   laß die nacht
>   auf den vergessenen griffen ruhn
>   meine zerbrochenen hände
>   laß schlafen
>   auf den süßen saiten
>   im verwunderten holz.[117]

Die Versanordnung ist keineswegs einer kuriosen Laune des Autors entsprungen, sondern hat durchaus ihren Sinn. Das Gedicht begnügt sich nämlich nicht mit der schulgerechten Variation dieser wenigen Vorstellungen, in deren Mittelpunkt das Bild der Gitarre steht. Ein zweites Stilmittel wird herangezogen. Man beachte: fast jede Verszeile läßt sich syntaktisch sowohl nach vorwärts wie nach rückwärts verknüpfen. Das bedeutet aber, daß man nicht nur lesen muß: "laß die nacht / auf den vergessenen griffen ruhn", sondern zur gleichen Zeit auch: "auf den vergessenen griffen ruhn / meine zerbrochenen hände"; oder: "meine verwunderten hände / laß schlafen" und damit ineins: "laß schlafen / das süße holz". Die Grammatik spricht in einem solchen Fall von ἀπὸ κοινοῦ und definiert: "Es wird ein Satzteil, der gleichmäßig zu zwei beigeordneten Sätzen gehört, in die Mitte zwischen beide gestellt."[118]

Unser Lyriker montiert die einzelnen Teile seiner Gedichte gern auf diese Weise aneinander, um einen unmerklichen Übergang zu erzielen:

---

117 Ebd. S. 10.
118 Hermann Paul, *Mittelhochdeutsche Grammatik*, 14. Aufl. Halle 1944, S. 242; vgl. auch Heinrich Lausberg, *Handbuch der literarischen Rhetorik. Eine Grundlegung der Literaturwissenschaft*, München 1960, Bd. I, S. 349.

> mein feind
> hockt auf den simsen
> auf dem bett auf dem schrank
> überall auf dem fußboden
> hockt
> die augen auf mich gerichtet
> mein bruder.[119]

Die ganze Reihe der adverbiellen Ortbestimmungen weist jene doppelte Zugehörigkeit auf, bezieht sich also sowohl auf den "feind" wie auf den "bruder". Noch klarer liegen die Verhältnisse vielleicht in dem Gedicht *aschermittwoch*, wo die beigeordneten Sätze jeweils völlig verschiedenen Sprachebenen entstammen:

> suche beim gehen und stehen festen halt
> auf einer erde die blut und regen säuft
> in einer luft die alle wimpern versengt
> unter himmeln von denen asche rieselt
> im steinschlag keuchender städte
> nehmen die männer skalpell oder preßlufthammer
>   zur hand [...].[120]

Ebenso in der zweiten Strophe:

> das auf- und abspringen während der fahrt ist verboten
> inmitten von steppen die flüche brüllen
> auf einem meer das schrecklich tanzt
> unter einer sonne die durst speit
> im eisgeruch lippenloser gebirge
> nehmen die frauen staubtücher oder kronen zur hand [...].[121]

Beide Male beziehen sich die vier mittleren Zeilen sowohl auf den vorhergehenden wie auf den nachfolgenden Satz und verschränken dadurch höchst kunstvoll jene heterogenen Elemente, aus denen die Strophen bestehen.

---

119 Enzensberger, S. 29.
120 Ebd. S. 52.
121 Ebd.

Von dieser strukturbildenden Funktion innerhalb eines Gedichtganzen abgesehen,[122] begegnet dieses Stilmittel aber auch isoliert in einzelnen Sätzen: "die tücher knattern im heißen wind treibst du";[123] "und verzehrt ihn / zwischen den schüssen / rührt sich die grille".[124] Einmal äußert sich darin der Drang nach Auflösung logischer Bindungen, die durch ein vieldeutiges Ineinander ersetzt werden sollen, zum andern jedoch ein rein formal-ästhetisches Bedürfnis: das Gefallen an Symmetrie, an spiegelbildlicher Anordnung. Das Gedicht *geburtstagsbrief* endet:

> klopft das herz verschüttet: alt: um hilfe:
> alt: du bist alt bist du: alt.[125]

Seine letzte Zeile, durch Rhythmus und Wiederholung das Klopfen des Herzens wiedergebend, ist abermals ἀπὸ κοινοῦ und zudem vollkommen symmetrisch gebaut.[126]

Es liegt auf der Hand, daß eine solche Lyrik in erhöhtem Maße zu klarer Gliederung drängt. Wiederholung, Gleichlauf und rhythmischer Wechsel prägen in der Tat die meisten der hier behandelten Gedichte. Entweder haben die Strophen gleichgebaute Eingänge: "meine weisheit ist eine binse", "meine schulter ist ein schnelles schiff", "meine stimme ist ein sanftes verließ";[127] oder sie sind überhaupt anaphorisch und beginnen mit denselben Worten, wie die Mittelstrophen von *candide*: "wichtig ist, daß du [...]".[128] Auf der anderen Seite gibt es dann wiederkehrende Strophenschlüsse, die bis zum echten Refrain führen können. So in *aschermittwoch*: "aus. / keine(r) kömmt wieder".[129] Dagegen handelt es sich in dem Gedicht *geburts-*

---

122 Vgl. dazu noch *call it love* (ebd. S. 19).
123 Ebd. S. 42.
124 Ebd. S. 24f.
125 Ebd. S. 51.
126 Paul Celan (*Mohn und Gedächtnis*, Stuttgart ²1954, S. 56: "Wir tranken Regen. Regen tranken wir.") und Karl Krolow (*Liebesgedicht*, abgedruckt in Friedrich, S. 196: "Schön bist du. Du bist schön.") zeigen verblüffende Parallelen.
127 Enzensberger, S. 7.
128 Ebd. S. 22; vgl. auch S. 58: "alkibiades mein spießgeselle".
129 Ebd. S. 52.

anzeige um eine zwar syntaktisch immer gleich ansetzende, auch inhaltlich gleiche Zeile, die aber ihre Worte ständig variiert.[130] Ganze Strophen entsprechen einander in ihrem Aufbau bis in Einzelheiten, etwa in *bildzeitung* oder in *aschermittwoch*:

> nehmen die männer skalpell oder preßlufthammer zur hand
> huren ein wenig oder züchten karnickel
> trinken noch einen martini [...].[131]
>
> nehmen die frauen staubtücher oder kronen zur hand
> gebären kinder oder schreiben novellen
> wählen noch ein parfum [...].[132]

Schließlich wäre noch auf den regelmäßigen Wechsel einzelner Worte, Wortgruppen, Strophen hinzuweisen,[133] der bereits in die großräumige Montagetechnik überleitet, wie sie *telegrammschalter null uhr zwölf*[134] oder *option auf ein grundstück*[135] bestimmt. In letzterem lösen sich die Stimmen des Dichters und der modernen Welt immer wieder ab; in *aschermittwoch*, das ebenfalls hier genannt werden muß, verschränken sich lateinischer Liturgietext und Straßenbahnanweisung. Ein Beispiel aus *option auf ein grundstück*:

> ich, ich wünsche brot und nüsse mit meinen gästen zu teilen
> und mein leben sorgfältig auszulegen wie eine
> *schluß jetzt! kreuzverhör, ratenzahlung,
> gaskammer oder gehorsam, genüg deiner wahlpflicht.*
>
> ich wünsch *saboteur!* es behagt mir *feigling!*
> mein leben sorgfältig auszulegen
> wie eine sammlung von schönen kupferstichen
> auf den kühlen fliesen im sommerhaus.[136]

---

130 Ebd. S. 65.
132 Ebd.
134 Ebd. S. 18.
136 Ebd. S. 69.

131 Ebd. S. 52.
133 Vgl. ebd. S. 16; 37.
135 Ebd. S. 68.

III

Offenbar waltet hier ein besonderes Verhältnis zur Sprache, das sich in einem unverwechselbaren Stil niedergeschlagen hat. Er wird gekennzeichnet durch souveräne Beherrschung der sprachlichen Mittel, strengen Willen zur Struktur und kühne Verknüpfung sämtlicher nur irgend zugänglicher Sprachbereiche einschließlich vorgeprägter Formen. Ausgerüstet mit einem umfassenden Wissen, ist hier ein dichterisches Subjekt am Werk, das ruhig und präzise an seinem Material arbeitet und dabei die erstaunlichsten Verse produziert.

Solche Begriffe sind uns freilich nicht unbekannt. Sie erinnern vor allem an die dichtungstheoretischen Äußerungen des späten Benn, die in herausfordernden Sätzen einen neuen lyrischen Stil propagierten. Was gilt für diesen Stil? "Das neue Gedicht, die Lyrik, ist ein Kunstprodukt."[137] Es entsteht selten oder nie, es wird "gemacht".[138] Die Haltung des Dichters, kritisch, bewußt, kontrolliert, läßt sich mit der des experimentierenden Wissenschaftlers vergleichen. Benn spricht daher, wie vor ihm schon Mallarmé,[139] vom Laboratorium der Worte, in dem der Lyriker arbeite: "Hier modelliert, fabriziert er Worte, öffnet sie, sprengt, zertrümmert sie, um sie mit Spannungen zu laden [...]. Silben werden psychoanalysiert, Diphthonge umgeschult, Konsonanten transplantiert."[140] Immer wieder stellen sich Begriffe aus dem Bereich der Technik ein: "Der Stil der Zukunft wird der Roboterstil sein, Montagekunst [...]."[141] Das Gemachte an solchen Gebilden soll jedoch keineswegs verschleiert werden; im Gegenteil: "Diese Technik selbst ist das Problem und man soll sie ruhig bemerken."[142] Es bietet einen eigenen Reiz, den Trick zu durchschauen, dem Lyriker gewissermaßen auf die Schliche zu kommen, und es "schadet", wie Hugo Friedrich bemerkt, "der Würde des Verses nicht".[143]

---

137 Gottfried Benn, *Probleme der Lyrik*, Wiesbaden 1951, S. 7.
138 Ebd. S. 6.
139 Friedrich, S. 87.
140 Benn, *Ausdruckswelt*, Wiesbaden 1949, S. 118.
141 Benn, *Doppelleben*, Wiesbaden 1950, S. 199.
142 Ebd. S. 200.
143 Friedrich, S. 79.

Die Dichtung ist zum Mosaikspiel geworden: man kombiniert, montiert. "Der Mensch", fordert Benn, "muß neu zusammengesetzt werden aus Redensarten, Sprichwörtern, sinnlosen Bezügen: aus Spitzfindigkeiten, breit basiert —: Ein Mensch in Anführungsstrichen. Seine Darstellung wird in Schwung gehalten durch formale Tricks, Widerholungen von Worten und Motiven — Einfälle werden eingeschlagen wie Nägel und daran Suiten aufgehängt."[144] Woher beziehen die Lyriker ihr Material, das sie bearbeiten, arrangieren, "faszinierend montieren"?[145] "Gedankengänge", lautet die Antwort, werden gruppiert, "Geographie herangeholt, Träumereien eingesponnen".[146] Man muß "Nüstern" haben "auf allen Start- und Sattelplätzen, auf dem intellektuellen, da wo die materielle und die ideelle Dialektik sich voneinander fortbewegen wie zwei Seeungeheuer, sich bespeiend mit Geist und Gift, mit Büchern und Streiks — und da, wo die neueste Schöpfung von Schiaparelli einen Kurswechsel in der Mode andeutet mit dem Modell aus aschgrauem Leinen und mit ananasgelbem Organdy. Aus allem kommen die Farben, die unwägbaren Nuancen, die Valeurs — aus allem kommt das Gedicht."[147] Daher kann der Dichter "gar nicht genug wissen, er kann gar nicht genug arbeiten, er muß an allem nahe dran sein, er muß sich orientieren, wo die Welt heute hält [. . .]".[148]

Die Sprache ist sein Besitz: "Diese Sprache mit ihrer Jahrhunderte alten Tradition, ihren von lyrischen Vorgängern geprägten sinn- und stimmungsgeschwängerten, seltsam geladenen Worten."[149] Ihnen horcht er nach, um ihre Geheimnisse zu erspüren, zum Beispiel dem schwermütigen "nevermore mit seinen zwei kurzen verschlossenen Anfangssilben und dann dem dunklen strömenden more, in dem für uns das Moor aufklingt und la mort".[150] Aber dieser Bereich wird ungeheuer ausgeweitet: Fachsprachliches, Eigennamen, was immer sich bietet, wird einbezogen; "auch die Slang-Ausdrücke, Argots,

---

144 Benn, *Doppelleben*, S. 201.
145 Benn, *Probleme der Lyrik*, S. 39.
146 Benn, *Doppelleben*, S. 201.
147 Benn, *Probleme der Lyrik*, S. 38f.
148 Ebd. S. 38.
149 Ebd. S. 32.
150 Ebd. S. 24.

Rotwelsch, von zwei Weltkriegen in das Sprachbewußtsein hineingehämmert, ergänzt durch Fremdworte, Zitate, Sportjargon, antike Reminiszenzen", erklärt das lyrische Ich, "sind in meinem Besitz".[151] Aus der kalt berechneten Kombination all dieser Elemente werden die Verse hergestellt, und wenn sie gelungen sind, überraschen sie durch ihre geistreichen Beziehungen, ihre Pikanterie, ihr Raffinement. "Ich muß sagen", bekennt Benn, "ich halte Begriffe wie Faszination, interessant, erregend für viel zu wenig beachtet [...]."[152]

In der Tat: die Übereinstimmung dieser Lyriktheorie mit den untersuchten Gedichten ist frappierend. Hinter beiden steht die gleiche radikale Haltung, die sich als rücksichtsloser Herrschaftsanspruch des verfügenden Subjekts über die Bestände der Sprache manifestiert. Der Intellekt unterwirft das Wort seiner Willkür und schafft so einen hellwachen, überbewußten, zerebral gelenkten Stil, der auf dem Prinzip unbegrenzter, den einzelnen Buchstaben ebenso wie das Gedichtganze erfassender Montage beruht. Nicht mehr nur Verse, auch Worte werden gemacht; denn das lyrische Ich will und kann absolut über die Sprache verfügen.

Aber nun geschieht etwas Unerwartetes. Der Lyriker steht zwar weiterhin im Labor: er zerschlägt Worte und löst Laute aus ihren Wurzeln, um sie kühl und nüchtern arbeitend zu neuen Verbindungen zusammenzuzwingen. Doch während er noch in äußerster Höhe und Helle zu experimentieren glaubt, brechen auf einmal in der Tiefe längst vergessene Kräfte wieder auf und beginnen ihr magisches Spiel. Es bleibt weder in Benns theoretischen Aussagen noch in der von uns betrachteten dichterischen Praxis bei der Herrscherrolle des lyrischen Subjekts. Dieser durch und durch intellektuelle Stil scheint vielmehr gerade dort, wo er, bis ins Extrem vorangetrieben, zur raffinierten Technik und zum ausgeklügelten System geworden ist, plötzlich umzuschlagen in eine uralte Wortgläubigkeit, eine unbedingte Verehrung der sinnerschließenden Macht der Sprache. Nun überläßt man sich wieder ihren geheimen Potenzen: das Wort, ja der Laut lenkt den Sinn.

151 Ebd. S. 32.
152 Ebd. S. 21.

Der Lyriker, der hier beschrieben wird, hat also ein doppeltes Verhältnis zur Sprache. Zwischen Wortanalyse und Wortglauben, zwischen Seziertisch und Zaubergerät bewegt er sich ständig hin und her: "Für ihn ist das Wort real und magisch, ein moderner Totem."[153] Dieser Lyriker zerstört die Sprache; aber die dunklen Kräfte, die er dabei befreit, überwältigen ihn. Benn verharmlost das Elementare eines solchen Vorgangs, wenn er erklärt: "Nach meiner Theorie müssen Sie Verblüffendes machen, bei dem Sie am Schluß selber lachen."[154] Früher, als er noch vorsätzlich die archaischen Seelenschichten entfesselte, um das rauschhaft Beschworene einem eisigen Formwillen dienstbar zu machen, war er sich der eigentlichen Bedeutung seines Tuns eher bewußt.

Primitiver Wortglaube und hochgezüchteter Intellekt: lassen sie sich überhaupt vereinigen? Ja, müssen wir antworten: sie treffen sich im Kult des Worts, das als "Phallus des Geistes"[155] auch Benns frühe Visionen erzeugte. Wortkult ist das allgemeinste Kennzeichen, ist die Formel für die moderne Lyrik. "Bezeichnung für diesen Stil, von mir geprägt: PHASE II",[156] faßt Benn zusammen. Aber ist dieser Stil denn wirklich so neu und umstürzend, wie er sich den Anschein geben möchte? Keineswegs. Wir sehen jene aus dunkler Verehrung und schrankenloser Willkür gemischte Haltung gegenüber der Sprache bereits bei Mallarmé, der glaubte, "daß im Wort Potenzen liegen, die mehr vermögen als der Gedanke",[157] und zur gleichen Zeit doch forderte, man müsse "das Wort für ein nicht existierendes Ding"[158] erfinden. Was tat auch Rimbaud andres, als er vom planmäßig verfügenden Intellekt ausging, um, wie er in einem seiner berühmten Voyant-Briefe schrieb, "im Unbekannten"[159] anzukommen? Und wenn wir vollends hören, daß schon Baudelaire die Phantasie als ein

---

153 Benn, *Ausdruckswelt*, S. 119.
154 Benn, *Doppelleben*, S. 202.
155 Benn, *Probleme der Lyrik*, S. 23.
156 Benn, *Doppelleben*, S. 202.
157 Friedrich, S. 80.
158 Ebd. S. 93.
159 Ebd. S. 47.

"intellektuell gelenktes Operieren"[160] auffaßte, kann kein Zweifel mehr bleiben: der Stil der Phase II steht in einer hundertjährigen Tradition.

Die moderne Lyrik hat eine lange Geschichte, deren Überlieferung sie bis in Einzelheiten verhaftet ist. Sie beginnt um die Mitte des vorigen Jahrhunderts mit den drei großen Franzosen, die, mittelbar oder unmittelbar von Poe und der deutschen Romantik angeregt, binnen eines Menschenalters einen neuen lyrischen Stil schufen und zugleich vollendeten. Nach ihnen kamen zwar zahlreiche andere, unter ihnen viele von Rang; aber eigentlich Neues brachten sie nicht. So ist es noch heute: den Begabtesten aus der jungen Generation gelingt es, diese Überlieferung aufzuarbeiten und geistig zu bewältigen; vielleicht rücken sie die Grenzen auch noch ein Stück weiter hinaus; aber im Grunde halten sie doch dort, wo einst schon Baudelaire, Rimbaud und Mallarmé hielten. Da freilich die moderne Lyrik niemals echt assimiliert wurde, ergibt sich die paradoxe Situation, daß einer um so avantgardistischer zu wirken vermag, je mehr er von dieser Tradition zehrt.

Die Frage nach der Zukunft solcher Dichtung läßt sich nicht mehr abweisen. Die untersuchten Gedichte sind ja deshalb so interessant, weil sie in paradigmatischer Schärfe und Konsequenz den modernen lyrischen Stil zu verwirklichen suchen und daher, unterstützt von Benns radikalen theoretischen Aussagen, stellvertretend für die gegenwärtige deutsche Lyrik überhaupt stehen können. Wie wird also die Entwicklung weiter verlaufen, nachdem sich diese Dichtung seit hundert Jahren bemüht, ihr Reich bis in die äußersten Randzonen des Menschlichen auszudehnen? Man wirft ihr gern vor, sie habe von Anfang an auf die menschliche Mitte und damit zugleich auf die Gemeinschaft verzichtet, habe sich hochmütig isoliert. Sicher, das läßt sich nicht bestreiten. Aber diese Dichtung mußte so handeln, um die extremen Spannungen, denen sie sich aussetzte, ertragen zu können. Wahrscheinlich wäre sie ihnen dennoch erlegen, wenn ihr nicht immer aufs neue der Ausweg in das Unverbindliche, das Spiel offengestanden hätte. "Sie müssen", erklärt Benn nur scheinbar

---

160 Ebd. S. 26.

frivol, "alles selber wieder aufheben: dann schwebt es. Scharlatan —
das ist kein schlimmes Wort, es gibt schlimmere [...]."[161] Das Spiel,
auf das auch Mallarmé[162] sich berief, dient als Maske und letzte Ausflucht vor sich und den andern.

Wie wird die Entwicklung weiter verlaufen? Wird die moderne Lyrik, ihre Traditionen pflegend, einem zunehmenden Epigonismus verfallen? Aber das widerspräche einer Kunstform im innersten, zu der wesenhaft der Drang nach dem Neuen gehört. Wird sie sich den Bedürfnissen des Tages verschreiben oder ganz und gar in das Esoterische und Unverständliche flüchten? Auch diese Möglichkeiten sind längst erschöpft. Daß freilich etwas geschehen muß, empfindet die moderne Lyrik selbst, sofern sie ehrlich ist und die Probleme überschaut. Gerade die kühnsten und radikalsten ihrer Vertreter sprechen dieses Ungenügen offen aus.

Man wird sich aber vor leichtfertigen Lösungen zu hüten haben. Die drängenden Fragen der modernen Lyrik werden nicht einfach dadurch beantwortet, daß man ihr vorhält, sie wolle nur das abendländische Erbe nicht annehmen. Auch die verschiedenen Forderungen nach Wiederherstellung der verlorenen Gemeinschaft, nach politischem Engagement, nach Bindung im Glauben, die alle mit dem großen Traditionsbruch um 1800 zusammenhängen, werden diesen Fragen nicht gerecht. Wenn man schließlich noch die Parallelen zum Stil des Manierismus heranzieht und mit ihnen zu spekulieren beginnt, verwirrt sich das Bild vollends.

Eines nur darf man vielleicht sagen. Wohl jeder, der sich mit Dichtung beschäftigt, hat in der letzten Zeit irgendwann einmal betroffen eingehalten, weil er auf etwas ganz Unerwartetes stieß. Und in der Tat: bei fast allen, denen in der modernen Lyrik Rang und Stimme zukommt, scheint sich in ersten Versuchen, mehr oder minder tastend, eine neue Unmittelbarkeit der Aussage ankündigen zu wollen. Das inzwischen Erreichte wird deshalb nicht preisgegeben; im Gegenteil: je offener diese Unmittelbarkeit sich nun ausspricht, um so radikaler hat das lyrische Subjekt die Tradition der Moderne in sich aufgenommen. Vielleicht täuscht das alles; vielleicht sind es

---

161 Benn, *Doppelleben*, S. 103.
162 Friedrich, S. 87.

nur ein paar Zufallswürfe, und es kommt wirklich allein auf den Mann an, der "danach ist", wie Benn meint.[163] Es könnte aber auch sein, daß hier eine neue Epoche der Lyrik beginnt. Wenn das zuträfe: ob dann "nicht endlich das lied das lied wie eine sintflut / schön und unaufhaltsam über die dächer schäumend / käme",[164] das Lied, auf das auch das moderne lyrische Ich wartet?

---

163 Benn, *Doppelleben*, S. 201.
164 Enzensberger, S. 60.

BILDNIS HANS MAGNUS ENZENSBERGER

Struktur, Ideologie und Vorgeschichte eines Gesellschaftskritikers
(1974)

Man kann es sich natürlich leicht machen mit seiner Kritik am Kritiker. Etwa wie der Romanschreiber und Chronist Uwe Johnson,[1] der 1968, den verschmutzten Hudson und das von Bränden zernarbte Newark vor Augen, Hans Magnus Enzensbergers Entschluß, auf die Pfründe der Wesleyan University zu verzichten und statt dessen nach Kuba zu gehen, mit der Bemerkung glossierte, dort werde "an Personen über 13 Jahre keine Milch mehr ausgegeben; hoffentlich ist dies nicht ein Leibgetränk des Dichters Enzensberger".[2] Ähnlich bequem ist das Verfahren, den unliebsamen Kritiker dadurch zu erledigen, daß man ihm einen diskriminierenden Kuckuck aufklebt und wie Günter Blöcker erklärt, Enzensberger sei "ein Naseweis und professionaler Zeterer",[3] oder wie die *Weimarer Beiträge*, er verrate "eine blamable Unkenntnis der wirklichen Zustände".[4] Was wäre einfacher, als von einem Autor zu behaupten: "Er weiß einfach nicht Bescheid"?[5] Erkenntnisse sind mit derlei nicht gewonnen,

1 Uwe Johnson, *Jahrestage 2. Aus dem Leben von Gesine Cresspahl*, Frankfurt, vor allem S. 794ff.; dazu ergänzend S. 737f.
2 Ebd. S. 769.
3 Vgl. dazu *Benn – Wirkung wider Willen. Dokumente zur Wirkungsgeschichte Benns*. Hrsg. eingeleitet u. kommentiert v. Peter Uwe Hohendahl, Frankfurt 1971, S. 377f. – Bei Blöckers Gesinnungsgenossen Holthusen wird Enzensberger nach derselben Methode zum "dialektischen Pfiffikus" ernannt . . . eine im übrigen noch vergleichsweise harmlose Kennzeichnung in diesen vor persönlichem Ressentiment geradezu kollernden Ausfällen; vgl. Hans E. Holthusen, *Plädoyer für den Einzelnen. Kritische Beiträge zur literarischen Diskussion*, München 1967, S. 68ff. u. 186ff.
4 Vgl. Anneliese Große / Brigitte Thurm, *Gesellschaftliche Irrelevanz und manipulierbare Subjektivität*. In: *Weimarer Beiträge* 16 (1970), H. 2, S. 151ff.; hier S. 153.
5 So Dieter Schlenstedt, *Aufschrei und Unbehagen. Notizen zur Problematik eines westdeutschen Lyrikers*. In: *Neue deutsche Literatur* 9 (1961), H. 6, S. 110ff.; hier S. 121.

höchstens ein Einblick in die Denkfaulheit oder Borniertheit, die gereizte Stimmung oder den dogmatischen Starrsinn der jeweiligen Verfasser.

Doch wie steht es mit Versuchen, das Gesamtschaffen Hans Magnus Enzensbergers oder gar seine Entwicklung zu charakterisieren? Wir stoßen dabei sofort auf eklatante Widersprüche. So wird uns zum Beispiel aus Schweden versichert, vom Lyriker Enzensberger sei der Schritt zum Kritiker "nicht weit";[6] ja, dessen Anliegen habe überhaupt seinen "gültigsten Ausdruck" im Gedicht gefunden.[7] Aus Connecticut kommt uns genau die entgegengesetzte Kunde: nämlich die These von einer schizophrenen Zwitterexistenz Enzensbergers als "Sozialkritiker" und "Lyriker" oder – wie Peter Demetz so niedlich stabreimt – "Bucharin und Lord Byron".[8] Woran soll man sich noch halten, wenn einerseits West und Ost sich so verdächtig einig sind, wie dies bei Blöcker und den *Weimarer Beiträgen* der Fall ist, während andererseits Beurteiler von derselben Couleur dermaßen kraß voneinander abweichen? Und vollends in Teufels Küche gerät man, wenn man nach Enzensbergers Entwicklung fragt. Kreuz und quer, in aufsteigender und in absteigender Linie geht es hier durcheinander, je nach Weltanschauung und Wunschdenken dessen, der ihn gerade betrachtet. Bald wird eine "klar erkennbare",[9] sogar stetige Wandlung beteuert, bald eine "neue Entwicklungsphase"[10] oder ein abrupter Bruch; und manchmal auch alles zusammen. Selbst wenn mit fast den gleichen Worten ein "entscheidender Schritt vorwärts"[11] oder ein "entscheidender Entwicklungsschritt"[12] konstatiert wird, kann wie-

---

6 Vgl. Franz Stroh, *Hans Magnus Enzensberger – Kritiker und Poet*. In: *Moderne Språk* 56 (1962), S. 291ff.; hier S. 293.
7 Vgl. Gerd Müller, *Die Wandlung Hans Magnus Enzensbergers*, ebd. 59 (1965), S. 32ff.; hier S. 33.
8 Vgl. Peter Demetz, *Die süße Anarchie. Deutsche Literatur seit 1945. Eine kritische Einführung*, Frankfurt-Berlin 1970, S. 112.
9 Vgl. Karl Heinz Bohrer, *Die gefesselte Phantasie, oder Surrealismus und Terror*, München 1970, S. 96.
10 Vgl. *Moderne Språk* 59 (1965), S. 32.
11 Ebd.
12 So Ursula Reinhold, *Literatur und Politik bei Enzensberger*. In: *Weimarer Beiträge* 17 (1971), H. 5, S. 94ff.; hier S. 105.

der etwas ganz Verschiedenes gemeint sein. Wer eine Verschärfung der Kritik wahrnimmt, läßt gewöhnlich den Lyriker außer acht; wer eine reinere Lyrik zu erkennen glaubt, den Kritiker. Es ist jedoch ebenso verfehlt, von einer "konsequenten Hinwendung zur Publizistik" und zur "sozialen Analyse politischer Erscheinungen" zu sprechen[13] oder mit Peter Hamm zu jubeln, Enzensberger habe endgültig "die Produktion von Rauschgift [d.h. Kunst] eingestellt",[14] wie es schon vor Jahren hanebüchen falsch war, Enzensberger nachzusagen, er habe die "ausgeleierte Antithetik von arm und begütert und ähnliche Konterpaarungen" nunmehr hinter sich gelassen.[15] Zwar könnte man sich versucht fühlen, anhand der ihn jeweils bestimmenden Einflüsse eine Entwicklung Hans Magnus Enzensbergers von Brentano (über den er promovierte)[16] zu Adorno (dessen Meisterschüler unter den Poeten er 'ward')[17] bis hin zu Castro (in dessen Insel er den "Knotenpunkt" der gegenwärtigen Weltgeschichte erblickte)[18] zu konstruieren, also einen Wandel von Dandytum und "intellectual snobbishness"[19] über den dialektischen Frankfurturismus zur direkten Aktion der Guerilleros und Tupamaros.[20] Doch auch das wäre offensichtlich eine *terrible simplification*.

Daß gewisse Veränderungen stattgefunden haben, ist allerdings nicht zu leugnen. Bereits an den Titeln der Enzensbergerschen

---

13 Vgl. ebd., S. 104f.
14 Peter Hamm, *Opposition – am Beispiel H.M. Enzensberger*. In: *Über Hans Magnus Enzensberger*. Hrsg. von Joachim Schickel, Frankfurt 1970, S. 252ff.; hier S. 254. — Zur Kritik vgl. bereits Yaak Karsunke, ebd. S. 263ff.
15 So Peter Rühmkorf, *Enzensbergers problematische Gebrauchsgegenstände*. In: *Über Hans Magnus Enzensberger*, S. 74ff.
16 Hans Magnus Enzensberger, *Brentanos Poetik*, München 1961. Die Arbeit entstand 1953–1955; vgl. ebd., S. 141.
17 Dazu ders., *blindenschrift*, Frankfurt 1964, S. 58f.
18 Vgl. Arqueles Morales, *Entrevista con Hans Magnus Enzensberger*. In: *Casa de las Américas* 10 (1969), Nr. 55, S. 117ff.; hier S. 121 ("Punto de enlace histórico muy especial y determinante").
19 Vgl. Patrick Bridgwater, *The Making of a Poet: H.M. Enzensberger*. In: *German Life and Letters* 21 (1967/68), S. 27ff.; hier S. 30.
20 Vgl. *Casa de las Américas* 10 (1969), Nr. 55, S. 120f.; ferner Hans Magnus Enzensberger, *Berliner Gemeinplätze*. In: *Kursbuch* 11 (1968), S. 151ff.; hier S. 160.

Bücher lassen sie sich ablesen. Vom *Museum der modernen Poesie* (1960) und den *Einzelheiten* der Jahre 1962/64, die sich mit *Bewußtseins-Industrie* und *Poesie und Politik*[21] befassen, führt der Weg über Essaybände wie *Politik und Verbrechen* (1964) und *Deutschland, Deutschland unter anderm* (1967) oder Editionen wie die des *Hessischen Landboten* und der Schrift des Las Casas über die *Verwüstung der Westindischen Länder* zu der Sammlung *Freisprüche. Revolutionäre vor Gericht* und dem Dokumentarstück *Das Verhör von Habana* (beide 1970) sowie zu den zweibändigen *Gesprächen mit Marx und Engels* und dem Roman *Der kurze Sommer der Anarchie. Leben und Tod des Buenaventura Durruti*, die 1972/73 veröffentlicht wurden. Es sieht in der Tat so aus, als habe sich Enzensbergers Interesse nicht nur vom Poetischen mehr aufs Politische und von spezifisch deutschen Problemen auf solche globaler Natur verlagert, sondern allgemein von den Medien stärker auf die Macht, kurzum vom Überbau auf die Basis. Schrieb er seine Einzelbeiträge — um auch auf sie einen Blick zu werfen — in den fünfziger und frühen sechziger Jahren über dramaturgische Probleme,[22] über den Film[23] oder sogar, eine unverkennbare Pflichtarbeit, über das Nachhinken der modernen Poesie Dänemarks,[24] so galten sie in den Jahren darauf Themen wie der *Kapitalverflechtung in der Bundesrepublik*,[25] den Notstandsgesetzen (zu denen er wiederholt das Wort ergriff)[26] oder, unter dem Titel *Bildnis einer Partei. Vorgeschichte,*

---

21 Band I bzw. II der Taschenbuchausgabe.
22 Hans Magnus Enzensberger, *Die Dramaturgie der Entfremdung*. In: *Merkur* 11 (1957), S. 231ff.
23 Ders., *Literatur und Linse und Beweis dessen, daß ihre glückhafte Kopulation derzeit unmöglich*. In: *Akzente* 3 (1956), S. 207ff.
24 Ders., *Gulliver in Kopenhagen*, ebd. 10 (1963), S. 628ff.
25 So der *Kursbogen* vom September 1970.
26 Vgl. Hans Magnus Enzensberger, in: *Notstand der Demokratie. Referate, Diskussionsbeiträge und Materialien vom Kongreß am 30. Oktober 1966 in Frankfurt am Main*. Hrsg. v. Helmut Schauer, Frankfurt 1967, S. 188ff.; ders., *Notstand*. In: *Tintenfisch* 2 (1969), S. 19f. (Rede, gehalten am 28. Mai 1968 in Frankfurt).

Struktur und Ideologie der PCC, der Kommunistischen Partei Kubas.²⁷ Man wird bald erraten, warum ich mich an diesen ausladenden Titel angelehnt habe; momentan ist die Feststellung wichtiger, daß ein zunehmendes Engagement mit einem immer intensiveren Studium der Theorie und Geschichte des Sozialismus und der Revolution einhergeht, das sich offenbar nicht bloß in der Wahl der Gegenstände auswirkt, sondern auch in deren Behandlung. Noch 1962 begann Enzensberger, beinah im Alleingang, eine Reihe *Poesie. Texte in zwei Sprachen* zu edieren, die es auf insgesamt dreizehn Bände brachte; ein Jahrzehnt später legte er im Kollektiv (zusammen mit Nitzsche, Roehler, Schafhausen) sein Lesebuch zu den Klassenkämpfen in Deutschland seit 1750 vor, das sich lakonisch *Klassenbuch* nennt und in der 'Sammlung Luchterhand' immerhin volle drei Bände einnimmt. Aber schon 1965 hatte er ja die wahren "Vorzeichen" nicht mehr, wie noch in dem gleichnamigen Band von 1962,²⁸ in der experimentellen Gegenwartsliteratur erkannt, sondern im *Hessischen Landboten*, der politischen Flugschrift Büchners und des Pfarrers Weidig.²⁹

Selbstzeugnisse Hans Magnus Enzensbergers aus den letzten zehn, zwölf Jahren bestätigen und verstärken diesen Eindruck. 1959 beharrte er sogar gegen seinen Mentor Adorno (der bekanntlich geäußert hatte, nach Auschwitz sei es nicht mehr möglich, ein Gedicht zu schreiben) auf der Lebenswichtigkeit der Literatur: "Wenn wir weiterleben wollen, muß dieser Satz widerlegt werden."³⁰ 1971 hingegen erklärte Enzensberger in einem Interview: "Die Literatur war für mich nie das Wichtigste. Sie war niemals das Wichtigste in meinem Leben und wird es hoffentlich auch nie werden."³¹ Auf

---

27 Ders., *Bildnis einer Partei. Vorgeschichte, Struktur und Ideologie der PCC.* In: *Kursbuch* 18 (1969), S. 192ff.
28 Vgl. *Vorzeichen. Fünf neue deutsche Autoren.* Eingeführt v. H[ans] M[agnus] Enzensberger, Frankfurt 1962.
29 Vgl. Georg Büchner / Ludwig Weidig, *Der Hessische Landbote. Texte, Briefe, Prozeßakten.* Kommentiert v. Hans Magnus Enzensberger, Frankfurt 1965, S. 53.
30 Ders., *Die Steine der Freiheit.* In: *Merkur* 13 (1959), S. 770ff.; hier S. 772.
31 *Interview mit Hans Magnus Enzensberger.* In: *Weimarer Beiträge* 17 (1971), H. 5, S. 73ff.; hier S. 93.

halbem Wege dazwischen, zur Jahreswende 1965/66, erschien in Paris sein leider unübersetzt gebliebener Aufsatz *La littérature en tant qu'histoire*, der sich deutlich als eine Art Rückschau und Rechenschaftsbericht erweist, zugleich jedoch, durch sein versuchtes Festhalten am Vorrang der Dichtung trotz nagender Zweifel, als Mischung aus Zunftgeist und schlecht verhehltem Mißtrauen.[32] Ganz entsprechende Übergänge zeichnen sich auch in der Essayistik ab, die darin durchaus mit der Lyrik übereinstimmt. "Lassen wir die Mätzchen beiseite! Erzählen Sie uns bitte nichts von Demokratie und nicht zuviel vom Rechtsstaat!" So der Offene Brief vom Oktober 1967 an den damaligen Justizminister Heinemann. Wiederum in Rückblick und Rechenschaft fährt Enzensberger fort: "Ich weiß, aus eigener Erfahrung, wie schwer man sich jene Redensarten abgewöhnt. Ja, allzuviel Optimismus, Reformfreude, blindes Vertrauen auf die Staatsgewalt, das ist es, was ich mir vorzuwerfen habe."[33] So sarkastisch dies klingt, so ernst war es gemeint. In voller Öffentlichkeit hatte Enzensberger der Partei Heinemanns — "ohne Begeisterung, doch ohne zu zögern"[34] — seine Stimme gegeben; ausdrücklich hatte es in den *Einzelheiten* noch 1964 geheißen, ihre Absicht sei "Revision, nicht Revolution".[35] Doch ebenso unzweideutig hieß es dafür im Mai 1968: "Bedenken sind nicht genug, Mißtrauen ist nicht genug, Protest ist nicht genug. Unser Ziel muß sein: Schaffen wir endlich, auch in Deutschland, französische Zustände."[36] Die Rede *Notstand* mündet in den offenen Aufruf zur Revolution. Ihr Ziel deckt sich völlig mit dem des erwähnten Interviews, das die Literatur zwar relativiert,

32 Hans Magnus Enzensberger, *La littérature en tant qu'histoire*. In: *Les Lettres Nouvelles*. Numéro spécial (Dez. 1965 / Jan. 1966), S. 25ff.; vgl. vor allem S. 33: "La perspective de la littérature s'est rarement identifiée à celle du pouvoir, mais [...] elle a toujours été bornée et déterminée ne serait-ce que par le fait que son existence même suppose le loisir, donc la richesse, donc l'exploitation."
33 Ders., *Staatsgefährdende Umtriebe*, Frankfurt ²1968, S. 26.
34 Ders., *Ich wünsche nicht gefährlich zu leben*. In: *Die Alternative oder Brauchen wir eine neue Regierung?* Hrsg. von Martin Walser, Reinbek 1961, S. 61ff.; hier S. 66.
35 Hans Magnus Enzensberger, *Einzelheiten I: Bewußtseins-Industrie*, Frankfurt 1964, S. 207; vgl. auch S. 102.
36 Vgl. *Tintenfisch* 2 (1969), S. 20.

aber gleichzeitig umfunktioniert und ihr "keine andere Aufgabe" mehr zuerkennt als die: "daß wir den Sozialismus verwirklichen."[37]

Der Umstand, daß dieses Interview ausgerechnet in der offiziellen *Zeitschrift für Literaturwissenschaft, Ästhetik und Kunsttheorie* der DDR gedruckt wurde, muß bei Hans Magnus Enzensberger zunächst befremden. Schließlich hatte sich dieselbe Zeitschrift, sonst auch *Weimarer Beiträge* genannt, noch im Jahr zuvor bemüßigt gefühlt, ihm nicht bloß den Star "bürgerlichen Vorurteils" zu stechen, sondern rundweg zu behaupten, er habe "faktisch nicht nur das Vokabular, sondern auch die Ziele der aggressiven Politik Westdeutschlands übernommen".[38] Nun ist es selbstverständlich blanker Unsinn, Enzensberger — denn darauf läuft derlei hinaus — zum Revanchisten zu stempeln; die verbalen Hiebe aber, die er gegen Ostdeutschland auszuteilen pflegte, waren tatsächlich recht schmerzhaft und nicht selten unverdient. Der Vorwurf des Stalinismus und Vulgärmarxismus[39] ist dabei nicht einmal der schlimmste. Vor allem in den *Einzelheiten*, doch auch anderswo werden "Mitglieder der Reichsschrifttumskammer" und "kommunistische Kulturfunktionäre", der Staat Ulbrichts und Franco-Spanien, ja selbst das *Neue Deutschland* und Hitlers *Mein Kampf* mit erstaunlicher Unbekümmertheit in einen Topf geworfen.[40] Noch in seiner Rede zur Verleihung des Büchner-Preises vom Herbst 1963, die er vier Jahre später in einen Essayband aufnahm, beklagte Enzensberger ziemlich überheblich, wieviel nach

---

37 Vgl. *Weimarer Beiträge* 17 (1971), H. 5, S. 78.
38 Vgl. ebd. 16 (1970), H. 2, S. 153f. — Wohltuend hebt sich davon eine Äußerung Walter Ulbrichts in seiner Rede auf der II. Bitterfelder Konferenz (24./25. April 1964) ab, wo es heißt, Enzensberger gehöre "zweifellos" zu denjenigen westdeutschen Schriftstellern, "deren bürgerlich-humanistische Grundhaltung wir erkennen und mit denen uns, ob sie das nun persönlich schon erkannt haben oder nicht, eine Reihe gemeinsamer gesellschaftlicher Interessen verbindet"; zit. nach *Dokumente zur Kunst-, Literatur- und Kulturpolitik der SED*. Hrsg. von Elimar Schubbe, Stuttgart 1972, S. 982.
39 Vgl. *Les Lettres Nouvelles*, S. 41.
40 Vgl. Hans Magnus Enzensberger, *Einzelheiten II: Poesie und Politik*, Frankfurt 1964, S. 26; *Einzelheiten I*, S. 20 u. 173; ferner *Museum der modernen Poesie*. Eingerichtet von Hans Magnus Enzensberger, Frankfurt 1960, S. 20. — Auch zahlreiche Gedichte wären zu nennen.

wie vor versäumt werde, "um das andere Deutschland bewohnbar zu machen".[41] Daß es trotzdem zwischen ihm und den Weimaranern zu einer Begegnung, vielleicht sogar Annäherung kam, ist daher doppelt beachtenswert. Den unmittelbaren Anstoß gab zweifellos die DDR-Aufführung des *Verhörs von Habana*; die Voraussetzungen schuf jedoch die allmähliche Öffnung Enzensbergers nach außen, seine Wendung von Deutschland zur Welt, wodurch letztlich auch eine innerdeutsche Öffnung oder zumindest Lockerung bewirkt wurde. Gerade sie scheint sich allerdings besonders zäh und langsam zu vollziehen. Weder ein gelegentlicher Ausfall des Westdeutschen gegen die "lächerlichste Kommunistenhetze"[42] noch gönnerhafte Versicherungen der Ostdeutschen, Enzensberger habe "neue Erfahrungen und weiterreichende Einsichten" gewonnen,[43] sei gar zu einer "Art Klassiker" oder doch "beinah" zu einem "Klassiker" avanciert,[44] vermögen daran viel zu ändern. Die "deutsche Frage", die nicht nur für Enzensberger mit der "Frage nach der eigenen Identität" zusammenfällt,[45] sperrt sich auch hier gegen jede Patentlösung. Mit Recht durften die *Weimarer Beiträge*, nachdem sie ihn interviewt hatten, schmollen: "Die DDR wird nicht als historische Alternative auf deutschem Boden anerkannt [...]."[46] Wenn man nämlich von einer ideologischen Entwicklung sprechen will, muß man ehrlicherweise zugestehen, daß Hans Magnus Enzensberger den etablierten Sozialismus, und ganz sicher den der DDR,[47] längst links überholt hat.

Die Wurzeln dieser Entwicklung reichen tief in die fünfziger Jahre zurück. Es waren ja keineswegs bloß die 'Einzelheiten', ob nun der Kunst oder des Kulturbetriebs, die den jungen Kritiker damals erregten, sondern sehr früh bereits die "Rituale" der "unbewältigten

---

41 Vgl. ders., *Deutschland, Deutschland unter anderm. Äußerungen zur Politik*, Frankfurt 1967, S. 24.
42 Vgl. ebd., S. 12.
43 Vgl. Jürgen Harder, *Zu einigen ideologischen Aspekten in Enzensbergers Medientheorie*. In: *Weimarer Beiträge* 17 (1971), H. 5, S. 126ff.; hier S. 127.
44 Vgl. ebd., S. 90 u. 98.
45 Vgl. *Deutschland, Deutschland unter anderm*, S. 15.
46 *Weimarer Beiträge* 17 (1971), H. 5, S. 106.
47 Wie Anm. 39.

Vergangenheit" und jener fatalen "deutschen Frage"[48] mit ihren sämtlichen Weiterungen. Atomdrohung, Kalter Krieg, Eiserner Vorhang überschatteten im 'gespaltenen Deutschland' alles. Dieses Land — man denke an den Gedichtband *landessprache* — war für Enzensberger so sehr der vermaledeite Mittelpunkt, das "unheilig herz der völker",[49] daß er ihm die Vorrangstellung nicht nur als Subjekt, sondern auch als Objekt der Vernichtung zusprach. "Die Deutschen sind [. . .] heute so etwas wie die Geiseln der Weltpolitik", schrieb er. "Sie werden, wenn überhaupt jemand, als erste erschossen."[50] Welch große Mühe es ihn kostete, sich aus diesem Bann zu lösen, bezeugen schon die Titel des *Versuchs, von der deutschen Frage Urlaub zu nehmen* (1967) und des für die Zeitschrift *Encounter* verfaßten Beitrags *Am I a German?* von 1964, der dann in *Über die Schwierigkeit, ein Inländer zu sein* umbenannt wurde. Einerseits bekannte Enzensberger bereits 1963: "Deutschland ist kein Modell, es ist ein Grenz- und Sonderfall";[51] andererseits veröffentlichte er — übrigens ebenfalls schon im Kollektiv — noch 1966 einen *Katechismus zur deutschen Frage*.[52] Im Jahr darauf freilich, nicht zuletzt unterm Schock der Großen Koalition und der bedrohlich anwachsenden NDP, empfand er seine Fixierung endgültig als "langweilig bis zum Erbrechen". Man werde, warnte Enzensberger, "zukunftsblind", wenn man sich, "nur auf sie" einlasse.[53] Was damit gemeint war, hatte inzwischen der Essay *Europäische Peripherie*, der nicht mehr bloß Deutschland, sondern ganz Europa an den Rand rückte, hinlänglich deutlich gemacht. Und der vehementen Ausweitung im nationalen Bereich entsprach eine ebensolche im sozialen. Die Umformung eines berühmten Büchner-Zitats wie auch der Schlußworte des *Kommunistischen Manifests* ist dafür bezeichnend. Im *Kontext* zum *Hessischen Landboten* heißt es lapidar: "Das Ver-

---

48 Vgl. *Deutschland, Deutschland unter anderm*, S. 10.
49 Vgl. Hans Magnus Enzensberger, *landessprache*, Frankfurt 1960, S. 12.
50 Ders., *Gedichte. Die Entstehung eines Gedichts*, Frankfurt ²1962, S. 49.
51 *Deutschland, Deutschland unter anderm*, S. 22.
52 Hans Magnus Enzensberger, Walter Euchner, Gert Schäfer, Dieter Senghaas, *Katechismus zur deutschen Frage*. In: *Kursbuch* 4 (1966), S. 1ff.
53 Vgl. *Deutschland, Deutschland unter anderm*, S. 38 u. 40f.

hältnis zwischen armen und reichen Völkern ist das einzige revolutionäre Element in der Welt." Nur "mit Gewalt" könne diese Lage aufrechterhalten, nur "mit Gewalt" könne sie beseitigt werden.[54] Es gehe, ergänzt Enzensberger in *Europäische Peripherie*, nicht mehr um die "Proletarier aller Länder", sondern um "alle proletarischen Länder".[55] Nicht länger bestimme der Gegensatz von "Kommunismus und Antikommunismus, Faschismus und Antifaschismus" oder überhaupt die Vorstellung von Klassengegensätzen und "ideologischen Differenzen" das Bild, sondern der Gegensatz zweier Welthälften.[56] Der Block der reichen Länder und Großmächte von New York bis Moskau, also die "ganze 'zivilisierte Welt'", stehe auf der einen Seite; auf der anderen stehe die Dritte Welt der unterdrückten und ausgebeuteten Länder, die man daher eher die "Zweite" oder eben "Arme Welt" nennen solle.[57] Für diese makabre Gruppierung tauge einzig und allein der "scheinbar antiquierteste" Begriff: nämlich "Kolonialismus".[58]

Kein Zweifel, Hans Magnus Enzensberger hat sich verändert. Die Ergebnisse dieser (notwendig skizzenhaften) Umschau besagen genug. Gemessen an ihnen, klingt die Behauptung, bei Enzensberger sei eine "bemerkenswerte Entwicklung"[59] festzustellen, beinah wie ein Understatement. Obendrein läßt er selber neuerdings gern durchblicken, daß ein solcher Wandel stattgefunden habe; ja, er übt sich bisweilen geradezu in Selbstkritik.[60] Seine eigene Einschätzung und die zahlreicher ernst zu nehmender Beurteiler scheinen unwiderleglich zu sein. Aber sind sie es wirklich? Ist nicht manches, vielleicht vieles oder gar das meiste, was Enzensbergers Anfänge prägt, bis zum heutigen Tage gleichgeblieben? Erben sich nicht auch bei ihm,

---

54 Ebd., S. 122 (Hervorhebung von mir); vgl. auch *Der Hessische Landbote*, S. 167f. — Bei Büchner handelt es sich natürlich um den bekannten Brief an Gutzkow, in dem es heißt: "Das Verhältnis zwischen Armen und Reichen ist das einzige revolutionäre Element in der Welt [...]."
55 Vgl. *Deutschland, Deutschland unter anderm*, S. 162.
56 Vgl. ebd., S. 156.
57 Vgl. ebd., S. 121, 152, 160 u. 163.
58 Vgl. ebd., S. 161.
59 Vgl. *Weimarer Beiträge* 17 (1971), H. 5, S. 127.
60 Vgl. *Kursbuch* 11 (1968), S. 169 (*Postskriptum*).

wie so oft bei den Angehörigen seiner Generation, die Anschauungsformen und Denkweisen der fünfziger Jahre durch alle Veränderungen fort? Man betrachte nur das aus der damaligen Stimmung genährte Katastrophenbewußtsein, das sich nicht bloß in den *Einzelheiten* und in frühen Gedichten niedergeschlagen hat, sondern durchaus auch in späteren Essays und selbst in der allerjüngsten Lyrik. Sogar in einem alexandrinischen Philologenscherz wie *baemu suti* (1959) setzte es sich durch.[61] Er bestand darin, ein angeblich in der Nähe von Neandertal entdecktes 'Gedicht' aus einer fiktiven Ursprache, dem Ibolithischen, ins Deutsche 'zu übertragen'. Der Verfasser der *verteidigung der wölfe* von 1957, der gerade seinen zweiten Gedichtband vorbereitete, spielte mit und steuerte folgenden Vierzeiler bei:

> Eine Lawine von Tauben hängt
> reglos über der Piazza.
> Huste nicht! Beim ersten Laut
> begräbt sie uns donnernd.[61]

Die Unternehmung, die in Wahrheit "der Erforschung der Übersetzer" galt,[62] bewährte sich bei Enzensberger aufs beste; denn sein

---

61 Vgl. *baemu suti oder Das Ibolithische Vermächtnis*. Ein literarisches Gesellschaftsspiel von Heinz Gültig, Zürich 1959, S. 43. Der 'Urtext' lautete:

> baemu súti falla kúr
> móstin arasíban taégna.
> kiu ténde vossagúr:
> flágedárad ássa.

62 Vgl. ebd., S. 67. — Ebenso entlarvend, freilich auf ganz andere Art, gelang sie bei Gerd Gaiser, der folgendermaßen 'übersetzte':

> Regenpfeifer und Lamm im tropfenden Garten
> Klagende Stimmen am Goldregen-Fluß
> Indessen die Geißel grausam
> Klatschend auf die Nacken der Sklaven fällt.

Vgl. ebd., S. 49.

Katastrophengefühl der Angst und dumpfen Bedrohtheit gelangt ja, aller Spielerei zum Trotz, unüberhörbar zum Ausdruck. Nicht unterschwellig, sondern in brutaler Direktheit äußert es sich in dem Essay *Scherbenwelt*, der eine Typologie der Wochenschau "von der idiotischen Idylle bis zum planetarischen Amoklauf" entfaltet, diesen Amoklauf, d.h. die Explosion der Atombombe, zum eigentlichen Telos der Bilder erklärt und sie zusammenfassend als "Apotheose des Scherbenhaufens" bestimmt.[63] Das war 1957; aber noch ein volles Jahrzehnt später verkündete der *Versuch, von der deutschen Frage Urlaub zu nehmen*: "Zwischen der Vernunft und der materiellen Gewalt ist keine Vermittlung mehr möglich."[64] Konkrete Politik erscheint hier in dürren Worten als "Stumpfsinn" und "mit produktiver Intelligenz [. . .] nicht vereinbar",[65] so wie sie in einem der letzten Gedichte Enzensbergers zum trostlosen Gemetzel mythisiert wird. *Das wirkliche Messer* zieht das finstere Fazit von Brechts *Mahagonny*-Oper nach; es endet mit den Zeilen:

> Und sie halfen sich Und sie hatten recht
> Und sie konnten einander nicht helfen[66]

Bei Brecht lautete dies bekanntlich: "Können uns und euch und niemand helfen."[67]

Doch Enzensberger hat damit bereits auf eine weitere Beispielreihe hingelenkt. Seinen Versen liegt nämlich ein charakteristisches Denkschema zugrunde, das ebenfalls aus den fünfziger Jahren stammt und

---

63 Vgl. *Einzelheiten I*, S. 106ff.; insbesondere S. 116f. — Dazu auch Wolfgang Neuss, *Asyl im Domizil. Bunter Abend für Revolutionäre*, unter Mitarbeit von Thierry u. Hans Magnus Enzensberger, Reinbek 1968, S. 5:

> bald explodiert
> was unser Kernreaktor Jülich 'friedlich' zeugt.

64 *Deutschland, Deutschland unter anderm*, S. 44.
65 Vgl. ebd., S. 42.
66 Hans Magnus Enzensberger, *Gedichte 1955–1970*, Frankfurt 1971, S. 167 (ohne Interpunktion).
67 Bertolt Brecht, *Gesammelte Werke in 20 Bänden*, Frankfurt 1967, Bd. 2, S. 564.

sich für sein gesamtes Schaffen belegen läßt. Uwe Johnson, im einzigen Lichtblick seiner "Auseinandersetzung" von 1968, hat etwas davon erkannt und auf die Formel vom "Dualismus" gebracht.[68] Es ist die mit jenem Katastrophenbewußtsein eng verknüpfte Zwangsvorstellung von der essentiellen Bösartigkeit aller politischen Gebilde, die sich ständig zu einer radikalen Dichotomie bei hartnäckig behaupteter Wesensgleichheit der Staaten und Systeme verfestigt und nur vereinzelt — dann freilich meist ebenso radikal — durch ein rückhaltloses Ja gesprengt wird. Immer wieder kommt es darum, trotz Rühmkorf, zu solchen "Konterpaarungen" wie Faschismus/Kommunismus, Bundesrepublik/DDR, Kapitalismus/Kommunismus, USA/Sowjetunion; immer wieder werden Herrschende und Unterdrückte, Besitzende und Ausgebeutete, Reiche und Arme oder schließlich reiche und arme Länder und Völker einander entgegengesetzt. Gewiß, ein Fortschreiten vom Nationalen übers Soziale zum Globalen ist unverkennbar. Aber der grundsätzliche Dualismus — zwei Staaten, zwei Klassen, zwei Völkerblöcke oder Welten — wird beibehalten. Enzensbergers Denkinhalte wandeln sich zwar oder, besser gesagt, weiten sich aus; seine Denkform bleibt jedoch die gleiche. Besonders rein tritt sie in dem Gedicht *hiruda sanguisuga* zutage, wo sie sich zum Alptraum von den "zweierlei" Riesenblutegeln hypostasiert, in deren wütender Umarmung die Menschheit erstickt.[69] Auch in *Politik und Verbrechen* bietet Enzensberger instruktive Beispiele, da er nicht nur versichert, der Diktator und Massenmörder Trujillo habe bei seinen Liquidierungen "so kaltblütig wie ein Weltkonzern oder eine Volksdemokratie" gearbeitet,[70] sondern sogar die schockierende These aufstellt, "die revolutionäre Aktivität" sei "der konterrevolutionären in Habitus und Methodik zum Verwechseln ähnlich".[71] Als vorläufig jüngste Variante erscheint das Gegensatzpaar von westlichem "Mono-

---

68 Vgl. Johnson, S. 799. Johnson war allerdings keineswegs der erste, der diesen Begriff auf Enzensberger anwendete; s.u. Anm. 127.
69 Vgl. *landessprache*, S. 20f.
70 Vgl. Hans Magnus Enzensberger, *Politik und Verbrechen. Neun Beiträge*, Frankfurt 1964, S. 80.
71 Vgl. ebd., S. 374.

polkapital" und östlicher "Monopolbürokratie",[72] das Enzensberger dem Offenen Brief *Monopolsozialismus* der beiden Polen Kuroń und Modzelewski verdankt, wozu er befriedigt anmerkt: "Ihre Schrift wendet die revolutionäre Methode der marxistischen Theorie zum ersten Mal systematisch auf eine der sozialistischen Gesellschaften Osteuropas an."[73] Nicht schlechthin ein "manichäischer Blick", wie Johnson irrtümlich meint, also eine strenge Scheidung von Gut und Böse, ist demnach bei Enzensberger am Werk;[74] vielmehr schlägt der totale Dualismus, weil er fortwährend identisch gesetzt wird, weit häufiger in einen totalen Monismus um. Man lasse sich deshalb durch die Parteinahme für Revolution, Sozialismus und Dritte bzw. Zweite Welt nicht verwirren. Sie widerlegt jene Denkform keineswegs, sondern gehört als ihr folgerichtiger Widerspruch zu ihr: sie ist in vielen Fällen ein Gewaltakt, der sich ebenso zwanghaft wiederholt wie die Dichotomie, aus der er auszubrechen sucht. Gerade darin, daß Hans Magnus Enzensberger an jeglicher politischen Realität verzweifelt und dennoch leidenschaftlich zum politischen Handeln drängt und aufruft, liegt das Paradox dieses Schriftstellers.

Beide Motive ziehen sich, bald offener und bald mehr verdeckt, durch sein Schaffen. Und natürlich gäbe es noch andere derartige Fäden, die man aufgreifen und durch die Jahre hindurch verfolgen könnte. Nicht bloß Denkformen und Anschauungsweisen erben sich bei Enzensberger fort, sondern auch spezifisch handwerkliche Elemente. Sie mögen, verglichen mit jenen, zunächst nebensächlich wirken, sind jedoch aufs engste mit dem Grundmuster seiner schriftstellerischen Tätigkeit verflochten. Konstant bleibt namentlich das Interesse an den Medien Film, Rundfunk und Fernsehen, überhaupt am ganzen Komplex dessen, was Enzensberger unter den Begriff 'Bewußtseins-Industrie' faßt und als "die eigentliche Schlüsselindustrie des zwanzigsten Jahrhunderts"[75] bezeichnet. Denn keineswegs

---

72 Vgl. ders., *Baukasten zu einer Theorie der Medien*. In: *Kursbuch* 20 (1970), S. 159ff.; hier S. 161.
73 *Freisprüche. Revolutionäre vor Gericht*. Hrsg. von Hans Magnus Enzensberger, Frankfurt 1970, S. 447; vgl. auch *Casa de las Américas* 10 (1969), Nr. 55, S. 118.
74 Vgl. Johnson, S. 799ff.
75 *Einzelheiten I*, S. 10.

nur in den frühen *Einzelheiten* begegnet diese Definition, sondern noch und vor allem in einem höchst aufschlußreichen Interview, das Enzensberger 1969 der kubanischen Zeitschrift *Casa de las Américas* gewährte. "Unterm Gesichtspunkt des kapitalistischen Systems", heißt es darin mit erhellendem Zusatz, "ist die Bewußtseinsindustrie eine Schlüsselindustrie."[76] Auch Randbereiche wie der Tourismus, die Mode und Teile der Kybernetik müssen, dem Interview zufolge, ihr zugezählt werden, insbesondere aber der gesamte Erziehungsapparat.[77] Die 1962/64 gesammelten Essays unterstreichen und vervollständigen diesen Katalog: sie umfassen, neben *Scherbenwelt*, dem schon erwähnten Text, *Eine Theorie des Tourismus*; sie bringen ferner kritische Analysen einer Tageszeitung (*Journalismus als Eiertanz*) und eines Nachrichtenmagazins (*Die Sprache des 'Spiegel'*), Untersuchungen zur Taschenbuchproduktion (*Bildung als Konsumgut*) und zum Angebot eines Versandhauses (*Das Plebiszit der Verbraucher*). Man braucht bloß noch den Filmessay *Literatur und Linse* von 1956, die wohl älteste Studie dieser Art, sowie den von 1970 datierenden *Baukasten zu einer Theorie der Medien* hinzuzunehmen, um das Feld vollends abgesteckt und auch die Veränderungen, die sich darin vollziehen, einigermaßen angedeutet zu haben. "Einfluß auf die Medien"[78] hat Enzensberger zwar von Anfang an gefordert. Bereits 1956 erklärte er von der "Kulturindustrie", wie sie damals noch hieß: "Statt an ihr gebildet zu nörgeln, sollte man ihre Gesetzmäßigkeit erforschen."[79] Doch diese Kritik geschah durchaus systemimmanent, so wie sie im Grunde auch in *Bewußtseins-Industrie* erfolgte, auf deren "gefährliches Spiel" sich die Intellektuellen laut Vorspann "einzulassen" hatten.[80] Ganz anders dagegen 1969/70, wo Enzensberger unter Berufung auf Brecht und Benjamin zwischen "repressivem" und "emanzipatorischem" Mediengebrauch unterscheidet,[81] die "immaterielle Ausbeutung" als *conditio sine*

---

76 *Casa de las Américas* 10 (1969), Nr. 55, S. 118.
77 Vgl. ebd.
78 Vgl. *Akzente* 3 (1956), S. 207.
79 Ebd., S. 213.
80 Vgl. *Einzelheiten I*, S. 17.
81 Vgl. *Kursbuch* 20 (1970), S. 173.

qua non der "materiellen" erkennt[82] und die Kulturrevolution in ihrem Zusammenhang mit dem "kulturellen Imperialismus" erläutert.[83] Daß hier wieder gut dualistisch gedacht wird, dürfte deutlich sein; nicht minder vertraut ist der Gang der Entwicklung, die sich auch diesmal von einer begrenzt innerdeutschen in eine weltweite Problematik öffnet.

Das Interesse, das Enzensberger den Medien entgegenbringt, erschöpft sich jedoch beileibe nicht in Theorie und Kritik. Es ist gleichzeitig ein eminent praktisches, in beträchtlichem Maß auch einfach eins am Broterwerb. Trotzdem führt gerade diese scheinbare Äußerlichkeit in den Kern der Sache. Denn wie sehr Reflexion über die Medien und die Erprobung ihrer Möglichkeiten Hand in Hand gehen, lehrt bereits die simple Tatsache, daß große Teile der *Einzelheiten*, darunter die überwiegende Mehrzahl der obengenannten Texte, nicht nur für den Rundfunk geschrieben und von ihm gesendet, sondern oft auch von den Sendeanstalten in Auftrag gegeben wurden. Ähnlich setzt sich *Politik und Verbrechen* auf weite Strecken aus ehemaligen Radioessays zusammen. Von Gesellenstücken wie der noch stark romantisch gefärbten, dem Exotismus und der Folklore verhafteten *Louisiana Story* (ursprünglich *Dunkle Erbschaft, tiefer Bayou*, 1957)[84] bis zum *Verhör von Habana* und zum *Kurzen Sommer der Anarchie* hat Enzensberger immer wieder für und mit Film, Funk und Fernsehen gearbeitet. Zwei Jahre lang, von 1955 bis 1957, war er sogar bei Alfred Andersch in Stuttgart als Rundfunkredakteur angestellt. Sie bilden die Keim- und zugleich Reifezeit für sein Metier. Seitdem sind ihm Radioessay, Feature, Hörbild, Hörfolge und dergleichen sozusagen im Schlaf geläufig; es sind Dinge des täglichen Umgangs und Werkzeuge des literarischen Gestaltens. Aber nicht allein deshalb und

---

82 Vgl. *Casa de las Américas* 10 (1969), Nr. 55, S. 118.
83 Vgl. ebd.; der Begriff findet sich zum Beispiel bei Fidel Castro, *Discurso de Clausura del Primer Congreso Nacional de Educación y Cultura*. In: *El Caso Padilla. Literatura y Revolución en Cuba*. Documentos. Introducción, selección, notas, guía y bibliografía por Lourdes Casal, Miami/New York o.J., S. 115ff.; hier S. 116.
84 Hans Magnus Enzensberger, *Louisiana Story*. In: *Interview mit Amerika. 50 deutschsprachige Autoren in der neuen Welt*. Hrsg. von Alfred Gong, München 1962, S. 256ff.

weil sie Mittel jener Schlüsselindustrie sind, dürfen wir mit Enzensberger den Medien eine so überragende Bedeutung beimessen. Sie sind für ihn vielmehr in doppelter Hinsicht wichtig. Einmal erweisen sie sich (was ihm zweifellos bewußt ist) als eine dialektische Einheit von Theorie und Praxis, zum andern jedoch (was ihm bisher offenbar verborgen blieb) als Vehikel einer Form-Inhalt-Dialektik, aus der sich, nach anfänglichem Tasten, rasch die beharrende Grundstruktur seines Denkens und Schaffens entwickelt, in der Ideologie und künstlerische Form ineinander aufgehen. Je genauer man das Œuvre Enzensbergers, das inzwischen schon recht ansehnliche Dimensionen gewonnen hat, unter die Lupe nimmt, um so mehr bestätigt sich dieser Befund. Handwerk oder Broterwerb sollen damit keineswegs, etwa im Sinne einer platten Konditionierung durch Einflüsse, überschätzt werden. Doch ebensowenig soll und kann man sie bei einer solchen Betrachtung unterbewerten oder gar vernachlässigen.

Bereits eine bloße Liste der Form- und Gattungsbezeichnungen, die der Kritiker Enzensberger für seine Essays bevorzugt, läßt diese Zusammenhänge erkennen. Ob es sich um Titel oder Untertitel, Einzelessays oder ganze Bände handelt, spielt dabei — einleuchtenderweise, wie mir scheint — keinerlei Rolle. Alle diese Namen zielen auf das gleiche ab. Auch der Zeitpunkt der Entstehung oder Veröffentlichung der betreffenden Texte fällt kaum ins Gewicht. Typische Belege entstammen den endenden fünfziger, dem Jahrzehnt der sechziger — ihm natürlich vor allem — und den beginnenden siebziger Jahren, also abermals der gesamten Schaffenszeit. In den *Einzelheiten* finden wir zum Beispiel *Die Anatomie einer Wochenschau* (Erstdruck 1957) oder die *Beschreibung einer Allgemeinen Zeitung für Deutschland*,[85] in *Politik und Verbrechen* das *Modell einer terroristischen Gesellschaft*,[86] die *Rekonstruktion einer Hinrichtung*[87] oder — gemeint ist Rafael Trujillo — das *Bildnis eines Landesvaters*. Einige solche Titel, wie *Katechismus zur deutschen Frage* und *Baukasten zu einer Theorie der Medien*, kennen wir schon, auch das 1969 er-

---

85 Zu *Journalismus als Eiertanz* (gemeint ist die *FAZ*).
86 Zu *Chicago-Ballade* (über Al Capone etc.).
87 Zu *Der arglose Deserteur* (gemeint ist der Soldat Slovik, der als einziger Amerikaner im Zweiten Weltkrieg wegen Fahnenflucht erschossen wurde).

schienene *Bildnis einer Partei*; zahlreiche andere — und ich muß hier notgedrungen auswählen — kommen hinzu. Besonders charakteristisch ist die Überschrift *Ein Selbstbildnis der Konterrevolution*, die Enzensberger der Einleitung zum *Verhör von Habana* gegeben hat;[88] doch auch die Titel der beiden Aphorismensammlungen von 1968, *Berliner Gemeinplätze* und *Gemeinplätze, die Neueste Literatur betreffend*, enthüllen sich bei näherem Zusehen als verkappte Formbezeichnungen. Dasselbe gilt für die so unverfänglich anmutende Rubrik *Dossier*, der ein Beitrag wie *Kronstadt 1921 oder die Dritte Revolution* (1967) zugeordnet wird. Ja, erlangen nicht sogar völlig eingefahrene Termini wie 'Analyse' (*Analyse der Taschenbuch-Produktion*) oder 'Theorie' (*Eine Theorie des Tourismus*) unter der Hand einen neuen Gehalt? Zugleich ist es freilich der allerälteste, der sich in solchen Begriffen wieder durchsetzt. Gerade wenn man auf ihre Grundbedeutung — 'Zerlegung in einzelne Teile' bzw. 'Betrachtung oder Schau' — zurückgeht, wird sichtbar, worauf Enzensberger mit ihnen wie mit all jenen Formbezeichnungen und Gattungsnamen abzielt. Was sie gemeinsam haben und dem Leser vermitteln, ist ja offensichtlich, sei es im Wortsinn oder im übertragenen Sinne, die Vorstellung eines exemplarischen Bildes oder Mosaiks. In ihr konvergieren Modell, Bildnis oder Selbstbildnis, Theorie, Beschreibung, Anatomie und Analyse, Baukasten, Rekonstruktion, Dossier und Katechismus oder Sammlung von Gemeinplätzen. Die Namen, so heterogen sie auf den ersten Blick wirken mögen, könnten gar nicht genauer sein; denn das mosaikartige Tableau, das sich als ein exemplarisches versteht, bildet tatsächlich das Prinzip nicht nur sämtlicher Titel, sondern erst recht der dazugehörigen Texte. Und dieses 'Mosaik', als Montage eines optischen oder akustischen 'Bildes', verrät noch einmal unverkennbar die Herkunft der Enzensbergerschen Essaystruktur: nämlich aus den spezifischen Formen der Massenmedien in ihrem Verhältnis zum Zuschauer oder Hörer.

Daß es sich gleicherweise aus Stoffen der Gegenwart wie der Geschichte speist, ist bereits sichtbar geworden und wäre durch weitere

---

88 Inhaltlich betrachtet, bezieht sich die Überschrift natürlich auf das Stück; formal betrachtet, als 'Bildnis', bezieht sie sich jedoch auch auf die Einleitung.

Beispiele — etwa den Essay über Las Casas, dessen Titel nicht umsonst mit dem Begriff 'Rückblick' operiert[89] — unschwer zu ergänzen. Weniger offenkundig, aber nicht minder bezeichnend ist, daß dieses Strukturprinzip auch Sammelbände oder selbständige Werke prägt, und zwar keineswegs bloß die essayistischen und kritischen, sondern genauso die poetischen, ja selbst die editorischen. Die Dialektik entfaltet sich sowohl quantitativ als auch qualitativ. Schritt für Schritt läßt sich dieser Vorgang, verstanden als idealtypische Entwicklung, verfolgen. Was zunächst auf den Einzelessay zutrifft, trifft auch auf die Essaysammlung zu. Sie erweist sich ebenfalls als ein aus Mosaiksteinchen, kürzeren Stücken oder eben 'Einzelheiten' zusammengesetztes Bild, das Anspruch auf exemplarische Geltung erhebt. Wie aus solchen Bestandteilen — am handgreiflichsten in den *Gemeinplätzen* und im *Baukasten zu einer Theorie der Medien* — die verschiedenen Essayformen montiert werden, so ihrerseits aus diesen die Großformen ganzer Bände oder Bücher wie *Poesie und Politik* oder *Politik und Verbrechen*; zu schweigen von der Sammlung *Bewußtseins-Industrie*. Namentlich die Veröffentlichung von 1964 mit ihren *Neun Beiträgen* (Untertitel) leitet sodann zum Drama, zum Roman und zu den Anthologien über, wo dieselbe Struktur und derselbe Anspruch herrschen. Zum Teil tritt beides in geradezu klassischer Reinheit hervor. Zehn 'Verhöre' sind es, aus denen die Dokumentation *Das Verhör von Habana* besteht: jedes einzelne bietet das Selbstbildnis eines Konterrevolutionärs, so wie sie alle zusammen das "Selbstbildnis eines [konterrevolutionären] Kollektivs"[90] liefern ... obwohl der Einleitungsessay und das Werk in seiner Gesamtheit, als Schriften ihres Autors, nach wie vor kritische 'Bilder' sind. Ähnlich, nur noch klarer, liegen die Dinge im Roman. Den deutenden Essay entsprechen hier eingeschobene *Glossen*, den darstellenden Vernehmungen zwölf Kapitel, von denen jedes ein Mosaik aus Dutzenden

---

89 Hans Magnus Enzensberger, *Las Casas oder Ein Rückblick in die Zukunft*. In: *Bartolomé de las Casas. Kurzgefaßter Bericht von der Verwüstung der Westindischen Länder*, Frankfurt 1966; auch in *Deutschland, Deutschland unter anderm* enthalten.

90 Vgl. Hans Magnus Enzensberger, *Das Verhör von Habana*, Frankfurt 1970, S. 25.

von Zitaten ist, so daß das gesamte Werk vom Prolog bis zum Epilog zu einer riesigen Montage wird. Seinen Doppeltitel trägt es mit Fug und Recht, da ja *Der kurze Sommer der Anarchie. Buenaventura Durrutis Leben und Tod* wirklich auch ein Doppelbildnis entwirft, das sich zu einem dokumentarischen Roman zusammenfügt. Die Bilder Durrutis, eines exemplarischen Anarchisten, und des Anarchismus selbst, genauer "der einzigen Epoche, in der er [während des spanischen Bürgerkriegs] eine Chance zur Verwirklichung seiner Ideen hatte",[91] werden auf eindrucksvolle Weise ineinandergeblendet.

Man könnte, nein muß verdeutlichend sagen, in all diesen Werken schließe sich die Reihe der Einzelbilder oder Tableaus zu förmlichen Galerien, ja Bildersälen fast schon barocken Ausmaßes zusammen. Das ist keineswegs schöngeistiges Gerede, sondern nüchterne Kennzeichnung des Gegenstandes, die ihn lediglich beim Wort nimmt. Enzensberger, in Anlehnung an André Malraux, hat die gleiche Metapher bereits vor über einem Jahrzehnt verwendet. Wie hieß doch seinerzeit der Titel seiner großen Lyrikauswahl? Er lautete unmißverständlich: *Museum der modernen Poesie*. Aber nicht bloß diese, sondern jede Anthologie, die Enzensberger seit 1960 "eingerichtet"[92] hat, ist im Grunde ein solches Museum. Selbst ein Buch wie *Allerleirauh. Viele schöne Kinderreime* (1961) gehört dazu; von den zweibändigen *Gesprächen mit Marx und Engels* und dem dreibändigen *Klassenbuch* gar nicht zu reden. Den Musterfall stellt jedoch der Band *Freisprüche. Revolutionäre vor Gericht* dar, weil in ihm das Prinzip des Museums auch ideologisch ganz zu sich selbst kommt. Was er auf rund 460 Seiten "versammelt",[93] ist die revolutionäre Gerichtsrede aus jenen anderthalb Jahrhunderten, in denen sie möglich und wirksam war und ihre spezifische Rhetorik entwickeln konnte. "Das politische Strafverfahren", erläutert Enzensberger, "ist wesentlich ein Produkt der bürgerlichen Rechtsordnung: es setzt eine intak-

---

91 Vgl. Walter Haubrich, *Die Legende Durruti als Legende einer Epoche*. In: *Literaturblatt* zur *FAZ* vom 26.9.1972, S. 3.
92 So in der Titelei des Bandes; s.o. Anm. 40.
93 Auch diese Wortwahl ist bezeichnend; vgl. *Allerleirauh. Viele schöne Kinderreime*, versammelt von Hans Magnus Enzensberger, Frankfurt ²1971.

te Ideologie der bürgerlichen Gesellschaft voraus." Heute hingegen sei in jeder Hinsicht die Endphase erreicht, was drastisch genug daran ablesbar werde, daß jeglicher Prozeß gegen Revolutionäre "entweder zum terroristischen Verwaltungsakt oder zur bloßen Farce" degeneriere. Als Beispiel für solchen Justizterror wird die Behandlung Bobby Seales' in Chicago genannt, der "buchstäblich gefesselt und geknebelt, also völlig mundtot gemacht" wurde; als Beleg fürs farcenhafte "Happening" dient eine "Slapstick-Komödie" wie der Berliner Kommunardenprozeß, wo die Angeklagten ebenso buchstäblich "auf das Gericht scheißen".[94]

Doch sind Museen von ähnlicher, nämlich historisch bedingter, ideologischer Geschlossenheit nicht auch schon der Band *Politik und Verbrechen* und — obzwar in eingeschränkterem Sinne — derjenige über Durruti und die Anarchie? Im ersten Fall handelt es sich um ein essayistisch-kritisches Werk sowie, zumindest dem Anspruch nach, um die gesamte bisherige Geschichte, im zweiten um einen knapp begrenzten Zeitraum, dargestellt in poetisch-dokumentarischer Form. Beidemal indes, nicht anders als in dem Band *Freisprüche*, gehen Museum und Mosaik ineinander über, ja ineinander auf. Jenes ist (allgemein gesprochen) ein historisches Mosaik, dieses ein Museum der Gegenwart. Ihr Zusammenhang folgt zwangsläufig. Denn Geschichte wird von Enzensberger nicht um ihretwillen, sondern um seinet- und unsertwillen betrieben. Sein Interesse an ihr ist alles andere als ein antiquarisches, das nur erkennen möchte, wie es einmal gewesen sei; es erwächst vielmehr aus dem intensiven Bemühen, sich über den eigenen historischen Ort zu verständigen, die Aufgaben, die er stellt, zu begreifen und so einen echten Standort zu gewinnen. Zuzugeben ist allerdings, daß Enzensbergers Herausgebertätigkeit, die meist auf langwierigen Recherchen beruht, mitunter Randgebilde zeitigt, die nicht mehr auf den gemeinsamen Nenner von Mosaik und Museum gebracht werden können. Geschichtliche Einzelbilder neigen dazu, sich zu verselbständigen; sie treten dann nicht bloß als einfacher Rückgriff auf B e kanntes, aber nicht genügend E r kanntes in Erscheinung wie bei der Büchner-Weidigschen Flugschrift von 1834,

---

94 Vgl. *Freisprüche*, S. 458f.

sondern sogar als isolierte Ausgrabung von Vergessenem wie bei dem Handbuch *Kapital und Arbeit* aus der Feder des "Feuerkopfs" Johann Most.[95] Umgekehrt gibt es dafür die Sammlung *Vorzeichen. Fünf neue deutsche Autoren* von 1962, die durchaus ein mosaikartiges Bild ist, jedoch weder als Museum der Vergangenheit noch eigentlich der Gegenwart, sondern als gleichsam musealer Vorgriff auf eine avantgardistische Zukunft, die von Enzensberger "eingeführt"[96] wird. Selbst auf die Herausgeberschaft an seiner Zeitschrift strahlt diese Haltung letztlich aus. Es steht ja außer Zweifel, daß das strukturelle Telos des *Kursbuchs* sowohl im Prinzip des Mosaiks als auch in dem des Museums liegt.

Diese Doppelheit ist die Regel: sie bildet, in dialektischer Verbindung mit dem Ideologischen, die Grundstruktur von Enzensbergers Denken und Schaffen. Und aus ihr wiederum ergibt sich eine eigentümliche Rhetorik oder kritische Wirkungspoetik, die ebenfalls für sein ganzes Œuvre kennzeichnend ist. Sie äußert sich vor allem darin, daß bei Enzensberger nicht die Geste der Überredung − und zwar gleich welcher Form − überwiegt, sondern die der Einladung. Sogar die Lyrik (die selbstverständlich durchaus Begriffe wie 'Modell' oder 'Bildnis' kennt)[97] wurde von ihrem Dichter schon früh als Sammlung kritischer Gebrauchsgegenstände aufgefaßt, die dem Leser höflich zu erwägen geben, "ob er ihnen beipflichten oder widersprechen möchte".[98] Doch ausführlicher noch und für die Struktur präziser hieß es zur gleichen Zeit im Vorwort zum *Museum der modernen Poesie*: "Auch diese Anmerkungen erheben nicht den Anspruch, recht zu behalten. Sie mögen dienlich sein, nach Art einer Strickleiter, die man aufziehen, zusammenrollen und vergesssen kann, sobald sie ihren Zweck erfüllt hat."[99] Sosehr nämlich Enzensbergers 'Bilder' modellhaft sind und exemplarische Geltung beanspruchen, sowenig

---

95 Vgl. Johann Most, *Kapital und Arbeit. 'Das Kapital' in einer handlichen Zusammenfassung*. Von Marx und Engels revidiert und überarbeitet, Frankfurt 1972, S. 97.
96 So in der Titelei des Bandes; s.o. Anm. 28.
97 Vgl. *blindenschrift*, S. 34 bzw. *Gedichte 1955−1970*, S. 146f.
98 Vgl. das Beiblatt *gebrauchsanweisung* zu der Sammlung *landessprache*.
99 *Museum der modernen Poesie*, S. 11.

wollen sie ein für allemal recht behalten. Im Vorwort wird auch dies bekräftigt: "Das Wesen des Museums als eines Ortes der Tradition ist nicht Konsekration, sondern Herausforderung."[100] Eingestandenermaßen ist dieses Museum daher "subjektiv angelegt";[101] ja, der Herausgeber möchte das Mosaik, aus dem es besteht, am liebsten überhaupt nicht fixieren, sondern jedem einzelnen Steinchen seine volle Beweglichkeit belassen. Er wählt einen anderen Vergleich, meint aber dasselbe, wenn er erklärt, die "ideale Form" seiner Sammlung wäre "die eines Kartenspiels"; denn "sie würde es dem Leser gestatten", das "Puzzlespiel mit den Texten beliebig auszudehnen und zu variieren".[102]

Zusätzliche Hinweise finden sich sowohl in den Essaybänden als auch im Drama oder Roman. Sie begegnen teils als Selbstaussagen, teils sind sie, im Sinne einer werkimmanenten Poetik, in der Struktur der betreffenden Werke aufgehoben. So liest man zum Beispiel in einer Nachbemerkung zu den *Einzelheiten*: "Kritik, wie sie hier versucht wird, will ihre Gegenstände nicht abfertigen oder liquidieren, sondern dem zweiten Blick aussetzen [. . .]." Und ferner: "Der historischen List des Bewußtseins möchte sie zu Hilfe kommen."[103] Entsprechend lauten die Schlußsätze im Nachwort zu *Politik und Verbrechen*: "Dieses Buch will nicht recht behalten. Seine Antworten sind vorläufig, es sind verkappte Fragen. Mögen andere kommen, die es besser machen."[104] Der 'zweite' Blick ist unstreitig ein verfremdender Blick, dem das Allzuvertraute und deshalb Unbegriffene merkwürdig und fragwürdig wird, während die 'historische List' darin liegt, daß sich die Massenmedien bis in die Grundstruktur der Enzensbergerschen Schriften hinein, die doch aus ihnen hervorgeht, als Mittel bewähren, um die Bewußtseinsindustrie zu unterlaufen und deren emanzipatorische Umfunktionierung einzuleiten. Statt der üblichen Passivität und dumpfen Hinnahme des vom Medienapparat Ausgespienen, die im gänzlichen Überwältigtwerden der

---

100 Ebd., S. 9.
101 Vgl. ebd., S. 17.
102 Vgl. ebd., S. 19.
103 *Einzelheiten I*, S. 207.
104 *Politik und Verbrechen*, S. 398.

Zuschauer und Hörer enden, vollzieht sich hier ein Prozeß, der ständig aktiviert, zum Prüfen und Abwägen einlädt und schließlich zu Urteilsbildung und eigener Arbeit herausfordert. Wenn es daher 1957, stellvertretend für alle Bewußtseinsindustrie, von der Wochenschau hieß: "Sie ist ein Instrument zur Lähmung, nicht zur Entfaltung des Bewußtseins",[105] so hat die Kritik Enzensbergers diesen Satz seither unentwegt auf den Kopf gestellt, und zwar auch und gerade durch ihre Form und die in ihr enthaltene Wirkungspoetik. Den besten Beweis dafür liefert der Anarchistenroman, wo sich das Prinzip der dynamischen Offenheit des flimmernden, opalisierenden[106] Mosaiks und Museums, das zur Begutachtung und Mitwirkung vorgezeigt wird, nicht nur strukturell am reinsten niedergeschlagen, sondern zudem formelhaft verdichtet hat. Die riesige Zitatmontage der Dokumente, die zusammenstoßen, überlappen, Lücken zwischen sich lassen, einander bald stützend und bald widersprechend, zieht den Leser in ihre stumme Debatte hinein und zwingt ihn dazu, selber Stellung zu beziehen. Schon ihre Struktur verlangt, daß man "weitererzählt".[107] Die bewußte Mehrdeutigkeit dieses Wortes ist unüberhörbar. Ausdrücklich wird zwar gesagt: "Der Leser ist [. . .] der letzte, der diese Geschichte erzählt." Aber zugleich ist er eben immer bloß der "vorläufig letzte"; denn der Prozeß, einmal in Gang gesetzt, läuft weiter. Es kommt hinzu, daß dieser Roman ursprünglich als Fernsehfilm gedreht wurde, daß er also von den Medien (die ja dem Verfasser die "materielle Möglichkeit" für sein Tun verschaften)[108] nicht allein seinen Ausgang nimmt, sondern bereits wieder rezipiert wird. Dasselbe Verhältnis, freilich mit einer gewissen Verschiebung, liegt auch beim *Verhör von Habana* vor, dessen Text nachträglich mit den Medien gekoppelt wurde: seine Uraufführung

---

105 *Einzelheiten I*, S. 123.
106 Vgl. Hans Magnus Enzensberger, *Der kurze Sommer der Anarchie. Buenaventura Durrutis Leben und Tod. Roman*, Frankfurt 1972, S. 15.
107 Ebd., S. 16; dort auch die beiden folgenden Zitate. — Die gattungspoetische Seite dieses Vorgangs, wodurch auch die Bezeichnung 'Roman' gerechtfertigt wird, ist Enzensbergers Vorstellung von der "Geschichte als kollektiver Fiktion"; vgl. ebd., S. 12ff.
108 Vgl. ebd., S. 295.

in Recklinghausen am 8. Juni 1970 erfolgte bekanntlich in Koproduktion mit dem Fernsehen.

Es wäre verlockend, diese Art der Rhetorik noch näher zu untersuchen. Nicht nur die Essays aus *Politik und Verbrechen*, die besonders ergiebig sind, böten sich dazu an, sondern selbst die Randformen. Zu behaupten, Enzensberger wolle seine *Vorzeichen* auch vorzeigen, ist keineswegs bloß ein Kalauer, sowenig wie die Erwägung bloß spitzfindig ist, ein *Kursbuch* diktiere einem ja nicht etwa bestimmte 'Kurse' zu, sondern verzeichne lediglich die möglichen und wählbaren oder allenfalls wünschbaren. Dem Gestus der Einladung gesellt sich hier ein beratender, freundlich zuratender. Zumindest ist der Titel von Enzensbergers Zeitschrift, so betrachtet, ambivalent — und wohl wiederum nicht ohne Absicht. Ihrer Theorie nach erweist sich diese Rhetorik fast stets als eine Antirhetorik, die nicht zu überreden oder gar zu überwältigen sucht, vielmehr bescheiden anheimstellt, ob man "verwirft oder zustimmt".[109] Anders sieht es allerdings in der Praxis aus, die manchmal beträchtlich von diesem Prinzip abweicht. Wenn es dem Medienkritiker Enzensberger darauf ankommt, verfügt er nicht nur über die Mittel der alten Rhetorik mit souveräner Meisterschaft, sondern auch über die sophistischen Kniffe derer, die er bekämpft. Er hat es beispielsweise durchaus nicht verschmäht, den gleichen "terminologischen Trick",[110] den er in *Las Casas oder Ein Rückblick in die Zukunft* der reaktionären spanischen Apologetik ankreidet, selber zu benutzen und zu erklären, die menschenfreundlichen 'Nuevas Leyes de las Indias' seien von Karl V. "unter dem Druck der amerikanischen Lobby" widerrufen worden.[111] Und nicht selten verwendet Enzensberger auch die revolutionäre Rhetorik, wie er sie anhand der Gerichtsrede so eindringlich dokumentiert und beschrieben hat. Mit ihrem entschiedenen, oft leidenschaftlichen Drang zur Überredung befindet sie sich einerseits in schärfstem Gegensatz zu seiner Antirhetorik, andererseits jedoch in völliger Übereinstimmung mit dem Gewaltakt der unbedingten Parteinahme, die seinen verzweifelten Dualismus, der in Wahrheit ein Monismus ist,

---

109 Ebd., S. 16.
110 Vgl. *Deutschland, Deutschland unter anderm*, S. 129.
111 Vgl. ebd., S. 147.

immer wieder sprengt. Ideologie und literarische Technik fallen bei Enzensberger in der Tat zusammen: nicht allein in ihrer Grundstruktur, auch nicht bloß in ihrem grundsätzlichen Verhältnis zum Medienapparat, dessen "neue Gefahren" so unverkennbar sind wie seine "neuen Möglichkeiten",[112] sondern vor allem in ihrem Grundwiderspruch.

In ihm besteht, so sagte ich eingangs, das eigentliche Paradox des Schriftstellers und Kritikers Hans Magnus Enzensberger. Daß dabei die 'optimistischere' Spielart des Widerspruchs im literarischen Bereich erscheint, im ideologischen hingegen die 'pessimistischere', ist recht bezeichnend. Denn wohin führt am Ende Enzensbergers langer Marsch durch die Geschichte, von dem er in seinen Museen Rechenschaft ablegt? Was ist die letzte Position, zu der er gelangt? Am genauesten unterrichtet darüber der Band *Politik und Verbrechen*, der — wie kaum anders zu erwarten — das Mal seiner Herkunft offen an der Stirn trägt. Obwohl durch und durch modern, begreift dieses vielleicht persönlichste Werk Enzensbergers, das auch zeitlich die bisherige Schaffensmitte markiert, die Geschichte zugleich in einem wahrhaft barocken Sinne: nämlich als Schauplatz menschlichen Verbrechens und Elends, der jedoch von keinerlei Transzendenz mehr überwölbt ist, sondern heillos überschattet wird von der kollektiven Ausrottung ganzer Völker in der Vergangenheit und der nuklearen Vernichtung der gesamten Menschheit in der Zukunft. Zwischen "zwei unvorstellbaren Handlungen",[113] dem Genozid von gestern und dem Atommord von morgen, erhebt der Dichter seine Stimme und verkündet, Auschwitz habe "die Wurzeln aller bisherigen Politik bloßgelegt",[114] aber trotzdem werde täglich die endgültige 'Endlösung' durch die Bombe nicht allein geplant, sondern schon als selbstverständlich hingenommen. "I can build a device [. . .] which [. . .] would destroy everybody in the world — at least all unprotected life. It can be done, I believe. In fact, I know it can

---

112 Vgl. *Einzelheiten I*, S. 17.
113 Vgl. *Politik und Verbrechen*, S. 38.
114 Vgl. ebd., S. 19.

be done."[115] Auf solche Ungeheuerlichkeiten antwortet Enzensberger mit dem Aufschrei: "Nichts kann so bleiben, wie es war und ist."[116] Sein Buch will als Menetekel wirken, gewiß; doch keineswegs äußert sich darin, wie Hannah Arendt glaubte, lediglich "eine hoch kultivierte Form des Escapismus", dem alles in der "Sauce des Allgemeinen" verschwimmt.[117] Es bezeugt sich in ihm vielmehr — darauf insistierte Enzensberger in seiner noblen Entgegnung mit vollem Recht — ein sowohl standhaltendes als auch entwerfendes Denken, das verzweifelt nach Veränderung trachtet. Jürgen Habermas kam dem Sachverhalt wesentlich näher, als er nicht nur dieselbe essentielle Bösartigkeit aller politischen Gebilde konstatierte, die auch wir festgestellt haben, sondern ergänzend hinzusetzte, aus dieser "substantiellen Gleichheit von Politik und Verbrechen"[118] werde die Beendigung jedweder Politik "in ihrer bisherigen, naturwüchsigen Form"[119] gefolgert. Nichts anderes nämlich geschieht bei Enzensberger. Sein Blick wechselt von der Vergangenheit in die Zukunft. *Politik und Verbrechen*, dieser dritte Prototyp eines Bildersaals neben der Galerie der *Freisprüche* und dem *Museum der modernen Poesie*, beruht auf dem Grundriß einer zweifachen Vorstellung von der barbarischen Vorgeschichte der Menschheit, die bis in die unmittelbare Gegenwart reicht, und der wahren Menschheitsgeschichte, die, wenn überhaupt, noch gar nicht richtig angefangen hat.

Daß hier die marxistische Geschichtsauffassung übernommen, mit dem Katastrophenbewußtsein der fünfziger Jahre verquickt und dadurch auf spezifische Weise (nicht zur Freude der Marxisten) radikalisiert wird, dürfte deutlich sein. Anderswo wird diese Vorstellung weniger zugespitzt als ausgeweitet; aber im Kern vollzieht sich das gleiche. Selbst inhaltlich vollkommen verschiedene Werke wie die beiden soeben genannten teilen mit *Politik und Verbrechen* die Neigung, den gesamten historischen Verlauf, den sie belegen, wenn nicht

---

115 So Herman Kahn in seiner Rede zur Jahrhundertfeier des Massachusetts Institute of Technology 1961; zit. ebd., S. 36f.
116 Ebd., S. 19.
117 Vgl. Hannah Arendt/Hans Magnus Enzensberger, *Ein Briefwechsel*. In: *Über Hans Magnus Enzensberger*, S. 172ff.; hier S. 173.
118 Vgl. Jürgen Habermas, *Vom Ende der Politik*, ebd., S. 154ff.; hier S. 156.
119 Ebd., S. 158.

als verderblich, so doch als abgeschlossen oder jedenfalls als Vorgeschichte darzustellen. Und auch in ihnen, namentlich in den *Freisprüchen*, wechselt Enzensbergers Blick von der Vergangenheit in eine Zukunft, in der alles ganz anders sein wird, als es je war und nach wie vor ist. Dieser qualitative Sprung erfolgt mitunter sogar schon in der Gegenwart . . . sofern man, heißt das, bei Enzensberger noch sinnvoll davon reden kann. Die konkrete Gegenwart schrumpft ja unterm Rückblick auf das, was kommt, zu einem fast zeitlosen Zeitpunkt zusammen, der strenggenommen bereits außerhalb jeder Geschichte liegt. Wo dennoch gewaltsam eine Konkretisierung versucht wird, tritt ihre innere Widersprüchlichkeit nicht nur sehr rasch, sondern auch besonders schmerzlich zutage. Enzensbergers Verhältnis zu Kuba bildet dafür das Paradigma. War er nicht stets von der substantiellen Gleichheit, "in Habitus und Methodik",[120] selbst der revolutionären und konterrevolutionären Tätigkeit überzeugt gewesen? Noch 1968, in den *Berliner Gemeinplätzen*, schrieb er: "Alle bisherigen Revolutionen haben sich durch die Inhumanität ihrer Gegner infizieren lassen."[121] Im *Verhör von Habana* aber, dem er sich bald darauf zuwandte, steht er plötzlich begeistert vor dem radikalen Bruch mit diesem "schlechten Herkommen, das sich tief in die Geschichte der Revolutionen eingenistet hat". Hingerissen berichtet er: "Die gefangenen Konterrevolutionäre werden nicht in den Kellern der politischen Polizei isoliert oder in Konzentrationslager eingesperrt, sondern dem Volk gegenübergestellt, das sie besiegt hat." Und: "Das Verhör von Habana geht also nicht nur aus einer revolutionären Situation hervor, es ist selbst ein revolutionärer Akt." Wortwörtlich "kehrt es" – so Enzensberger 1970 – alles Bisherige "um".[122] Doch dieser kurze Sommer der Euphorie mündete, falls derlei wirklich nötig war, in ein ebenso jähes Erwachen; denn bloß ein paar Monate später kam es zur Verhaftung, Gehirnwäsche und öffentlichen Selbstbezichtigung ausgerechnet desjenigen, dem *Das Verhör von Habana* gewidmet ist: des kubanischen Lyrikers Heberto

---

120 S.o. Anm. 71.
121 *Kursbuch* 11 (1968), S. 166.
122 Vgl. *Das Verhör von Habana*, S. 24.

Padilla.[123] Das schlechte Herkommen triumphierte wieder: Padilla war von der Seguridad del Estado nicht nur 'eingesperrt' und 'isoliert', sondern auch der entsprechenden Behandlung unterzogen worden; und Hans Magnus Enzensberger, der mit Sartre und vielen anderen bei Fidel Castro gegen solche stalinistischen Maßnahmen protestiert hatte, wurde von diesem seinerseits zu den "intellektuellen Ratten" geworfen, die das sinkende Schiff Europa nicht einmal mehr verlassen können, sondern dazu verdammt sind, mit ihm unterzugehen.[124] Sein großes Buch über Kuba (dessen Resultat freilich ohnehin verheerend gewesen wäre) gelangte nie zur Veröffentlichung; Enzensberger unterdrückte es und ließ statt dessen seinen illusionslosen Beitrag über die kubanische KP, *Bildnis einer Partei*, erscheinen. Dies wiederum geschah im selben Jahr 1969, als er in seinem Interview mit der Zeitschrift *Casa de las Américas*[125] Kuba nicht minder euphorisch feierte als in seinem Stück.

Noch in mancher Hinsicht wären die Erfahrungen mit Castros Kuba und insbesondere der 'Fall Padilla/Enzensberger'[126] lehrreich. Es genügt jedoch, wenn wir aus ihnen wie insgesamt aus unserer Analyse zwei allgemeine Schlüsse ziehen. Nämlich einmal den, daß sich Enzensbergers fundamentale Dichotomie mit seinem Geschichtsbild gleichsam zu einem ideologischen Koordinatennetz verknüpft, in dem er sich unablässig selber fängt; und zum anderen den, daß Enzensberger ebenso unablässig bemüht ist, dieses Netz, in dessen würgenden Maschen er sich verstrickt sieht, immer aufs neue zu zerreißen. Wir wissen zwar, daß sein Dualismus im Grunde ein Monismus und seine Geschichtsvorstellung, genau betrachtet, eine ahistorische ist, die in die Zeitlosigkeit führt. Gerade daraus aber ergeben sich nicht bloß weitere Widersprüche, sondern auch die abschließenden Folgerungen. Denn wie stellt sich jenes Koordinatennetz, als Grundmuster von Enzensbergers Denken und Schaffen,

---

123 Vgl. dazu zusammenfassend *El Caso Padilla*.
124 Vgl. ebd., S. 122.
125 Vgl. meine Übersetzung (*Entrevista 1969*) im vorliegenden Band.
126 Vgl. dazu auch Günter Maschkes Bemerkungen in dem von ihm herausgegebenen und übersetzten Gedichtband Heberto Padillas, *Außerhalb des Spiels*, Frankfurt 1971, S. 143ff.

letztlich dar? Metaphern, die ja in solchem Zusammenhang meist nur ein Notbehelf sind, soll man nicht strapazieren; doch dürfte offenkundig sein, wie auch hier noch jene doppelte Struktur des Mosaiks und des Museums durchschimmert. Jenes ist mehr auf die Umwelt mit ihren politischen, sozialen und ökonomischen Gegensätzen bezogen, eröffnet also die geographische Dimension; dieses bezieht sich mehr auf die Vor- und Nachwelt und eröffnet damit die chronologische oder − so widersprüchlich derlei jetzt klingt − historische Dimension. Beidemal indes kommt es nicht nur zu einer strukturellen Identität, sondern zugleich, entweder global oder universalgeschichtlich, zu einer ideologischen Dualität. Kurt Oppens, in einem ansonsten etwas wirren Aufsatz, hat diese Denkstruktur als die Totalisierung eines doppelten Einst bestimmt;[127] und Enzensberger mag ihm darin Vorschub geleistet haben, als er in einem Gedicht bekannte, er sei "ein einstiger mann".[128] Doch selbst diese Dualität enthüllt sich schließlich als eine scheinbare. Wenn nicht bloß die Antike, sondern "das Christentum, der Feudalismus, die absolute Monarchie, der Kapitalismus, der Faschismus, der Kommunismus" zu einer einzigen trüben Vergangenheit zusammenrinnen,[129] dann ist unstreitig, zumindest für den heute Lebenden, sowohl jeder synchrone oder geographische als auch jeder diachrone oder historische Dualismus in einem übergreifenden Monismus aufgegangen, der nun allerdings fast manichäisch heißen darf.

Ich scheue diese *contradictio in adjecto* nicht; denn sie trifft, wie sich gleich zeigen wird, den Nagel auf den Kopf. Und ebensowenig handelt es sich dabei um bloße Begriffsgespinste, sondern abermals − auch das wird sich gleich erweisen − um sehr konkrete Befunde. Denkt man nämlich diese Erwägungen konsequent zu Ende, so gelangt man zuletzt an einen Nullpunkt, der einerseits als utopisch, andererseits als anarchisch, in Wahrheit aber als beides zusammen zu kennzeichnen ist. Wenn keines der gegebenen Herrschaftssysteme taugt oder, besser gesagt, alle Systeme Herrschaftssysteme und mit-

---

127 Vgl. Kurt Oppens, *Pessimistischer Deismus. Zur Dichtung Hans Magnus Enzensbergers.* In: *Merkur* 17 (1963), S. 786ff.
128 Vgl. *landessprache*, S. 82.
129 Vgl. *Einzelheiten II*, S. 114.

hin inhuman sind, bleibt allein die Anarchie; und wenn es zwar ein taugliches System gibt, das jedoch in der gesamten bisherigen Weltgeschichte einschließlich der Gegenwart noch niemals verwirklicht wurde, bleibt allein die Utopie. An diesem eschatologischen Punkt, an dem Anarchismus und Utopismus sich kreuzen und der im genauen Wortsinn keinen Ort hat, weder im Raum noch in der Zeit, endet der lange Marsch des Gesellschaftskritikers Hans Magnus Enzensberger. Oder schlicht und lakonisch ausgedrückt:

> gut sein ist nirgends![130]

Wem diese *antwort des fabelwesens* zu mythisierend ist, der schlage die Gedichte *flechtenkunde xv* und — man beachte den Titel — *trigonometrischer punkt* auf, wo beide Tendenzen, die utopische wie die anarchische, noch einmal entfaltet, illusionslos durchschaut und teils parodistisch, teils beinah zynisch bloßgelegt werden. Im Hinblick auf die Geschichte (die Enzensberger natürlich zutiefst verhaßt ist, obwohl sie ihn fasziniert) heißt es mit bitterer Selbstironie:

> so wie es mit uns war war es nichts.
> so wie es mit uns ist ist es nichts.
> das versteht sich. so
> wie es mit uns sein wird
> wird es vortrefflich sein,
> ganz ohne zweifel.[131]

Noch beziehungsreicher heißt es im Hinblick auf die zeitgenössische, wiederum global zu verstehende politische, soziale und ökonomische Lage:

> ich bin da wo ich bin.
> ringsum, undeutlich
> sind böhmische dörfer.[132]

---

130 Vgl. *landessprache*, S. 68.
131 Vgl. *blindenschrift*, S. 74.
132 Ebd., S. 81.

Nimmt man beide Strophen zusammen, so führen sie aus der zweifachen Dualität des Historischen und Geographischen auf den gleichen absoluten Nullpunkt zurück, den Enzensberger, wenn auch wohlweislich durch den Mund eines Fabelwesens, selber aufgedeckt hat. Gut sein ist in der Tat nie und nirgends — es sei denn (und hier zeichnet sich bereits jener eigentliche Manichäismus ab) im punktuellen Ich.

Die leidenschaftliche Parteinahme, die Enzensberger immer wieder für den Sozialismus und die armen Länder bekundet, ist kein Einwand. Sie gehört vielmehr nicht nur, wie schon früher bemerkt, als folgerichtiger Widerspruch zu seinem Pessimismus, sondern mündet auch jedesmal zwangsläufig wieder in jenen Nullpunkt. Nicht zufällig entpuppt sich die Zeile "ich bin da wo ich bin" als dieselbe "alttestamentarische Tautologie", die Enzensberger bei Castro bespöttelt, den er zitiert und kommentiert: "'No hay argumento más fuerte que la obra misma de la revolución': Es gibt kein stärkeres Argument als das Werk der Revolution selbst. Das klingt ähnlich wie Ich bin der ich bin."[133] Diese entlarvende Übereinstimmung, die paradoxerweise ein rigoroses Verdikt rechtfertigen muß, spricht Bände . . . wie ja überhaupt der Ausgang des kubanischen Abenteuers, mit dem Enzensberger am spektakulärsten einer "Romantisierung der Dritten Welt" erlag, vor der er kurz zuvor noch gewarnt hatte.[134] Und erst recht geschah es nicht zufällig, daß ihm gerade die Beschäftigung mit Las Casas, also wiederum mit Problemen der Dritten Welt, die Einsicht aufdrängte: "Jede Gesellschaftsverfassung enthält eine Utopie, mit der sie sich schmückt und die sie zugleich entstellt", eine Einsicht, die ihn zu der düsteren Feststellung veranlaßte, "daß diese Verheißung [. . .] nur um den Preis der Revolution zu erfüllen ist, teilweise, zeitweise, solange und soweit nicht eine neue Form der Herrschaft sie wieder einkapselt und aufhebt".[135] Bis in die Wortwahl, die sogar die Revolution unbewußt mit einem skeptischen Vorzeichen versieht, verrät sich in solchen Sätzen, wie sehr Enzensberger sich gegen Folgerungen sträubt, die doch unab-

---

133 Vgl. *Kursbuch* 18 (1969), S. 211.
134 Vgl. ebd. 11 (1968), S. 160.
135 Vgl. *Deutschland, Deutschland unter anderm*, S. 149f.

weisbar sind. Denn einzig und allein in der Revolution an sich, im reinen revolutionären Akt, für den es 'kein stärkeres Argument' gibt als ihn selbst, lassen sich Utopie und Anarchie, die nunmehr vollends zusammenfallen, wenigstens 'teilweise' und 'zeitweise' verwirklichen, ehe der erbarmungslose Mechanismus der Geschichte sie alsbald wieder zermalmt. Dem punktuellen Ich, das ringsum nur 'böhmische dörfer' wahrnimmt, entspricht die ebenso punktuelle Revolution, die sich zum eigenen Selbstzweck wird. Doch dieselbe Erfüllung ist auch in ihr: deshalb ja Enzensbergers nostalgischer 'Rückblick in die Zukunft', auf jene fast imaginären Momente der Revolutionsgeschichte, die derlei bezeugen.

Als klassisches Beispiel einer solchen vorweggenommenen Utopie, die er voller Sehnsucht beschwört, gilt ihm freilich kaum — obwohl sich Ansätze dazu finden[136] — der spanische Anarchismus. Ihr Schulfall ist vielmehr der Kronstädter Aufstand von 1921. Die Aktion der Matrosen von Kronstadt, erklärt Enzensberger, habe erstmals "den Widerspruch zwischen den Interessen der siegreichen Revolution und den Interessen der kommunistischen Staatspartei" sichtbar gemacht und damit zum erstenmal in der Geschichte "einen Gesellschaftszustand in Frage gestellt, der n a c h der sozialistischen Revolution liegt".[137] Auch daraus ergibt sich der fällige Schluß mit zwingender Notwendigkeit; denn was anhand der Dritten Welt ins räumlich Entlegene projiziert wird, wird anhand der Dritten Revolution — man erinnere sich an den Titel — ins zeitlich Entlegene geradezu katapultiert. Jene toten Matrosen sind für Enzensberger die wahre Avantgarde. "Die Dritte Revolution, die sie meinten und die sie in Angriff nahmen", so fährt er fort, "scheint heute ferner denn je. Aber solange das Verlangen nach realer Demokratie nicht ausgestorben ist, wird Kronstadt mehr sein und bleiben als eine Reminiszenz: Seine Geschichte gehört in die Annalen der Zukunft."[138]

---

136 Das wird vor allem am Schluß deutlich; vgl. etwa *Der kurze Sommer der Anarchie*, S. 284: "Die alten Männer der Revolution sind stärker als alles, was nach ihnen kam" etc.
137 Vgl. Hans Magnus Enzensberger, *Kronstadt 1921 oder die Dritte Revolution*. In: *Kursbuch* 9 (1967), S. 6ff.; hier S. 32.
138 Vgl. ebd.

In dieselben Annalen gehört seine kritische Grundlegung, die Jacek Kuróń und Karol Modzelewski, die beiden jungen polnischen Theoretiker, nach nahezu einem halben Jahrhundert im "Vorgriff" nachgeliefert haben. Ihre Revolution mag daher ebenfalls "noch in weiter Ferne liegen"; doch gleichwohl zählen auch sie bereits, wie die Kronstädter, für Hans Magnus Enzensberger "zu ihrer Avantgarde".[139]

Wo aber diese Revolution trotzdem, in abruptem Umschlag, jetzt und hier erscheint, bleibt lediglich wieder das punktuelle Ich dessen, der über sie reflektiert. Das lehrt nicht zuletzt ein so provozierender Text wie die *Berliner Gemeinplätze*, der mit den Worten beginnt: "Ein Gespenst geht um in Europa: das Gespenst der Revolution."[140] Die Art, wie Enzensberger den berühmten Anfangssatz des *Kommunistischen Manifests* variiert, ist nicht bloß als "Stilmerkmal"[141] aufschlußreich, sondern vor allem auch deswegen, weil sie statt des konkreten Begriffs ('Kommunismus') den abstrakten ('Revolution') setzt, also statt des Besonderen und Spezifischen das Vage und Allgemeine. Was Wunder, wenn ein solcher "Wiedergänger", der aber eigentlich der Revenant eines Revenants ist, zu allem Überfluß mit der "Zukunft" identifiziert wird?[142] Und wie die *Berliner Gemeinplätze* beginnen, so enden sie auch: mit einem umfunktionierten Zitat. Diesmal freilich hat Bertolt Brecht Pate gestanden. Heißt es bei ihm: "Die Wahrheit ist konkret",[143] so bei Enzensberger: "Die Wahrheit ist revolutionär."[144] Damit ist das Konkrete, das Brechts Devise enthält, sogar buchstäblich verschwunden; an seiner Statt erscheint wiederum eine jener Tautologien, wie sie ihr Verfasser bei anderen so unerbittlich anzuprangern liebt. Ähnliche Verflüchtigungen vollziehen sich auch im Gang der Argumentation selbst, da fortwährend Bilder und Gleichnisse die Beweislast tragen: etwa wenn das System einem Jongleur verglichen wird, "der mit einer wachsenden Zahl von disparaten Bällen operieren muß", so daß für seinen

---

139 Vgl. *Freisprüche*, S. 448.
140 *Kursbuch* 11 (1968), S. 151.
141 So Bohrer, S. 97.
142 Vgl. *Kursbuch* 11 (1968), S. 151.
143 So Ruth Berlau im Klappentext zu Brechts *Kriegsfibel*, Berlin 1955.
144 *Kursbuch* 13 (1968), S. 197 (Fortsetzung der *Berliner Gemeinplätze*).

Zusammenbruch "ein Fehlgriff genügt"; oder wenn es einem Reaktor mit Sicherheitsvorkehrungen gleichen soll, von denen gesagt wird, kenne man solche schwachen Punkte, so sei wiederum "die Möglichkeit von Kettenreaktionen [. . .] nicht auszuschließen".[145] Was umgekehrt die Revolutionäre betrifft, so wird auf sie das Bild vom Schwingkreis angewandt: "Zwanzig Personen betreten eine stählerne Brücke, die zweitausend Personen tragen kann; sie richten ihre Gangart so ein, daß sie die Resonanzfrequenz der Brücke treffen. Ihre mechanischen Kräfte sind geringfügig, gemessen an der Festigkeit der Konstruktion; doch die Schwingungen, die sie der Brücke mitteilen, verstärken sich selbst durch Rückkopplung; der Punkt ist absehbar, an dem die Brücke einstürzt."[146] Das klingt so hoffnungsfroh wie das Beispiel vom Jongleur; desto vorsichtiger äußert sich Enzensberger wieder, wenn es darum geht, diese Verbildlichung an revolutionären Gruppen zu konkretisieren. Es sei, bemerkt er mit denselben Worten wie vorhin, "nicht ausgeschlossen", daß auf solche Weise "an irgendeinem Punkt" ein Anschwellen der Schwingungen (jedoch nicht etwa ein Einsturz) erzeugt werde.[147]

Ein Uwe Johnson würde darauf vielleicht entgegnen, was in diesen Bildern, Gleichnissen und Zitaten erschüttert werde, sei wohl eher die Brechtsche These, wonach man es "mit Beispielen [. . .] immer schaffen" könne, "wenn man nur schlau ist".[148] Karl Heinz Bohrer, in seinem Beitrag *Revolution als Metapher*,[149] ist tatsächlich nach einem derartigen Rezept verfahren und hat Enzensberger aus den *Berliner Gemeinplätzen* einen psychologischen und schließlich sogar moralischen Strick zu drehen versucht. Ich halte Bohrers Auffassungen für ebenso verfehlt — oder dekuvrierend, je nachdem — wie seine Behauptung, daß der politische Essay heute ohnehin tot sei. Die "Falschmünzerei des Gewissens", die Enzensberger vorgeworfen wird, betreibt der Verfasser, fürchte ich, selbst.[150] Zuzustimmen ist

---

145 Vgl. ebd. 11 (1968), S. 161f. u. 164.
146 Ebd., S. 161f.
147 Vgl. ebd., S. 163.
148 Vgl. Brecht, Bd. 3, S. 1237.
149 Vgl. dazu Bohrer, S. 89ff.
150 Ebd., S. 100. — Bohrer sagt es an anderer Stelle selbst: "Die Methode, den Gegner zu psychologisieren [. . .], anstatt inhaltlich auf seine Argumente ein-

ihm daher bloß insofern, als er, freilich ohne sich auf das gesellschaftskritische Gesamtwerk einzulassen, die hier zweifellos drohende Gefahr des Solipsismus und der Esoterik erkennt. Denn was bei Hans Magnus Enzensberger zunächst übrigbleibt, ist ja nicht einmal mehr jene punktuelle Revolte, in der blinde Anarchie und leere Utopie zusammenfallen, sondern wirklich nur noch jenes punktuelle Ich: die um sich kreisende, in sich verfangene *res cogitans* des kritischen Intellektuellen. Enzensberger hat dies längst selber erkannt und eingestanden. Sein Gedicht *rädelsführer*, erschienen 1964, lautet:

> etwas woran man sich halten kann,
> zum beispiel stacheldraht.
> etwas unvergängliches,
> meinetwegen auf stelzen.
> ja wer das hätte,
> eine stütze.
>
> oder wenigstens im kopf
> eine heile welt,
> sagen wir: drei pfund zement.
>
> was wollt ihr, ich bin geständig.
> unter meinen haaren
> will es nicht hart werden.
>
> unter der wolle getarnt
> mein konspirativer apparat:
> todfeind all dessen,
> was uns heilig zu sein hat
> und basta.
>
> zehn hoch zehn zellen:
> wenn das nicht hochverrat ist!

zugehen [. . .], ist bloß ein advokatorischer Trick und bringt keine Erkenntnisse"; vgl. ders., *Was heißt hier "Verantwortlichkeit der Intellektuellen"? Ihre Geschichte ist ihre Aktualität – Eine notwendig gewordene Antwort.* In: *Literaturblatt* zur *FAZ* vom 26.9.1972, S. 1.

> zu meiner verteidigung
> habe ich nichts zu sagen.[151]

Neben solch erbarmungsloser Abrechnung wirken die Klagen der Orthodoxen (so Richtiges sie enthalten mögen) verspätet, arglos und ausnahmsweise fast gutmütig. Dieser Einzige, dessen Eigentum sein Intellekt, ja im Grunde bloß noch die ihn artikulierende Sprache ist, träumt zwar vielleicht noch "von einem staatsfreien Sozialismus", der "Machtmittel weder besitzt noch braucht";[152] aber an seine Verwirklichung wagt er nicht mehr zu denken. Er steht in absoluter Isolierung gegen alle Gesellschaft, alle Geschichte, alles Menschenwesen schlechthin. Daß er manchmal, wie zahlreiche Gedichte beweisen, endgültig ins Außermenschliche fliehen möchte, nicht allein zu Tier und Pflanze, sondern bis in die Unendlichkeiten des Weltraums und der Mikromaterie, um dort "im tonlosen monolog der substanzen" zu verharren,[153] scheint mir darum nur allzu begreiflich zu sein.

Nicht zufällig hat sich unter der Hand die Lyrik eingestellt. Auch sie ist nämlich für Hans Magnus Enzensberger revolutionär. Sein politischer Anarchismus ist zugleich ein poetischer; der isolierte utopische Gedanke und das isolierte Gedicht sind eins. Es gibt eine Fülle von Äußerungen aus den verschiedensten Werken, die dies belegen. So heißt es etwa im Vorwort zum *Museum der modernen Poesie*: "Poesie ist ein Spurenelement. Ihr bloßes Vorhandensein stellt das Vorhandene in Frage."[154] So "gering, statistisch betrachtet, ihre Ausbreitung" sei, so "unabsehbar" sei "ihre Wirkung".[155] Noch "der freischwebendste Text" ist nach Enzensberger "bereits dadurch

---

151 *blindenschrift*, S. 23. — Enzensberger hat dieses Gedicht auch in seine Auswahl von 1971 aufgenommen.
152 Vgl. *Weimarer Beiträge* 17 (1971), H. 5, S. 113.
153 Vgl. *landessprache*, S. 66.
154 *Museum der modernen Poesie*, S. 16; vgl. dazu auch *Politik und Verbrechen*, S. 196, wo es von den Traktaten der russischen Terroristen heißt, sie zeigten, "wie politische Literatur als Spurenelement wirken und bei minimalem Aufwand enorme Folgen zeitigen kann".
155 Vgl. *Museum der modernen Poesie*, S. 16.

poésie engagée, daß er überhaupt Poesie ist: Widerspruch, nicht Zustimmung zum Bestehenden".[156] Diese Sätze von 1960 sind unverändert in die *Einzelheiten* von 1962/64 übernommen worden,[157] deren gesamter zweiter Band dem Thema *Poesie und Politik* gewidmet ist. In ihm heißt es ganz ähnlich, Poesie habe "unabsehbare Wirkungen, für niemand, auch für den Dichter nicht, kalkulierbar, wie die eines Spurenelements oder einer Ausschüttung von winzigen Sporen".[158] Selbst in der *Analyse der Taschenbuch-Produktion* aus dem ersten Band wird von der Literatur erklärt, sie stelle ein ungeheures "Risiko" dar: "Wie Flugsand dringt sie in die Ritzen der überdimensionalen Gebäude [des gesellschaftlichen Apparats] ein."[159] Solche Bilder, in die Enzensberger wiederum ausweicht und die er insistierend wiederholt, sind nicht minder bezeichnend als die Forderung: "Der politische Aspekt der Poesie muß ihr selber immanent sein."[160] Denn "nirgends sonst als in ihrer Sprache" sei "der objektive gesellschaftliche Gehalt" der Dichtung zu suchen.[161] Enzensberger zögert nicht, sogar von Brechts *Radwechsel* zu behaupten: "Das Gedicht spricht mustergültig aus, daß Politik nicht über es verfügen kann: das ist sein politischer Gehalt."[162] Von dieser Deutung bis zu der beinah biedermeierlich anmutenden Versicherung, der "revolutionäre Prozeß der Poesie" entfalte sich am liebsten "in stillen, anonymen Wohnungen",[163] ist es nur noch ein Schritt. Trotzdem gipfelt gerade der programmatische Essay *Poesie und Politik* in einem dreifachen Mythos von der Macht der Dichtung. Zum einen verkündet er das Recht der "Erstgeburt" der Poesie "aller Herrschaft gegenüber".[164] Dazu sei zweitens keinerlei 'Engagement'

---

156 Vgl. ebd., S. 15; dort heißt es ferner, das Gedicht sei "die Antiware schlechthin" und strafe auch den "landläufigen Marxismus" Lügen, "der Überbau sagt und unvermittelt ökonomische Determination meint".
157 Vgl. *Einzelheiten II*, S. 7ff.
158 Vgl. ebd., S. 134.
159 *Einzelheiten I*, S. 166.
160 *Einzelheiten II*, S. 127.
161 Vgl. ebd., S. 130.
162 Ebd., S. 133; vgl. dazu Brecht, Bd. 10, S. 1009.
163 Vgl. *Einzelheiten II*, S. 135.
164 Ebd.

(das in ironischen Gänsefüßchen erscheint) vonnöten, weil sich das Gedicht seinem Wesen nach als "anarchisch" und schon "durch sein bloßes Dasein" als "subversiv" erweise: "Es überführt, solange es nur anwesend ist, Regierungserklärung und Reklameschrei, Manifest und Transparent der Lüge. Sein kritisches Werk ist kein anderes als das des Kindes im Märchen."[165] Und drittens sei dementsprechend in der Dichtung ein utopisches Moment verborgen: "Poesie tradiert Zukunft."[166] Sie enthalte immer zugleich "Antizipation" und "Kritik"; denn diese ohne jene, schreibt Enzensberger, wäre ohnmächtig, so wie jene ohne diese Betrug wäre.[167]

Dieser verheißungsvolle Mythos begegnet immer wieder. Auch in der Einführung zu dem Band *Vorzeichen* gilt die Literatur mit völliger Fraglosigkeit als dasjenige, was "aufs Arrivierte nicht einzuschwören", was "als *Establishment* nicht möglich ist".[168] Das "Zentrum des poetischen Prozesses" — schon dieses Bild ist beredt genug — steht hier der "Peripherie der bloßen Meinungen" gegenüber; und ganz "von selbst" findet sich der "gesellschaftliche Gehalt [. . .] dort, wo beim Schreiben die größte Strenge herrscht".[169] Sogar in den Kinderversen der Sammlung *Allerleirauh*, die ausdrücklich als "anarchisch" gekennzeichnet und in die Nähe der modernen Dichtung gerückt werden,[170] soll derlei offenbar stattfinden; und ebenso scheint, in zeitgemäßem Gewand, Johann Georg Hamann anzuklingen, wenn es heißt: "Poesie ist älter, und jünger, als was wir Kultur zu nennen uns angewöhnt haben."[171] Zum Ausgleich beruft sich eine von Enzensberger edierte Gryphius-Auswahl auf Majakowski und Faulkner, Neruda und Beckett, die ebenfalls als "radikal" im Sinne einer "Weltsprache" nicht nur der modernen, sondern jeglicher Poesie gepriesen werden.[177] Den Chilenen hat Enzensberger überdies in

---

165 Ebd., S. 136.
166 Ebd.
167 Vgl. ebd., S. 137.
168 Vgl. *Vorzeichen*, S. 10.
169 Vgl. ebd., S. 21.
170 Vgl. *Allerleirauh*, S. 352 u. 354.
171 Ebd., S. 349.
172 Vgl. Andreas Gryphius, *Gedichte*. Ausgewählt von Hans Magnus Enzensberger, Frankfurt 1962, S. 63 u. 66.

einer größeren Sonderstudie gewürdigt, so wie er auch William Carlos Williams und den Peruaner César Vallejo in ausführlichen Essays behandelt hat. Alle drei dienen ihm für seinen Dichtungsbegriff als Spiegelungen. Das ist besonders deutlich bei dem "keiner Doktrin"[173] hörigen Williams, der sein Leben in einer Kleinstadt New Jerseys verbrachte; aber auch Vallejo enthüllt sich letztlich als "zutiefst unzeitgemäß" und, dank seiner "Naivität", als "stärker" denn jede "Doktrin".[174] Nur Pablo Neruda bereitet einige Schwierigkeiten: und zwar ebendeshalb, weil er so symptomatisch ist und Enzensberger offensichtlich am meisten anzog. Nerudas "Irrtum, die Poesie sei ein Instrument der Politik",[175] blieb dem jungen Kritiker – der Essay entstand ursprünglich bereits 1955 – ein schier unbegreifliches Ärgernis. Resigniert schrieb er darum am Schluß: "Auf den Dichter, der die Zwickmühle sprengt, der weder die Dichtung um ihrer Zuhörer noch ihre Zuhörer um der Dichtung willen verrät, und der nicht die Poesie zur Magd der Politik, sondern die Politik zur Magd der Poesie, will sagen, zur Magd des Menschen macht: auf diesen Dichter werden wir vielleicht noch lange, und vielleicht vergeblich, warten müssen."[176] Es liegt jedoch auf der Hand, daß erst dieser Schluß die Verabsolutierung der Poesie wirklich vollendet. In die Zukunft projiziert, spiegelt sich in ihm der Glaube an den unantastbaren Vorrang der Dichtung, die dem eigentlichen Menschlichen gleichgesetzt und nicht mehr bloß zum Mythos, sondern geradezu zum Religionsersatz erhoben wird. Die mittelalterliche Vorstellung von der Philosophie als *ancilla theologiae* wird von Enzensberger mit vollem Bewußtsein aufgegriffen, und sie wird umfunktioniert zu einer durch und durch modernen von der Politik als *ancilla hominis* – will sagen: *poesis*.

Es ist freilich eine sehr spezifische Modernität, die Hans Magnus Enzensbergers Kunstauffassung eignet. Auch, ja gerade in Deutschland hat sie ihre Entsprechungen. Sie erstrecken sich zum Teil bis in

---

173 Vgl. *Einzelheiten II*, S. 43.
174 Vgl. ebd., S. 89f.
175 Vgl. ebd., S. 111f.
176 Ebd., S. 112.

die Bildlichkeit. Mit der gleichen Metaphorik, mit der Enzensberger die Poesie als Spurenelement, Ausschüttung winziger Sporen oder gar Flugsand bestimmt, schrieb zum Beispiel Günter Eich: "Seid unbequem, seid Sand, nicht Öl im Getriebe der Welt!"[177] Und noch in allerjüngster Zeit definierte Walter Jens die Literatur zwar ohne solche Bilder, doch dafür mit allgemeinstem Anspruch als "Hort der Widersetzlichkeit, des Sich-Verweigerns, der Vorläufigkeit, des Zweifels und des großen Traums".[178] Daß diese Definition von derselben Ideologie getragen wird wie die Metapher Eichs und die Mythisierung der Poesie bei Enzensberger, bedarf keiner Erläuterung. Ebenso augenfällig dürfte jedoch sein, daß es sich hier um die typische Kunstauffassung der fünfziger Jahre handelt. Es ist, so könnte man zugespitzt formulieren, die Ideologie vom totalen Ideologieverdacht. Ihr soziologisches Substrat fand sie in jener weitverbreiteten Nachkriegshaltung des 'Ohne mich', wie der populäre Slogan lautete; ihre literarhistorische Grundlegung erfuhr sie durch Hugo Friedrichs Buch *Die Struktur der modernen Lyrik*, das erstmals 1956 erschien;[179] ihre ästhetische Rechtfertigung aber hatte von Anfang an die betörende Kunstmetaphysik Gottfried Benns geliefert, dessen Lehre damals in der Tat, wie selbst Hans Magnus Enzensberger zugeben mußte, "zur herrschenden", ja "zum *convenu*" geworden war.[180] Obwohl sich Enzensberger wiederholt davon zu distanzieren versuchte, konnte auch er sich ihrem Einfluß nicht gänzlich entziehen. Die gewaltsame Überbewertung der modernen Kunst – man erwäge nur die Worte "Poesie, als das, was sie an sich selber [!] ist, und besonders [!] moderne Poesie"[181] – teilt er jedenfalls genauso mit Benn wie dessen nicht minder gewaltsame, manchmal auch wider

---

177 Günter Eich, *Ausgewählte Gedichte*, Frankfurt 1960, S. 51.
178 In: *Wie, warum und zu welchem Ende wurde ich Literaturhistoriker?* Hrsg. von Siegfried Unseld, Frankfurt 1972, S. 112.
179 Vgl. dazu allgemein Helmut Kreuzer, *Zur Periodisierung der 'modernen' deutschen Literatur*. In: *Basis* 2 (1971), S. 7ff.
180 Vgl. Hans Magnus Enzensberger, *Scherenschleifer und Poeten*. In: *Mein Gedicht ist mein Messer. Lyriker zu ihren Gedichten*. Hrsg. von Hans Bender, München 1961 [erweit. Ausg.], S. 144ff.
181 Vgl. *Einzelheiten II*, S. 129.

besseres Wissen vorgenommene Ausdehnung dieser Kunstanschauung auf die gesamte bisherige Literatur. Natürlich bleibt trotzdem ein grundsätzlicher Unterschied bestehen, da bei Benn die Poesie zum schlechthin Apolitischen, bei Enzensberger hingegen zum schlechthin Politischen wird. Aber sonst scheint sich "seit Platons Tagen" (wie die bezeichnende Formel dafür lautet)[182] weder für den einen noch für den anderen viel geändert zu haben. Fragte sich Enzensberger nicht selbst noch 1962,[183] ob Gottfried Benn "am Ende" etwa "recht behalten" habe? Der "rührende Irrglaube an die Kunst", von dem im selben Atemzug die Rede ist, erweist sich einerseits als glatter Widerspruch, andererseits jedoch als die genaue Entsprechung zu jenem politischen "Irrtum" Nerudas, der Enzensberger einst so beunruhigte. Schwerlich wohl könnten die Aporien einer Avantgarde, die er kritisiert und der er doch selber angehört,[184] krasser zum Ausdruck gelangen als in solchen Sätzen.

Die Auflösung dieser Aporien, die aus demselben Grundwiderspruch erwachsen, der die gesamte schriftstellerische Existenz Enzensbergers durchzieht, bot ihm die Dialektik Theodor W. Adornos. Ihr Einfluß ist gar nicht zu überschätzen. Schon eine willkürliche Blütenlese aus den Werken des Frankfurter Philosophen genügt. In der *Philosophie der neuen Musik* wird zum Beispiel von "Phänomenen der Kultur" gesprochen, "die im Zeitalter der totalen Planung des Unterbaus ganz neuen Ernst gewinnen, indem sie jede Planung dementieren".[185] Vollends *In nuce* (so die Überschrift des Aphorismus) verkünden die *Minima moralia*: "Aufgabe von Kunst heute ist es, Chaos in die Ordnung zu bringen."[186] Der Aufsatz *Engagement* — vorher zutreffender *Zur Dialektik des Engagements* bzw. *Engagement oder künstlerische Autonomie* betitelt — führt diese Thesen

---

182 Vgl. ebd., S. 114.
183 So in einer Rezension im *Spiegel*; vgl. *Benn – Wirkung wider Willen*, S. 375ff.
184 Vgl. dazu den Essay *Die Aporien der Avantgarde* in: *Einzelheiten II*, S. 50.
185 Vgl. Theodor W. Adorno, *Philosophie der neuen Musik*, Frankfurt 1958, S. 93.
186 Ders., *Minima moralia. Reflexionen aus dem beschädigten Leben*, Frankfurt ³1962, S. 298.

im einzelnen aus und treibt sie auf die Spitze. "Kunst heißt nicht", bestimmt er, "Alternativen pointieren, sondern, durch nichts anderes als ihre Gestalt, dem Weltlauf widerstehen, der den Menschen immerzu die Pistole auf die Brust setzt."[187] Solche Kunst beläßt es selbstverständlich nicht bei der Verteidigung; ganz im Gegenteil: "Die rücksichtslose Autonomie der Werke, die der Anpassung an den Markt und dem Verschleiß sich entzieht, wird unwillkürlich zum Angriff."[188] Dialektischer geht es offenbar kaum. Adorno scheint das selber gespürt zu haben; denn er bemerkte sicherheitshalber, daß derlei wohl leicht ein wenig erklügelt wirken könne. Was ihn allerdings keineswegs daran hinderte, in diesem Aufsatz (der sich seinerseits auf Hans Magnus Enzensberger beruft) zusammenfassend zu dekretieren: "Jedes Engagement für die Welt muß gekündigt sein, damit der Idee eines engagierten Kunstwerks genügt werde [. . .]."[189] Noch allgemeiner war schon früher in den *Minima moralia* verfügt worden: "Für den Intellektuellen ist unverbrüchliche Einsamkeit die einzige Gestalt, in der er Solidarität etwa noch zu bewähren vermag."[190] Werk wie Schöpfer stehen, Adorno zufolge, unter dem gleichen Gesetz. Und nicht allein die schaffenden Künstler, sogar die Intellektuellen insgesamt sind darin eingeschlossen.

Man hat diese Ästhetik, die durchaus nicht im Ästhetischen verharrt, mit Fug und Recht als "die bürgerliche mystische Metaphysizierung individualistischer Kunst" (Otto-Karl Werckmeister) gekennzeichnet. Zu ergänzen wäre freilich, daß solche Anschauungen sich weder auf Theodor W. Adorno und seinen Schüler Enzensberger beschränken noch auch, als Diagnose, auf den Umkreis der fünfziger Jahre. Die Verwandtschaft mit Benn,[191] dem artistischen Propheten jenes Zeitraums, die ja trotz aller Verschiedenheiten be-

---

187 Ders., *Noten zur Literatur III*, Frankfurt 1965, S. 114.
188 Ebd., S. 128.
189 Ebd., S. 129. — Eine besondere Pikanterie dieses Diktums liegt darin, daß es — wie die gesamte Sprache Adornos — mit dem Jargon des Bankschalters durchsetzt ist, obwohl es sich doch gerade gegen die Geld- und Warenwelt so leidenschaftlich aufbäumt.
190 *Minima moralia*, S. 22.
191 Vgl. dazu meinen Aufsatz *Montierte Lyrik* im vorliegenden Band.

steht, markiert zwar ein Extrem, jedoch beileibe nicht das einzige. Auch der Existentialismus und selbst die Philosopheme Heideggers wären zu nennen, sosehr dieser von Adorno perhorresziert wird. Ausgerechnet Enzensberger liefert dafür ein instruktives Beispiel. In seinem Essay *Die Dramaturgie der Entfremdung* von 1957 befaßt er sich nicht nur mit unseren "Grundbefindlichkeiten" und stellt die "ontologische Paradoxie" gleichgewichtig neben die "Notwendigkeit der Eigentumsrevision", sondern betont auch zusätzlich, daß in seiner Analyse "ein gesellschaftlicher ebenso wie ein existentieller Befund intendiert" sei. Die "Einsamkeit des Menschen und seine Entfremdung" halten damals einander noch völlig die Waage;[192] erst 1962, in *Poesie und Politik*, hat sich das Gewicht endgültig aufs Soziologische und Politische verlagert. Indem Enzensberger den "in der modernen Gesellschaft ortlos gewordenen Dichter"[193] analysiert, berührt er aber gleichzeitig die persönlichen Erfahrungen, in denen jene Entfremdung für viele (nicht zuletzt für Adorno) konkret wurzelte oder zumindest Gestalt gewann: nämlich das Exil.[194] Auch die Exilerfahrung hat zum Katastrophenbewußtsein und überhaupt zum geistigen Klima der fünfziger Jahre beigetragen, obwohl sie sich zumeist wesentlich später artikulierte. Und wie zu erwarten, kam es dabei ebenfalls wieder zu charakteristischen Mythenbildungen. "Das Exil", erklärte etwa Hermann Kesten 1963, "ist eine klassische Einrichtung. Schon bei Herdentieren findet man Einzelgänger. Schon Nomaden schickten Unbotmäßige in die Wüste."[195] Werner Vordtriedes *Vorläufige Gedanken zu einer Typologie der Exilliteratur* nahmen 1968 diesen klassischen Wink beim Wort: "Die erste Verbannte ist Persephone [. . .]."[196] Es heißt in diesem Entwurf zwar einleitend: "Seit es Reichsgebilde gibt, gibt es Exil, denn jede Macht-

---

192 Vgl. *Merkur* 11 (1957), S. 235ff.
193 Vgl. *Einzelheiten II*, S. 101.
194 Zur Differenzierung und Kritik vgl. Jost Hermand, *Schreiben in der Fremde. Gedanken zur deutschen Exilliteratur seit 1789*. In: *Exil und innere Emigration*. Hrsg. v. Reinhold Grimm u. Jost Hermand, Frankfurt 1972, S. 7ff.
195 Hermann Kesten, *Das ewige Exil*. In: *Club Voltaire* 1 (1963), S. 180ff.
196 Werner Vordtriede, *Vorläufige Gedanken zu einer Typologie der Exilliteratur*. In: *Akzente* 15 (1968), S. 556ff.; hier S. 564.

gründung begründet die Exilmöglichkeit sofort mit."[197] Doch bald darauf ist geradezu definitorisch vom "Dichter als Fremdling" die Rede; ja, dieser sei, so hören wir, "als D i c h t e r exiliert".[198] Was ist ein solcher Fremdling aber anderes als jene nur noch punktuell anwesende, im wörtlichsten Sinne 'heimatlose' Intelligenz, von der wir zuletzt ausgingen? Ich kann und will ihre Vorgeschichte, die vermutlich an der Schwelle zum 19. Jahrhundert beginnt, nicht weiter verfolgen; außer Frage steht jedoch, daß durch alle diese Verallgemeinerungen — sehr gegen die Absicht der Mythologen sowohl des "ewigen Exils" als auch einer autonomen, ja autarken Kunst, die gerade dadurch engagiert sein soll — Begriffe wie 'Exil' und das, was unter dem Namen 'innere Emigration'[199] kursiert, nicht bloß austauschbar, sondern ganz und gar ununterscheidbar werden. Ihr gemeinsamer Nenner ist eine Ortlosigkeit, um die Last und Leistung, Fluch und Auszeichnung einen vagen Nebel brauen, den man ebensogut als existentiell wie als ontologisch, als mystisch wie als metaphysisch deklarieren kann. Oder man ziehe sich meinetwegen am eigenen Schopf aus diesem Sumpf und bewundere solchen Münchhausenstreich als negative Dialektik. Der Mythos hat viele Metamorphosen.

"Wer allzurasch und allzugern aufs Allgemeine zu sprechen kommt", so muß ihm darum mit Nachdruck entgegengehalten werden, "ist immer verdächtig, den Widerstand des Besonderen und Konkreten zu scheuen." Diese Mahnung stammt nicht zufällig von Enzensberger selbst.[200] Mit dem so präzisen wie vernichtenden Urteil über Adorno und dessen 'bürgerliche mystische Metaphysizierung individualistischer Kunst' vermag sie es freilich, als beiläufige Bemerkung aus einem ganz anderen Zusammenhang, nicht aufzunehmen. Ja, man könnte sich fragen, ob Enzensberger in jene Verurteilung nicht sogar eingeschlossen sei. Vollständig lautet sie nämlich, Kunst werde für Adorno zum "Reservat" und die konkreten Werke

---

197 Ebd., S. 556.
198 Vgl. ebd., S. 559f.
199 Vgl. dazu allgemein meinen Beitrag *Innere Emigration als Lebensform.* In: *Exil und innere Emigration*, S. 31ff.
200 *Gedichte. Die Entstehung eines Gedichts*, S. 42.

"zu Metaphern einer imaginären geschichtlichen Bewegung: der ungeschehenen Revolution, der unerreichbaren Utopie".[201] Aber auch hier (wo Bohrer offenbar sein Stichwort geborgt hat) darf man sich nicht täuschen lassen. Enzensberger kann schon allein deshalb nicht mehr unter ein solches Pauschalverdikt subsumiert werden, weil er sich inzwischen mehrfach aufs entschiedenste von seinem musikkundigen Lehrmeister losgesagt hat. Die Schriften Theodor W. Adornos, dessen "schmerz der negation" er einst gerühmt, ja dem er mit gleichsam soteriologischem Pathos Prädikate wie "schweißtuch der theorie" verliehen hatte,[202] werden gerade in den *Berliner Gemeinplätzen* verächtlich als "Klavierauszüge"[203] abgetan; und selbst wenn gar kein Name fällt, wirkt manches, was Enzensberger in den letzten Jahren vorgebracht hat, wie eine direkte Antwort und Absage an Adorno. Man halte nur einmal den Aphorismus von der "unverbrüchlichen Einsamkeit" des Intellektuellen, in der dieser "Solidarität etwa noch zu bewähren" vermöge, neben den ebenfalls zu den *Berliner Gemeinplätzen* gehörigen Satz: "Auch die Solidarität der Intelligenz bleibt bloße Rhetorik, sofern sie sich nicht in politischen Handlungen äußert, deren Nutzen sich beweisen läßt."[204] Sehr im Gegensatz zu Hans Mayer, der neuerdings sogar Brecht über den Leisten der negativen Dialektik schlägt,[205] macht es Enzensberger unmißverständlich klar, daß Adorno für ihn abgewirtschaftet hat. In einem seiner allerjüngsten Gedichte heißt es ausdrücklich:

Die geringste Versuchung aber besteht darin
die *Negative Dialektik* zu lesen
und dabei den Stellenmarkt wohl im Aug zu behalten[206]

201 Vgl. O[tto-] K[arl] Werckmeister, *Das Kunstwerk als Negation. Zur Kunsttheorie Theodor W. Adornos*. In: *Neue Rundschau* 73 (1962), S. 111ff.; hier S. 126 u. passim.
202 Vgl. *blindenschrift*, S. 58f.
203 Vgl. *Kursbuch* 11 (1968), S. 167.
204 Ebd., S. 160.
205 Vgl. Hans Mayer, *Brecht in der Geschichte. Drei Versuche*, Frankfurt 1971, insbesondere S. 251; dazu meine Besprechung in: *Basis* 3 (1972), S. 277ff.
206 *Gedichte 1955–1970*, S. 148 (ohne Interpunktion); dort auch die folgenden Verse.

Dieses Urteil ist womöglich noch vernichtender als dasjenige Werckmeisters, da es obendrein das Schielen nach dem Kommerz und die erwiesene Marktgängigkeit solch angeblicher 'Antiware' bloßlegt. Nicht minder aufschlußreich — nunmehr allerdings wieder für den Verfasser — sind die vorhergehenden Zeilen, welche lauten:

> Die größte Versuchung ist vielleicht die
> sich zusammenzurollen
> dort wo kein Licht hinfällt

Denn totaler könnte die Abkehr eines auf sich selber zurückgeworfenen Ich wahrhaftig nicht erfolgen. Jeglicher Reflexion müde, möchte es sich nicht bloß — seine Geste ist ja wirklich sprechend — von aller Außenwelt abwenden, sondern zuletzt auch noch dem eigenen Bewußtsein entfliehen. Nur in diesem Sinne, aber in ihm desto umfassender kann bei Enzensberger vor einem kategorialen, geradezu kartesianischen Schnitt zwischen *res extensa* und *res cogitans* (die oft freilich eher verzweifelt als sich durch Zweifeln bestätigt) und damit von einem Manichäismus, der paradoxerweise zugleich ein Monismus ist, die Rede sein.[207]

Grundwiderspruch und Grundstruktur erben sich demnach trotz aller Entwicklung und Wandlung bei Enzensberger bis auf den heutigen Tag fort. Der adornische Mythos von der Macht der Kunst, diese subtilste Rechtfertigung einer selbstzufriedenen Innerlichkeit, die sich mit dem Weltgeist im Einverständnis wähnt, wird zwar durchschaut und aufgegeben. Nicht länger wird postuliert, Politik sei der Poesie immanent, ja diese sei das Politischste überhaupt, weshalb sie nie zum Instrument von Politik erniedrigt werden dürfe. Nicht mehr wird uns versichert, Poesie stelle durch ihr bloßes Vorhandensein alles Vorhandene — das Bestehende, das System, das Establishment — in Frage. Enzensbergers spätere Texte schweigen von Ri-

---

207 Der landläufige Manichäismus hingegen mit seiner reinlichen Scheidung von Gut und Böse ist bei Peter Weiss zu finden, mit dem sich Enzensberger nicht umsonst schon vor Jahren auseinanderzusetzen hatte; vgl. dazu *Über Hans Magnus Enzensberger*, S. 239ff. (erstmals 1965/66). Jener Satz von der Pseudosolidarität der Intelligenz richtet sich somit auch gegen Weiss, nicht allein gegen Adorno.

siko und Radikalität der Dichtung, von ihrer Gefährlichkeit und den 'unabsehbaren Wirkungen', die sie hervorrufen soll. Statt dessen heißt es mit kaum zu überbietender Schärfe in seinen *Gemeinplätzen, die Neueste Literatur betreffend*: "Heute liegt die politische Harmlosigkeit aller literarischen, ja aller künstlerischen Erzeugnisse überhaupt offen zutage [. . .]. Ihr aufklärerischer Anspruch, ihr utopischer Überschuß, ihr kritisches Potential ist zum bloßen Schein verkümmert."[208] Ein für allemal hat Enzensberger eingesehen, daß eine Haltung à la Adorno seine Aporien lediglich eskamotiert, statt sie zu lösen. Und dennoch kehrt er sich im selben Gedicht, in dem er diese verführerische Philosophie endgültig auf den Müll wirft, nicht allein von ihr, sondern erschöpft und resigniert von der ganzen Welt ab. Abermals steht er in absoluter Isolation aller Geschichte, aller Gesellschaft, jedwedem Menschenwesen gegenüber und möchte am liebsten ins Außermenschliche flüchten; abermals endet er dort, wo er begann. Doch nicht einmal mehr im punktuellen Ich ist nun das, was er "gut sein" nennt. Lähmende Apathie breitet sich aus:

Dann laß ich das Telefon läuten
tagelang[209]

Daß eine derart apathische, pessimistische, fast hilflose Resignation die Oberhand gewinnen kann, scheint der einzige Unterschied gegen früher zu sein, als Enzensbergers zuzeiten fast hochmütige Selbstsicherheit, die von jenem Mythos zehrte, sie stets wieder einzudämmen vermochte.

Zugegeben, der Weg Hans Magnus Enzensbergers hat von der Poesie zur Politik geführt. Aber ist die Grundsituation dadurch eine andere geworden? Müßte man nicht einfach sagen, es habe sich eben nur eine Vertauschung, Umpolung oder Umkehrung vollzogen, so daß die Parole statt 'Poesie und Politik' jetzt 'Politik und Poesie' laute? Denn Enzensberger schreibt ja, allen törichten, übereifrigen Parteigängern vom Schlag eines Hamm zum Trotz, weiterhin Lyrik und ist

---

208 Hans Magnus Enzensberger, *Gemeinplätze, die Neueste Literatur betreffend*. In: *Kursbuch* 15 (1968), S. 187ff.; hier S. 194.
209 *Gedichte 1955–1970*, S. 149.

sich nach wie vor nicht bloß der Fragwürdigkeit, sondern auch der merkwürdigen Vitalität von Kunst und Literatur bewußt.[210] Hierin liegt wohl letztlich der Grund, warum ihm als Gefäß für seine periodische Resignation und Verzweiflung fast ausschließlich Gedichte dienen, die aber bei ihm alles andere als 'Rauschgift' sind, obgleich sie mitunter in eine finstere Lustigkeit, ja beinah zynische Wurstigkeit ausarten können. Auch bilden, so betrachtet, Lyrik und Kritik oder Poesie und Politik zweifellos eine Einheit und einen zusammenhängenden Prozeß, den man, wenn man will, als dialektisch bezeichnen mag. Es ist freilich eine eigentümlich kreisende, im genauesten Wortsinn 'ego-zentrische' Dialektik, die immer wieder, sooft sie ansetzt, auf das punktuelle Ich zurückfällt und damit vollkommen jener Vorstellung von der 'Peripherie' und vom 'Zentrum' entspricht, die Enzensberger — man wird sich erinnern — selber auf sich angewandt hat. Scheint sie nicht sogar geographisch und politisch, also sozusagen geopolitisch ihren Ausdruck gefunden zu haben? Die *Berliner Gemeinplätze* tragen mit gutem Grund den Wohnort ihres Verfassers und den Verlagsort von dessen *Kursbuch* im Titel. Nicht das hektische, amerikanisierte Frankfurt ist der dem Ortlosen gemäße Ort, auch nicht die norwegische Idylle von Stranda oder Tjøme, in die er floh, oder das exotische Abenteuer Kuba, in das er sich stürzte, sondern offensichtlich Berlin, die Stadt der vier Mächte und Sektoren, der isolierte und dennoch so engagierte Punkt zwischen Bundesrepublik und DDR, West und Ost. Diese Enklave, die zugleich ein Außenposten ist und die man schon wiederholt, und stets irrtümlich, totgesagt hat, gewinnt für Hans Magnus Enzensberger symbolische Relevanz. Es zeugt von seiner Hellsicht, daß er derlei bereits 1964, noch ehe es sich biographisch manifestiert hatte, voraussah und Berlin mit der ihm eigenen Simultan- und Mischtechnik im Gedicht als seinen poetischen Ort bestimmte.[211]

---

210 Davon handelt ironisch das noch immer unveröffentlichte Vaudeville *La Cubana oder Das Ende der Kunst* (ursprünglich *Ay, Rachel!*), das Enzensberger 1970/71 verfaßt und zu dem Hans Werner Henze die Musik geschrieben hat; vgl. dazu meinen Essay *Enzensberger, Kuba und 'La Cubana'* im vorliegenden Band.

211 Vgl. *blindenschrift*, S. 149. — Daß Enzensberger inzwischen nach München übergesiedelt ist, sollte man nicht überbewerten; denn es hängt vermutlich

Doch gerade dieser Symbolbezug signalisiert auch einen neuerlichen Umschlag, den man nun in der Tat gut dialektisch nennen muß. Das Bild vom Kreis mit seinem Zentrum und seiner Peripherie und insbesondere der konzentrischen Bewegung, die in ihm stattfindet, gilt nämlich gleichzeitig umgekehrt. Nicht bloß zwanghaft und gewaltsam, sondern gewissermaßen natürlicherweise enthält es die Komplementärvorstellung von den Wellenringen, die sich in immer weiteren Kreisen um einen Mittelpunkt ausbreiten oder, in der Sprache der Medien, von ihm ausstrahlen. Wer diesen entscheidenden Umschlag übersähe, verstünde alles nur halb. Beide Bewegungen im Leben, Denken und Schaffen Hans Magnus Enzensbergers gehören zusammen. Zu seiner Verteidigung, gestand er als *rädelsführer* im gleichnamigen Gedicht, habe er "nichts zu sagen". Das war sowohl Ironie als auch, freilich in einem tieferen Sinne, durch und durch ernstgemeint. Um so nachdrücklicher wäre deshalb zu Enzensbergers Verteidigung (falls er sie nötig hätte) darauf hinzuweisen, daß sich das Paradox seiner schriftstellerischen Existenz erst durch jenen folgerichtigen Widerspruch, auf den wir von Anfang an gestoßen sind, ganz enthüllt. Die eine Schlußfolgerung ergibt sich mit derselben Notwendigkeit wie die andere: Enzensberger verstrickt sich nicht nur ständig in ein würgendes Netz, sondern sucht sich auch stets aufs neue daraus zu befreien. Und dies geschieht keineswegs bloß mittels abrupter Gewaltakte, sondern auf breiter Front. Wenn irgendeiner, so hat Hans Magnus Enzensberger den Widerstand des Besonderen und Konkreten, von dem er sprach, nicht gescheut; er hat sich vielmehr, in immer neuen Ansätzen, nüchtern und zäh auf die störrischen Fakten eingelassen und unentwegt die Auseinandersetzung mit der Historie, die ihn doch anekelt, aufs neue begonnen, um die Geschichte der Klassen und ihrer Kämpfe zu erkunden. An solch realistischer Arbeit, die in unermüdlichem Trotzdem an ihrem Ziel festhält, prallen alle frivolen Vorwürfe, wie sie von Bohrer und seinesgleichen erhoben wurden, ebenso ab wie alle naiven, zu denen sich Peter Weiss und andere berechtigt glaubten. Ihm — aber diese Abfuhr trifft *mutatis mutandis* auch die Gegenseite — hat Enzens-

---

auch damit zusammen, daß Berlin die besagten Züge immer mehr verliert.

berger zu Recht erwidert: "Die Moralische Aufrüstung von links kann mir gestohlen bleiben. Ich bin kein Idealist. Bekenntnissen ziehe ich Argumente vor. Zweifel sind mir lieber als Sentiments. Revolutionäres Geschwätz ist mir verhaßt. Widerspruchsfreie Weltbilder brauche ich nicht. Im Zweifelsfall entscheidet die Wirklichkeit."[212]

Es würde allerdings eine Untersuchung für sich erfordern, wollte man auch noch diesen dritten Weg des Gesellschaftskritikers Enzensberger im einzelnen verfolgen. Viele Aspekte wären namhaft zu machen; ein wahrer Vielfrontenkrieg müßte beschrieben werden. So habe ich vorhin nicht ohne Absicht wieder auf die Medien angespielt; denn gerade ihrer allmählichen, völlig pragmatisch betriebenen Verbesserung und Emanzipation hat Enzensberger seine besondere Aufmerksamkeit gewidmet. Sein Interesse hat sich zwar einerseits vom Überbau stärker auf die Basis verlagert, bleibt aber andererseits auch in verstärktem Maße einem Überbau verhaftet, der durch die Schlüsselstellung der Bewußtseinsindustrie immer nachhaltiger auf die Basis zurückwirkt. Oder man denke an Enzensbergers politische Praxis, die sich nicht etwa nur in Reden geäußert hat, sondern genauso (man kann es in der Broschüre *Staatsgefährdende Umtriebe* nachschlagen) in sehr konkreten Aktionen. Verzweifelt — im doppelten Sinne — arbeitet dieser Schriftsteller theoretisch wie praktisch an der Alphabetisierung Deutschlands, und nicht bloß Deutschlands. Er klärt auf, er lädt ein, er hilft mit: ohne billige Solidarisierung oder vorschnelle Romantisierung . . . obwohl er keineswegs gegen solche Verlockungen gefeit ist. Aber Hans Magnus Enzensberger prüft nicht nur uns, sondern auch sich unerbittlich. Wie die zwei Männer in seinem *gedicht über die zukunft* versucht er mühselig, einen Weg wenigstens abzustecken, wenn er ihn schon nicht selber gehen kann. Da dieses Gedicht erst kürzlich allgemein zugänglich geworden ist, sei es hier ebenfalls zur Gänze zitiert:

zwei männer kommen auf einem traktor
(tschou en lai ist in moskau)

---

[212] Hans Magnus Enzensberger, *Peter Weiss und andere*. In: *Über Hans Magnus Enzensberger*, S. 246ff.; hier S. 251.

> zwei männer in steingrauen kitteln
> (nobelpreisträger im frack)
> zwei männer mit dünnen stöcken
> (goldmedaillen aus tokio)
> am straßenrand zwischen gelben blättern
> (die toten guerrillas von vietnam)
>
> zwischen die lehmgelben blätter
> stecken zwei männer in grauen kitteln
> am straßenrand dünne stöcke
> alle fünfzig schritt einen links einen rechts
> dunkle stöcke im hellen november
> (tschou en lai ist in moskau)
>
> zwei männer in grauen kitteln
> riechen im flachen novemberlicht
> den schnee der zudecken wird
> blätter und männer
>
> bis kein weg mehr zu sehen ist
> nur noch alle fünfzig schritt
> ein dünner stock links
> ein dünner stock rechts
> damit der schneepflug
> wo kein weg mehr zu sehen ist
> einen weg finde[213]

Schwerlich ist dies eins der besten, jedoch sicherlich eins der charakteristischsten Gedichte Enzensbergers. Selbst vor dem letzten Eingeständnis, dem so vielfach verfemten: "Das wissen wir nicht",[214] schreckt er nicht zurück, um gleichwohl im selben Zusammenhang tastend zu erwägen: "Wer die Erfahrungen der Guerrillas ignoriert, ist ein Reaktionär; wer sie unbesehen kopieren möchte, ist ein Illusionist. Die nüchterne Vermittlung zwischen den Befreiungsbewegun-

---

[213] Das Gedicht begegnete bisher nur in der zweisprachigen amerikanischen Auswahl; vgl. ders., *poems for people who don't read poems*, New York 1968, S. 130. Inzwischen findet es sich aber auch, geringfügig verändert und mit dem Zusatz "November 1964" im Titel, in Enzensbergers großem Sammelband *Die Gedichte*, Frankfurt 1983, S. 280.
[214] Vgl. *Kursbuch* 11 (1968), S. 168.

gen in der Dritten Welt und der politischen Aktion in den Metropolen ist eine Aufgabe, deren Schwierigkeiten bisher kaum erkannt, geschweige denn gelöst sind."[215] Obzwar er immer wieder der Verzweiflung zu erliegen droht und zeitweise auch erliegt, läßt Enzensberger nicht ab. Er weiß: "Kurzfristige Hoffnungen sind eitel. Langfristige Resignation ist selbstmörderisch."[216] Oder positiv gewendet: Kurzfristige Resignation ist keine kritische Selbstentleibung. Langfristige Hoffnungen sind nicht vergebens.

Das höchste Lob, das man einem Autor zollen kann, sagt Brecht irgendwo, ist die schlichte Feststellung, daß er wichtig sei. In diesem Brechtschen Sinne ist Hans Magnus Enzensberger der wichtigste deutsche Schriftsteller seiner Generation. Keiner darf heute mit größerem Recht als repräsentativ gelten; an keinem Werk lassen sich so seismographisch genau wie an seinem die Erschütterungen, Ängste und Hoffnungen der letzten zwei Jahrzehnte, ja der gesamten Epoche ablesen. Optimismus und Pessimismus halten sich in diesem Leben und Werk, in folgerichtigem Widerspruch, die Waage. Ihn redlich darzulegen, in seiner Verflochtenheit mit Struktur, Ideologie und Vorgeschichte, ist alles, was der Literarhistoriker zu leisten vermag. Gerade er, der Kritiker des Kritikers, kann und darf nicht mehr tun — doch freilich auch nicht weniger — als ein Bildnis entwerfen, und sei es auch ein emblematisches oder gar änigmatisches, zu dessen kritischer Betrachtung er einlädt. Das Motto dazu stammt von Antonio Gramsci, auf den sich der Dargestellte selber berufen hat: "Pessimismus der Intelligenz, Optimismus des Willens."[217] In diesem Wort ist das Paradox des Schriftstellers Hans Magnus Enzensberger noch einmal bündig formuliert, aber im Grunde auch schon aufgehoben.

---

215 Ebd., S. 160.
216 Ebd., S. 169.
217 Ebd. 20 (1970), S. 186.

ENZENSBERGER, KUBA UND *LA CUBANA*
(1975)

Man stutzt. Ein Vaudeville von Henze und Enzensberger? Davon, daß diese zwei mit der sogenannten 'Leichten Muse' angebändelt hätten, war bislang eigentlich nichts bekannt. Doch *La Cubana oder Ein Leben für die Kunst*, ursprünglich *Ay, Rachel!* betitelt, ist ein Vaudeville besonderer Art.

Über seine Vertonung hat Hans Werner Henze schon 1973 ausführlich berichtet. Auch zum Libretto finden sich bei ihm wichtige Einsichten und Bemerkungen. Um aber dieses Stück "nach Motiven von Miguel Barnet" (wie es im Untertitel heißt) angemessen beurteilen zu können, bedarf es mehr als nur des Texts und der Musik. Nötig ist eine Einordnung in das Gesamtphänomen des Schriftstellers Hans Magnus Enzensberger: in dessen Kunst und in dessen Leben.[1]

Hier wie dort nämlich, in Enzensbergers Wirken in und mit der Literatur wie über sie hinaus, spielt die hispanische oder, genauer, lateinamerikanische Welt von Anfang an eine beherrschende Rolle. Und selbst innerhalb dieser Welt hat sich das Interesse dessen, der bloß zeitweise die Kunst für das Leben eintauschen wollte, mehr und mehr auf den karibischen Raum und schließlich auf die Zuckerinsel Fidel Castros konzentriert. *El Cubano alemán*, wie ich ihn am liebsten nennen möchte, veröffentlichte zwar 1972 den bedeutsamen Dokumentarroman *Der kurze Sommer der Anarchie*, der am Beispiel der legendären Gestalt Durrutis die Revolution und den Bürgerkrieg in Spanien schildert; aber nicht umsonst erinnert die Technik, deren er sich dabei bediente, an die aus Kuba stammenden Dokumentationen Barnets. Auch mit dem Lyrikschaffen nicht allein Spaniens, sondern Iberiens insgesamt, von Alberti bis Machado und Pessoa, ist der

---

[1] Vgl. dazu allgemein meinen Aufsatz *Bildnis Hans Magnus Enzensberger. Struktur, Ideologie und Vorgeschichte eines Gesellschaftskritikers* im vorliegenden Band.

Herausgeber des *Museums der modernen Poesie* (1960) natürlich aufs intimste vertraut; doch bereits 1955 schrieb Enzensberger — was er für keinen der europäischen Dichter tat — über den Chilenen Pablo Neruda und später, 1963, über den Peruaner César Vallejo. Von beiden hat er jeweils auch Gedichte ins Deutsche übertragen.

Dazu kommt, daß einer der brillantesten Essays der Sammlung *Politik und Verbrechen* von 1964, *Bildnis eines Landesvaters*, Rafael Trujillo behandelt, den langjährigen Diktator der Dominikanischen Republik, dessen Machenschaften und Hintermänner er so unbarmherzig wie witzig entlarvt. Dieses (keineswegs verblaßte) Schauerporträt zeugt von der gleichen intensiven Beschäftigung mit der Geschichte Lateinamerikas wie die 1966 erschienene Neuausgabe des *Kurzgefaßten Berichts über die Verwüstung der Westindischen Länder*, jener berühmten Schrift des Bischofs Las Casas aus dem 16. Jahrhundert, die leider nicht weniger aktuell ist. Immer wieder tauchen bei Enzensberger die Karibischen Inseln am Horizont auf. Was Wunder also, wenn eine Übersetzung seiner Beiträge, die 1969 in Havanna herauskam, den bezeichnenden Titel *Las Casas y Trujillo* erhielt?

Es blieb ja bekanntlich nicht bei einer rein literarischen 'Sichtung': Enzensberger ging, getreu seinem Vorbild Brecht, zugleich auf eine biographische 'Sicherung' solcher Einblicke und Errungenschaften aus. Schon 1957 war er in Mexiko gewesen; 1965 folgte dann eine ausgedehnte Südamerikareise; und vollends 1968/69, nachdem er in einem vielzitierten Offenen Brief dem Präsidenten einer US-University das begehrte Fellowship vor die Füße geworfen hatte, siedelte er gar auf etliche Monate nach Kuba über. Als *Cubano alemán* hat er dort nicht bloß Politiker und Intellektuelle kennengelernt, nicht bloß ein aufschlußreiches Interview über Kulturrevolution und kulturellen Imperialismus veröffentlicht sowie Material für ein großes Kuba-Buch gesammelt; er hat auch, wie sich das für einen zünftigen "Revolutions-Touristen" gehört, brav in der brütenden Sonne die Machete geschwungen. Mit Feder und Haumesser, sozusagen, zog er durch Castros Insel . . . was übrigens beileibe nicht meine, sondern Enzensbergers eigene Ironie ist, den ich hier lediglich referiere. Ein halb nostalgischer, halb selbstironischer 'Blick zurück' scheint in der Tat die Haltung zu sein, die er zu diesen Dingen nun überhaupt – von seinem Vaudeville ganz zu schweigen – einnimmt. Man lese im *Kursbuch* oder im Sammelband *Palaver* (1974) das Dossier *Revolutions-Tourismus* nach.

Enzensberger, der kurzfristige Wahlkubaner, knüpft darin an bittere Verse eines echten Kubaners an, die ihrerseits nicht zuletzt auf ihn selber gemünzt sein dürften. Jedenfalls hat er sich in gewissen "Helden", die "mehr Zuckerrohr schnitten als der beste Machetero", wie der Verfasser Heberto Padilla höhnt, nicht ohne Betroffenheit, doch auch nicht ohne Würde wiedererkannt. Damit aber befinden wir uns erst recht mitten in jenem kubanischen Zwiespalt, der in Hans Magnus Enzensbergers Leben (für wie gegen die Kunst) bis heute fortwirkt. Denn Padilla, dieser einst aufsässige, schließlich vom Staatssicherheitsdienst spektakulär 'umgedrehte' Kritiker und Lyriker, von dem der Deutsche ebenfalls einiges übersetzt hat, ist ja, obwohl er den Freund inzwischen lautstark verdammte und geradezu konterrevolutionärer Umtriebe bezichtigte, niemand anders als derjenige, dem dessen Hymnus auf Castros Revolution, *Das Verhör von Habana*, trotz allem gewidmet ist. Nach wie vor, seit dem Erscheinungsjahr 1970, prangt sein Name auf Enzensbergers Dokumentarstück.

Ich brauche den 'Fall Padilla', der seinerzeit zumindest die europäische Presse bewegte, nicht im einzelnen zu rekapitulieren. Zusammen mit Sartre und ein paar Dutzend weiterer Schriftsteller und Künstler, die sich anschlossen, sandte Enzensberger damals zwei Protestschreiben an Fidel Castro – was natürlich nicht das geringste fruchtete, aber den Unterzeichnern zusätzliche Beschimpfungen eintrug. Sie kamen diesmal vom Comandante-en-jefe persönlich, und zwar bereits als Antwort auf das erste Schreiben, das sich noch völlig mit den Prinzipien der kubanischen Revolution solidarisch erklärt hatte. Die Affäre von 1971, wahrhaftig ernsthaft genug, wurde dadurch endgültig zur grotesken Farce. Ist in Padillas Selbstanklagen immerhin von "Spitzeln" und "CIA-Agenten" die Rede, hingegen bei seinen Verteidigern – in deren zweitem Brief, wohlgemerkt – von einer Methode, die an die finsterste Epoche des Stalinismus gemahne, so gelang es der Suada Castros, beides zu übertrumpfen. Der *lider maximo* oder großmächtige "Führer", aus einem Injurienvorrat von tropischer Vielfalt und Üppigkeit schöpfend, sprach nicht etwa bloß von "schamlosen Pseudolinken" und literarischen "Medizinmännern", sondern sogar, mit ominösem Anklang an die Goebbelssche Intelligenzbestie, von "Intellektuellenratten", *ratas intelectuales*.

Daß das kubanische Abenteuer in seiner Gesamtheit, keineswegs nur dieses grelle Symptom, für den Deutschen eine prägende Erfahrung bedeutet, ist offensichtlich. Sie rumort in den meisten Werken, die er mittlerweile vorgelegt hat. Wüßte man es nicht besser, so könnte man fast an ein Trauma denken, in solch schizophrener Widersprüchlichkeit werden Kuba und die kubanische Revolution, Castro und Castros Jünger bald überschwenglich gefeiert, bald in Grund und Boden kritisiert.

Die rückhaltloseste Rühmung bietet zweifellos *Das Verhör von Habana*, mit dem sich Enzensberger zum erstenmal auch die Bühne eroberte. Konnte er noch 1968, in seinen *Berliner Gemeinplätzen*, summarisch behaupten: "Alle bisherigen Revolutionen haben sich durch die Inhumanität ihrer Gegner infizieren lassen", so stand er 1970 plötzlich begeistert vorm radikalen Bruch mit diesem "schlechten Herkommen, das sich tief in die Geschichte der Revolutionen eingenistet hat". Hingerissen berichtete er, während doch insgeheim schon Padillas Verhaftung und Gehirnwäsche vorbereitet wurden: "Die gefangenen Konterrevolutionäre werden nicht in den Kellern der politischen Polizei isoliert oder in Konzentrationslager eingesperrt, sondern dem Volk gegenübergestellt, das sie besiegt hat." Castros Show, nach dem mißglückten Söldnerüberfall in der Schweinebucht, sei nicht bloß "aus einer revolutionären Situation" erwachsen, schwärmte Enzensberger; derlei sei vielmehr "selbst ein revolutionärer Akt", der die ganze bisherige Befreiungsgeschichte wortwörtlich 'umkehre'.

Auch der erwähnte Offene Brief — obzwar noch gedämpfter, gewissermaßen ahnungsvoller — und insbesondere das besagte Interview von 1969 bezeugen diesen kurzen Sommer der Euphorie. Ähnliches gilt für das aufs engste mit *La Cubana* verwandte Recital *El Cimarrón* von 1970, das ja schon in Zusammenarbeit mit Henze entstand, sowie für die Sammlung *Freisprüche* vom selben Jahr, in der abermals, nunmehr unter der Rubrik *Revolutionäre vor Gericht*, Kuba und Castro gleichsam als Musterbeispiele erscheinen.

Freilich, der Umschlag ins jähe Erwachen und die Ernüchterung erfolgten nicht minder prompt. Das massivste Zeugnis dafür liefert der Essay *Bildnis einer Partei*, der mit illusionsloser Schärfe *Vorgeschichte, Struktur und Ideologie der PCC* (so der Untertitel) beleuchtet und bereits 1969 im *Kursbuch* gedruckt wurde. Von dieser PCC, dem Partido Comunista de Cuba, heißt es mit unmißverständlicher Deutlichkeit: "Ein Bewußtsein, das sich jeder begrifflichen Arbeit ausdrücklich verschließt, muß verkümmern. Moralisierende Rhetorik und plattes Fortwursteln bleiben übrig." Die Art, wie diese kubanische KP geführt werde, spreche "eben jenen 'Grundsätzen des Marxismus-Leninismus' Hohn", auf die sie sich berufe; und die "zugleich primitive und aufgeblasene" Diktion ihrer offiziellen Verlautbarungen verrate vollends, "wieweit das marxistische Denken in Kuba auf den Hund gekommen" sei. Was Fidel Castro angehe, so seien seine früheren Programmerklärungen ohnehin kaum mehr als ein "reformistisches Kuddelmuddel". Nicht einmal seine berühmte Rede vor dem Standgericht in Santiago de Cuba, *La historia me absolverá*, findet hier Gnade vor den Augen dessen, der sie im Jahr darauf an prominenter Stelle in seine *Freisprüche* aufnehmen sollte. Dabei wurde dieser Band vielleicht sogar – das darf man jedenfalls fragen – durch Castros Rede angeregt. Doch auch ihr "programmatischer Gehalt", obschon er "den revolutionären Elan und das rhetorische Brio Fidels" genugsam zeige, kann nach Enzensberger nur als "dürftig und unselbständig" eingestuft werden.

Es versteht sich, daß der bekehrte Padilla diesen Kuba-Essay höchst ungerecht, ja schlechthin übelwollend und böswillig nannte; von anderen Stimmen gar nicht zu reden. Was wäre aber erst geschehen, hätte Enzensberger sein großes Kuba-Buch zum Druck befördert, statt es aufzugeben oder liegenzulassen? Wie hätte man reagiert, wenn er nicht wenigstens hier einem alten Solidaritätsimpuls oder, wie er sagt, "Anfall von Selbstzensur" (den er jetzt längst als gefährliches "Manöver der Selbsttäuschung" durchschaue) erlegen wäre? Denn die Ergebnisse all jener Recherchen waren nach seinem eigenen Geständnis einfach "verheerend". Sie schlummern auch heute noch in Enzensbergers Schublade, während er seinen Essay seelenruhig in den Band *Palaver* eingereiht hat. Das *Bild-*

nis einer Partei begegnet dort im trauten Verein mit dem sorgsam abwägenden, geradezu milden Rückblick *Revolutions-Tourismus*. Ebenfalls dessen eher vermittelnde, dazu stark ironisch gefärbte Haltung nimmt das in Kuba geschriebene Gedicht *Das Übliche* ein. In diesem Text ist nicht bloß — mit Motiven wie dem Halleyschen Kometen und der Gestalt des Zuhälters Yarini — das spätere Vaudeville präfiguriert, sondern im Grunde auch das Schicksal Heberto Padillas. Es mündet bereits damals, unterm 10. Mai 1969, in eine groteske Farce:

> Meinen Freund Abdel haben sie letzte Woche abgeholt.
> Zehn Tage lang saß er in einem Keller. Sie brüllten:
> Du bist ein Agent der CIA. Bevor sie ihn entließen
> (ein Irrtum, Genosse), haben sie ihn gefragt,
> wie seine Frau im Bett sei. Das ist schlimm.

Voller Galgenhumor fügt Enzensberger hinzu, daß ihm selber fatalerweise "die Schuhbänder abgerissen" seien. Der "Sozialismus in Cuba" könne nämlich derlei "erst ersetzen im Jahr fünfundachtzig", also nach einem halben Menschenalter; und auch das sei "schlimm".

Sämtliche Strophen der Enzensbergerschen Moritat gipfeln entweder in diesem Stoßseufzer oder, damit abwechselnd, in der tröstlichen Versicherung, das mache "nichts". Zum Schluß heißt es noch einmal zusammenfassend und insistierend:

> Das macht nichts. Das ist schlimm. Das macht nichts.

Doch spricht daraus nicht allein die paradoxe Synthese jenes 'Üblichen, Allzuüblichen', worin sich nun Klage und Wurstigkeit, Verzweiflung und Hoffnung gegenseitig in Frage stellen und schließlich 'aufheben'. Was in diesem lakonischen Vers zum Ausdruck kommt, allerdings in vaudevillehafter Verfremdung, ist vielmehr eine, wenn nicht überhaupt d i e Grunderfahrung des Schriftstellers und Menschen Hans Magnus Enzensberger. Und sie wird von ihm auch bloß zum Teil auf die leichte Schulter genommen; in Wahrheit — besser gesagt: zur gleichen Zeit — nimmt er sie so ernst wie nur möglich. Diese

Grunderfahrung bestimmt sein gesamtes Denken und Schaffen, kennzeichnet Kunst wie Leben und beider unablässigen Kampf im Netz der würgenden Widersprüche. Enzensberger weiß und gibt zu, daß "das Unvereinbare (und die Schwierigkeit, das Unvereinbare mit sich zu vereinbaren) den Grundstoff meiner Arbeit ausmacht, ob ich will oder nicht".

Nirgends prallen solche Gegensätze heftiger aufeinander als in seinem Verhältnis zu Kuba. Das geht sogar so weit, daß sich jene Affäre um Padilla ebensogut als ein spiegelverkehrter 'Fall Enzensberger' lesen ließe . . . wie auch, nebenbei bemerkt, als ein potentieller 'Fall Günter Kunert'. Der Lyriker aus der DDR teilt ja unverkennbar, genau wie Padilla, die Enzensbergersche Grunderfahrung. Alle drei bringen in ihrer kritischen Lyrik, ihrer ganzen schriftstellerischen Existenz etwas zum Ausdruck, was am bündigsten wohl durch Titel und Losung von Padillas Gedichtband *Fuera del juego* zu fassen ist; denn alle drei halten sich, jeder auf seine Weise, "außerhalb des Spiels" und sind dennoch 'mittendrin': nämlich unlösbar gebunden und verwickelt in dessen Dialektik, in Geschichte und Gesellschaft.

Überspitzt ließe sich daher beinah behaupten, der einzige Unterschied zwischen Padilla und Enzensberger liege darin, daß halt der eine in Kuba, der andere in der Bundesrepublik lebe, daß mithin jener die Probleme des Künstlers und Intellektuellen (oder jeglichen Individuums) unter einem sozialistischen, jedenfalls revolutionären Staatswesen darlebe und darstelle, dieser dagegen unter einem konservativen und zweifelsohne kapitalistischen. Doch davon abgesehen, könnten die Übereinstimmungen schwerlich frappierender sein. Sie reichen bis in den Versuch, sei er erzwungen oder freiwillig, das Netz der Widersprüche, in das man sich verstrickt weiß, gewaltsam zu zerreißen oder eben − eine Option, die freilich bloß dem Deutschen offensteht − es für eine Weile zu vergessen, zu ignorieren, zu bagatellisieren und zu banalisieren.

Nicht zufällig nahm Enzensberger fast wörtlich schon Verse aus *La Cubana* vorweg. Und nicht zufällig waren sie als *Ein letzter Beitrag zu der Frage ob Literatur?* an seine "lieben Brüder in Apoll" gerichtet.

> Ich sage euch:
> Fürchtet euch nicht!
> Greift in die Tasten.
> Greift wohin ihr wollt!
> "Nimm dir den Rauch von meinen Lippen,
> nimm dir den Duft von meiner Brust,
> laß mich an deinen Rosen nippen..."
> Mir gefällt sowas.
> Wenigstens im Moment.

Wem es nicht gefalle, der möge "was anderes" machen, fährt Enzensberger fort – "Sehtexte auf Wursthäuten" zum Beispiel oder "Posters für eine bessere Welt". Selbst die um Rat nie verlegene "Frau Brigitte" rückt am Ende ins Blickfeld.

Die Botschaft ist klar und wird den "lieben Brüdern", mit neuerlichem Ansatz, aufs grausamste unter die Nase gerieben:

> Fürchtet euch nicht!
> Krümmt euch vor Anstrengung
> oder schiebt eine ruhige Kugel,
> aber habt keine Angst.
> Es kommt nicht auf uns an.
> Dafür werden wir doch bezahlt.

Und:

> Warum gebt ihr nicht zu
> was mit euch los ist
> und was euch gefällt?
> Ein einziges Mal,
> nur ein Vierteljahr lang,
> zur Probe!
> Dann wollen wir weitersehen.

Denn:

> Niemand tut euch was.

Mit gutem Grund hat sich schon Henze, in seinem Bericht *Ein Vaudeville*, auf diese Verse bezogen. Denn sie bilden tatsächlich eine Art

Gebrauchsanweisung fürs Libretto. Zudem ist jeweils, im Gedicht wie im Stück, ein und dasselbe Verfahren am Werk: und zwar insofern, als hier gerade die ernstesten Dinge ins Trivialste übertragen und damit beide Bereiche — die zusammen ja in der Regel so etwas wie *Das Übliche* ergeben — auf herausfordernde Weise vermengt und wechselseitig verfremdet werden. Enzensberger zielt bewußt und absichtlich auf diese Wirkung. Sein *Letzter Beitrag*, sosehr er sich laut Titel nach rückwärts wendet, weist mit aller Eindringlichkeit auch voraus.

Bloß scheinbar müssen dazu die "Brüder in Apoll" herhalten. Die rhetorischen Fragen, die an sie gerichtet werden, sind bereits selber die Antwort:

> Woher diese Angst, Klassiker zu werden
> oder im Gegenteil?
> Und warum fürchtet ihr euch davor
> Clowns zu sein?

Man braucht solche Zeilen lediglich zu addieren, um die Nähe zum Stück mit Händen zu greifen. Dies ist die gleiche Stimmung, sind die gleichen Themen, Fragen und Provokationen, die gleichen Brecht-Paraphrasen und Benn-Parodien wie in *La Cubana oder Ein Leben für die Kunst*.

So betrachtet, gewinnen zuletzt aber auch die emphatischen Bekenntnisse, die Enzensberger zu Kuba und Castro abgelegt hat, eine tiefere Bedeutung. Es enthüllt sich nämlich in diesen Liebeserklärungen ein Doppelsinn, wie er nicht nur das kubanische Abenteuer, sondern den leidenschaftlichen Flirt des Dichters mit der Historie überhaupt charakterisiert. Daß die Ambivalenz dabei ebensosehr zwischen Begeisterung und Widerwillen oder gar Ekel pendelt wie zwischen Kunst und Leben, wissen wir mittlerweile zur Genüge. Sie ist indes noch im schrankenlosesten Panegyrikus verborgen. Wie hieß es doch in jenem Interview? "Die kubanische Revolution stellt einen ganz besonderen und entscheidenden geschichtlichen Knotenpunkt dar; denn Kuba vereinigt, auf Grund seiner politischen und gesellschaftlichen Konstellation, Merkmale aller drei Welten zugleich." Auch die

Erläuterungen in dem Band *Freisprüche* besagen nicht mehr und nicht weniger, als daß Fidel Castro einen "Lernprozeß" absolviert habe, der auf vorbildliche Weise "Praxis und Theorie" in sich verschränke: ja, sie bescheinigen dem *lider maximo* geradezu, daß dieser Prozeß "repräsentativ für die Befreiungsbewegungen in der Dritten Welt" sei. "Er hat", setzte Enzensberger lapidar hinzu, "Cuba zum Exempel gemacht."

Man mag die welthistorische Gültigkeit solcher Sätze bezweifeln. Ihre werkgeschichtliche liegt auf der Hand. Auch Hans Magnus Enzensberger ist ein Exempel; auch er, als Schriftsteller, hat eine Entwicklung hinter sich, in der sich Theorie und Praxis vorbildlich verschränken. Und ich zögere nicht im mindesten, diesen Lernprozeß repräsentativ zu nennen. Wie die Schweiz für Max Frisch zum Modell der alten Gesellschaft und des Status quo wurde, so wurde Kuba für Enzensberger zum Modell einer neuen Gesellschaft und der notwendigen Umwälzungen. Die kubanische Erfahrung stellt für ihn buchstäblich, im Denken wie im Handeln, den entscheidenden Knotenpunkt dar. Hier, wenn irgendwo, sind sämtliche Merkmale, sämtliche Widersprüche und Gegensätze seines Schaffens versammelt.

Sie alle sind auch, trotz oder vielleicht wegen der intendierten Banalität des Vaudeville, in *La Cubana oder Ein Leben für die Kunst* eingegangen. Seine Vorlage ist so konkret kubanisch, wie man es sich bloß wünschen kann. Nicht nur um einen entsprechenden Stoff handelt es sich dabei, sondern um eine auf Tonbandaufnahmen beruhende Dokumentation. Ihr Gegenstand ist die bewegte Vergangenheit einer kubanischen 'Künstlerin Fröhlich': Leben und Meinungen der abgetakelten *music-hall queen* Amalia Vorg, genannt Rachel. Als *Canción de Rachel* bildet dieses 'Epos', das 1969 in Havanna erschien, den zweiten Teil einer großangelegten Trilogie, deren erster das Leben des entflohenen Negersklaven Esteban Montejo, des berühmten Cimarrón, erzählt und deren dritter (der jedoch nie veröffentlicht wurde) die Geschichte einer Familie aus den ersten Jahren der Revolution schildern sollte.

Miguel Barnet, der Verfasser oder eigentlich Kompilator der Dokumentartrilogie, ist ein in Havanna lebender junger Schriftsteller und Ethnologe.² Daß gleich zwei seiner Texte von Enzensberger bearbeitet wurden, verrät jedoch mehr als nochmals dessen Faszination durch Kuba. Es äußert sich darin zusätzlich, zumindest im Teamwork mit Henze und in der Bühnenpraxis, der widersprüchliche Reiz der angelsächsischen Welt. Denn *El Cimarrón*, das auch als Schallplatte vorliegende *Recital für vier Musiker*, wurde ja in Aldeburgh uraufgeführt, während *La Cubana* — allerdings unter miserabler Regie — in New York im Fernsehen gesendet wurde. Enzensberger, der einst so sensationell von den Vereinigten Staaten Abschied genommen hatte, kam dazu eigens nach Amerika: leider ohne verhindern zu können, daß man dem Werk auf dem Bildschirm Gewalt antat. Die Aufführung war derartig, daß weder er noch Henze gewillt sind, diese Produktion vom Frühjahr 1974 als Uraufführung zu betrachten, zumal *La Cubana* von Anfang an für die Bühne gedacht war.

Enzensberger hat im übrigen für das von ihm gewählte Genre ausdrücklich auf den Anglomanen Bertolt Brecht hingewiesen und sich zu allem Überfluß, obzwar nicht ohne Augenzwinkern, auf dessen Oper *Aufstieg und Fall der Stadt Mahagonny* berufen. In der Tat sind die Zusammenhänge mit diesem vielleicht angelsächsischsten von Brechts Stücken so deutlich wie vielfältig. Sie erstrecken sich von Brechtschen Randmotiven über gewisse Lieblingsszenen des Stückeschreibers (zwei Männer, die ihr Wasser abschlagen) bis in den Kern der künstlerischen Gesamtkonzeption, die strukturell als verfremdendes Spiel im Spiel, ideologisch als Selbstreflexion des Werkes in Erscheinung tritt. Sogar Henze, in seinen Anmerkungen zur Vertonung, bezieht sich unter der Hand auf Prinzipien des Augsburgers. Das ist namentlich dort der Fall, wo er verlangt, daß die Agierenden auf der Bühne, die gut brechtisch als 'Musiker-Schauspieler'

---

2 Der mit Enzensberger befreundete Barnet (Jahrgang 1940) ist geborener Habañero. Außer den beiden dokumentarischen Bänden *Biografía de un cimarrón* (Habana 1966) und *Canción de Rachel*, veröffentlichte er zwei Gedichtbücher: *La piedrafina y el pavo real* (1963) und *La sagrada familia* (1967). Auch Aufsätze über kubanische Folklore sowie eine Anthologie kubanischer Volksmärchen erschienen aus seiner Feder. 1967 erhielt er den Preis der Zeitschrift *Casa de las Américas* für Poesie. Ausgebildet in Ethnologie, Anthropologie und Volkskunde, war Barnet, der eine Zeitlang in Havanna eine Professur innehatte, bei Abfassung meines Essays ohne Lehrtätigkeit.

fungieren, "sich selbst zuhören und zuschauen" — was natürlich völlig mit den Forderungen im *Kleinen Organon für das Theater* übereinstimmt. Wie sehr überdies das Vorherrschen der "Parodie", die Henze auch für den musikalischen Bereich proklamiert, an den Stil von Kurt Weill erinnert, ist ohnehin offenkundig.

La Cubana gehorcht somit in mehrfacher Hinsicht jener 'Gebrauchsanweisung', die, als angeblich *Letzter Beitrag*, provokativ-parodistisch die Gretchenfrage "ob Literatur" aufwirft. Unüberhörbar klingt in den Enzensbergerschen Versen Brechts *Großer Dankchoral* aus der *Hauspostille* an. Der Lyriker HME (der dem Meister mitunter bis in die Schreibweise folgt) spiegelt sich im armen BB. Versichert nämlich der 1929 in Kaufbeuren Geborene: "Niemand tut euch was", so erklärte sein Landsmann bereits um dieselbe Zeit ganz unverblümt: "Niemand weiß, daß ihr noch da seid"; und gesteht Enzensberger heute achselzuckend: "Es kommt nicht auf uns an", so mahnte Brecht damals mit fast den gleichen Worten, bloß noch endgültiger:

> Es kommet nicht auf euch an
> Und ihr könnt unbesorgt sterben.

Der Unterschied zwischen beiden ist freilich nicht zu übersehen. Vom jungen Brecht, in den zwanziger Jahren, wurde mit biblischem Pathos ein existentielles Fazit gezogen. Beim etwas weniger jungen Enzensberger dagegen, Anfang der siebziger Jahre, bleibt auch im *Letzten Beitrag zu der Frage ob Literatur?* alles (noch oder wieder) in der Schwebe.

Das gilt genauso für *La Cubana*. Nur zur Hälfte trifft zu, jedenfalls von der Intention des Textes her, daß das Werk die "Futilität und Fragwürdigkeit von Kunst und Künstler" (Henze) gestalte; richtiger ist viel eher, daß es zwar, zugegeben, "eigentlich" diese Fragwürdigkeit, "aber auch die merkwürdige Vitalität von Kunst und Literatur" (Enzensberger) zum Thema hat. Es ist, kurz gesagt, nicht allein gegen sich selbst, sondern auch gegen andere "ziemlich frech" — um noch einmal den Librettisten zu zitieren. Die teils sarkastische, teils bloß ironische Kritik oder Selbstkritik an dem, was man die "Zwangsvorstellungen" der Avantgarde nennen kann, wird dadurch sowenig gemildert wie der satirische Fingerzeig auf deren "schlechtes Gewissen". Henzes "Rachels des absoluten und des Weltgeistes" in unseren "subventionierten Alhambras", wo man so unbehaust zu Hause ist, kriegen ihr Fett. Doch erst im dialektischen Widerspiel von *vitality* und *futility* (wiederum schlägt ja das Angelsächsische durch) wird dieses ungewöhnliche Vaudeville, werden Scherz, Satire, Ironie und tiefere Bedeutung des Werkes voll verständlich. Denn ruft nicht sogar der "Chor der Zeugen", der den Zuschauern drohend verkündet:

> Das letzte Wort ist noch nicht gesprochen
> nicht über Rachel und über Sie auch nicht,

— ruft nicht, sage ich, sogar dieser düstere Chor, dem am Ende die gesamte Kunst wie Kunstideologie "bloß eine Illusion" war: "Doch die läßt uns nicht los"? Und redet nicht umgekehrt auch diejenige, die das alles verkörpert, zuweilen "fast die Fidel", wie Enzensberger schreibt?

Man darf diese Dialektik nicht auflösen. Desto genauer trifft man freilich ins Schwarze, wenn man *La Cubana* als "allegorisches Heute" und Reihe von "Variationen" bestimmt. Damit nämlich ist, und zwar abermals mit Henze, die ästhetische Grundstruktur — das übergreifende Ganze also, in dem Inhalt und Form ineinander aufgehen — nicht nur dieses, sondern nahezu jedes Enzensbergerschen Werkes gekennzeichnet; mit alleiniger Ausnahme vielleicht der Lyrik bzw. des Einzelgedichts. Schon die dem Stück vorausgeschickten chronologischen Angaben lassen daran keinerlei Zweifel. "Zeit der Handlung: 1906 bis 1934", so lesen wir. "Rahmenhandlung: 1959." Das Werk (und ich spreche bloß von den gröbsten Bauelementen) ist ein förmliches Puzzle. Vergangenheit und Gegenwart, ja selbst Ausblicke in die Zukunft sind hier ineinandergeschoben, so wie sich die Geschichte Rachels und die Geschichte Kubas, will sagen das Persönliche und das Politische, Kunst und Leben, ständig ineinanderschieben und variieren, beleuchten, kommentieren. Die Zeit, schließt Henze mit Recht, "bleibt stehen": sie hat sich gleichsam verräumlicht, ist zum 'Museum' und zur mosaikhaften 'Montage' erstarrt.

Beide Begriffe und Vorstellungen gehören zu denen, die Enzensberger seit jeher bevorzugt. Man denke — zwei Beispiele von vielen —

an das frühe *Museum der modernen Poesie* oder an die Vorbemerkung zu den *Gesprächen mit Marx und Engels* von 1973. Auch der Band *Mausoleum*, der *Siebenunddreißig Balladen aus der Geschichte des Fortschritts* (Untertitel) umfaßt, liefert ein solches Stichwort. Er ist als Gedichtsammlung von ähnlich ungewöhnlicher Art wie *La Cubana* als Vaudeville. Denn hier wie dort hat es den Anschein, als suche Enzensberger nun Lyrik und Dokumentation, die er bisher meist getrennt hielt, immer mehr zu einer Einheit zusammenzufügen und mithin das Kritisch-Historische mit dem Ästhetisch-Artistischen zu verbinden.

Kunst und Literatur sind für diesen Schriftsteller nicht bloß fragwürdig, sondern vor allem des Fragens würdig, nicht etwas Merkwürdiges nur, sondern nach wie vor bemerkenswert. Darüber darf seine schäbige, mit Wissen und Willen so fadenscheinige Tingeltangelverkleidung, an der die Musik kräftig mitgewirkt hat, keineswegs hinwegtäuschen. Auch *La Cubana oder Ein Leben für die Kunst*, dieses engagierte Vaudeville, ist schließlich Ausdruck eines *agonizing reappraisal* (so wörtlich Enzensberger) und damit Teil eines Vorgangs, wie er sich heute nicht nur unter der Linken, sondern allgemein in Kunst und Literatur vollzieht.

Autoren wie Weiss, Dorst, Grass und der deutschschreibende Chilene Salvatore wählen sich für diese peinliche Prüfung 'Dichter-Helden' und schaffen Stücke wie *Hölderlin* oder *Toller, Die Plebejer proben den Aufstand* oder *Büchners Tod*. Sie handeln ihr Thema pathetisch, ja oft pathologisch ab. Hans Magnus Enzensberger und Hans Werner Henze, bescheidener und zugleich unbefangener, erledigen es parodistisch. Ihr Stück ist von einer grotesken Lustigkeit; und sie projizieren darin, was sie bedrängt, nicht einfach auf einen anderen, sondern werfen es — gebrochen durchs Medium der Banalität, verfremdet und dennoch erst dadurch wirklich vertraut — auf sich selber zurück. Das ist, verglichen mit jenen, nicht lediglich eine Eigenheit oder Neuerung, auch nicht notwendig besser. Doch es bekundet und erlaubt, so möchte ich meinen, einen freieren Blick, eine echtere Reflexion.[3]

---

3 Ungedruckte Äußerungen Enzensberger entstammen Briefen an mich, die zitierten Bemerkungen Henzes seinem Aufsatz *Nichts als ein Vaudeville* aus

dem Programmheft zur Münchener Uraufführung, das auch einen kürzeren Beitrag aus der Feder des Librettisten (*Widersprüche. Einige Gesichtspunkte zu dem Vaudeville 'La Cubana oder Ein Leben für die Kunst'*) enthält.

POETIC ANARCHISM?

The Case of Hans Magnus Enzensberger
(1982)

> "Und mit deinen Schlüssen, scheint mir, hast du mindestens insofern recht, als das Unvereinbare (und die Schwierigkeit, das Unvereinbare mit sich zu vereinbaren) den Grundstoff meiner Arbeit ausmacht, ob ich will oder nicht."[1]

In a lengthy essay published some six or seven years ago,[2] I tried to sum up Hans Magnus Enzensberger's existence as a political writer by assigning him an imaginary stance which, on the one hand, would be utopian and, on the other, anarchic, but which in truth would amount to a paradoxical coincidence of both. My argument outlining this paradox, simple as it was, ran as follows. Since, according to Enzensberger, all political systems are systems of domination, what is left to him can solely be anarchism; and if indeed he does conceive of a viable system, a system, however, that has not yet been put into practice, all he can possibly advocate is utopianism. In short, his position would have to be seen as a kind of eschatological vanishing point where anarchy and utopia intersect, as it were — or, I concluded, as a veritable point zero possessing, *verbatim*, "no place" whatsoever, neither in space nor in time.

Still, I had to concede — and was happy to do so — that this same man Enzensberger who expressly holds that "politics equals crime"[3] has, in effect, never ceased to fight, both as an author and

---

1 Enzensberger in a letter to me dated June 8, 1974. The "conclusions" he is referring to are those of my essay, *Bildnis Hans Magnus Enzensberger. Struktur, Ideologie und Vorgeschichte eines Gesellschaftskritikers*. In: *Basis* IV (1973 [*recte*: 1974]), pp. 131ff.
2 Cf. ibid., espec. pp. 155f.
3 See his *Politik und Verbrechen. Neun Beiträge*, Frankfurt 1964, as well as his *Politics and Crime*. Selected by Michael Roloff, New York 1974.

a citizen, for the enlightenment and, thus, betterment of the human race and condition; that, ever so paradoxically, he has been steadfast and determined in leading an active political life, not only as an indefatigable critic but also as one of the finest and most accomplished lyrical poets in contemporary German literature. For poetic creation cannot be separated from political criticism, says Enzensberger: "poetry and politics",[4] as will be remembered, is yet another maxim he subscribes to.

I believe, in all modesty, my contradictory assessment to be as valid today as it was in the early seventies. Enzensberger (though he may grow pale like Brecht's Herr Keuner upon reading this) has not changed. There are, granted, certain shifts of emphasis that can be discerned; but, now as then, the "essence" of Enzensberger's work — as he in turn admitted, albeit not publicly — consists of that which is "incompatible", as well as of the immense difficulty of coming to grips, somehow or other, with the experience of incompatibility. And isn't there an anarchical element involved in this very struggle? In fact it seems as if Enzensberger's entire career were imbued with a spirit of anarchy, all his concerted efforts notwithstanding. That such an anarchism must be of a special breed, however, ought to be obvious.

What, then, is this anarchism which I have chosen to label, tentatively, a "poetic" one? It behooves me at this point to confess that I am not a student of that ideology, let alone a disciple of any of its persuasions. Nonetheless, a glance cast from an oblique angle, so to speak, and coming (let us hope) from a detached and impartial eye, might have a legitimacy of its own; sometimes, at any rate, the outsider's view has brought about a salutary "alienation" of the issue at hand, and prevented even the initiated from succumbing to rash stereotyping. Isn't the outsider almost childlike in his uninhibited naiveté? If lucky, he may indeed produce effects comparable, in however limited a way, to those of poetry itself, of which we are told: "Its critical function is [. . .] that of the child in the fairy tale

---

4 See his *Einzelheiten II. Poesie und Politik*, Frankfurt 1963, as well as his *The Consciousness Industry. On Literature, Politics and the Media*. Selected and with a Postscript by Michael Roloff, New York 1974, pp. 62ff.

[who exclaims that] the emperor is wearing no clothes."[5] Which, incidentally, constitutes one of Enzensberger's pertinent pronouncements. In the sentences immediately preceding our quote, he states categorically: "Poetry is anarchistic." And: "Its mere presence is an indictment of governmental announcements and the scream of propaganda, of manifestoes and banners."[6]

Such statements and pronouncements are numerous, manifold, and, to be sure, often quite dictatorial. But they do not exhaust the motley phenomenon of Enzensberger's anarchism in the least. Actually, there are no less than three different aspects we have to distinguish — although, needless to say, they are closely interrelated. One of them, as we just saw, derives from a concept of anarchy as a specific quality of literature and, in particular, poetry and their respective functions and usages. This brand of "poetic anarchism" appears to be rather original, all the more so since, in addition, it is defined as "subversive in its very existence".[7] Contrarily, the two remaining aspects are fairly familiar. They refer to the realm of past and present history, encompassing both historical anarchism and what I shall call, for lack of a better term, anarchic historicity. In other words, Enzensberger adopts as his subject matter the anarchistic prophets and messages, heroes and deeds, factions and developments that have manifested themselves, in varying manner and degree, since the middle of the 19th century; yet, likewise, he perceives and portrays as anarchic, indeed chaotic, processes the explosive socio-political, economic, and ecological events and aberrations going on around him. Their presence inevitably extending into the future, they are linked, of necessity, not only to Enzensberger's utopianism but also to its complement, his dystopian thought.

The most traditional and objective part of this elaborate triad is the one devoted to historical anarchism. In taking it up, however, Enzensberger was by no means prompted by an antiquarian interest. That he knows full well what he is dealing with is evinced, above all, by his book on the Spanish anarchists and their legendary leader, *Der*

5   Ibid., p. 82.
6   Ibid.
7   Ibid.

kurze Sommer der Anarchie. Buenaventura Durrutis Leben und Tod ("The Brief Summer of Anarchy. Buenaventura Durruti's Life and Death", 1972). This remarkable "novel", as its subtitle claims, stemmed from a TV documentary for which Enzensberger had done extensive field work and research in archives all over Europe and beyond, as well as conducted interviews with surviving emigrants from Spain in Southern France. What seems especially noteworthy about it is its mosaic-like structure which in itself is a sort of anarchic puzzle meant to provoke the reader's historical — or, if you wish, poetic — imagination and creativeness. The author makes this quite explicit by inserting, in italics, bits and pieces of such a theory of reception, thus diversifying his vast array of most diverse fragments even further.

Less comprehensive and, surely, less innovative are other portrayals of historical anarchism. Yet they are equally telling. They include, for example, two sizable chapters on the anarchist and terrorist movement in Czarist Russia;[8] a prophetic essay on the uprising, quelled so brutally, of the sailors of Kronstadt against the newly established Soviet Republic;[9] and, last but not least, a long prose poem on Bakunin from a volume of highly unusual ballads unfolding the dialectics of progressive barbarity and barbarous progress.[10] None of these treatments, it should be stressed, is in any way unsympathetic toward the anarchists. Dating from 1964, 1967, and 1975, respectively, they may have come to register a few qualms and reservations over the years, or to show occasional flashes of irony; but, on the whole, they betray fascination and approval, admiration and nostalgia. The poet of anarchy is consistent both as a balladeer and a historian. Significantly, his novel of 1972 culminates with an expression of unabashed praise of those stern Spaniards in exile: "The old men of the revolution are stronger than whatever came

---

8 *Politik und Verbrechen*, pp. 183ff.; *Politics and Crime*, pp. 45ff.
9 Hans Magnus Enzensberger, *Kronstadt 1921 oder die Dritte Revolution*. In: *Kursbuch* 9 (1967), pp. 7ff.
10 See Hans Magnus Enzensberger, *Mausoleum. Siebenunddreißig Balladen aus der Geschichte des Fortschritts*, Frankfurt 1975, pp. 85ff.

afterwards."[11] In a similar vein, and doubtless inspired by Camus[12] rather than by Marx, he glorifies that "unforgettable band of just murderers" who slew, or attempted to slay, governors and generals, Grand Dukes and Czars, and whose aims and noble attitude "the Communists never understood".[13] As to the sailors of Kronstadt, their rebellion of 1921 is elevated to nothing short of a utopian prefiguration of the "Third [and final] Revolution"; indeed they are said to have inscribed themselves, decades ahead, in the "annals of the future" as the "true vanguard" of humanity.[14] And while the poem on Bakunin does indulge in scepticism it nevertheless ends, after a seesaw battle of pros and cons, with the impassioned outcry: "Kehr wieder!" Thrice in one line, the great foe to all law and order (which he deemed oppressive by definition) as well as to their alleged abolishment under socialism, is implored by Enzensberger to return.[15]

These texts, in spite of their consistency, are hardly devoid of contradictoriness. The same holds true for those signaling what I have termed anarchic historicity. But before we consider them, let me elaborate for a moment on the concept, seemingly so new, of "poetic anarchism" proper, as it reveals itself in Enzensberger's theory. For, here as elsewhere in his writings, contradictions abound. On the one hand, according to his early utterances, poems are "anarchistic" and "subversive" and, concomitantly, utopian in nature; on the other hand, as can be inferred from his postscripts to an anthology, they are like the free-wheeling fantasies of children as well.[16] Poetry, due to "the mere fact that it is poetry", transforms, so we learn, the wildest "trapeze acts" of Surrealism "into *poésie engagée*": that is to say, into "conflict, not agreement,

---

11 Hans Magnus Enzensberger, *Der kurze Sommer der Anarchie. Buenaventura Durrutis Leben und Tod. Roman*, Frankfurt 1972, p. 284.
12 See espec. his *L'Homme révolté* and *Les Justes*.
13 *Politik und Verbrechen*, p. 360; cf. also *Politics and Crime*, p. 101.
14 *Kronstadt 1921*, p. 32.
15 *Mausoleum*, p. 88.
16 See *Allerleirauh. Viele schöne Kinderreime*, versammelt von H.M. Enzensberger, Frankfurt 1971, pp. 352f. (first published in 1961).

with what exists".[17] It "transmits the future", being always anticipatory, "even when it takes the form of doubt, rejection, or negation".[18] Yet, paradoxically, Enzensberger also decreed without hesitation, only some hectic years later:

> Today the political harmlessness of all literary, indeed, all artistic products, is clearly evident: the very fact that they can be defined as such neutralized them. Their claim to be enlightening, their utopian surplus, their critical potential has shriveled to mere appearance.[19]

The anarchic poet went so far, at this stage, as to pronounce (or help pronounce in his *Kursbuch*) the death sentence on poetry, for little then mattered to him except plain politics. In the meantime, however, he has come full circle again, and not just readmitted poetry but reinstated it – although, to be sure, in an almost grotesque fashion. What I am referring to is, of course, his speech of 1976, *Bescheidener Vorschlag zum Schutze der Jugend vor den Erzeugnissen der Poesie*, since, analogous to his previous statements, this crude satire bluntly proclaims: "The act of reading is an anarchic procedure."[20] We are totally free, Enzensberger assures us in his "Modest Proposal for the Protection of Youth from the Products of Poetry", to do whatever we please with a piece of verse.

Such words sound exceedingly shocking; in fact, many a dignitary felt they were a slap in his face.[21] It therefore strikes me as doubly ironical that, on closer scrutiny, neither of Enzensberger's

---

17 Cf. *The Consciousness Industry*, p. 57 (from his preface to his anthology, *Museum der modernen Poesie*, eingerichtet von Hans Magnus Enzensberger, Frankfurt 1960).
18 Cf. ibid., p. 82.
19 Ibid., p. 91 (from *Gemeinplätze, die Neueste Literatur betreffend*, first published in 1968).
20 Hans Magnus Enzensberger, *Bescheidener Vorschlag zum Schutze der Jugend vor den Erzeugnissen der Poesie*. In: *German Quarterly* 49 (1976), p. 432.
21 Fully representative, in this respect, is Harald Weinrich's article, *Nicht jeder, der die Zunge herausstreckt, ist deshalb schon Einstein: Hans Magnus Enzensberger und den Deutschlehrern zugedacht*, which appeared as a rebuttal in *Frankfurter Allgemeine Zeitung*, Nr. 227, 9 October 1976.

theoretical extremisms proves to be so original as it seems at first sight. The former, extolling subversion, safely sails in the wake of Theodor W. Adorno, who held that the very autonomy of modern art, whether or not the artist wants or even knows it, is a ruthless attack on the *status quo*;[22] whereas the latter, rolling in arbitrariness, owes its gist to the flat denouncement – as put forth by Susan Sontag in *Against Interpretation* – of all exegesis as sheer allegorizing.[23] Still, what counts is not that dual influence upon Enzensberger, which was fleeting, but rather his position as a poet, which has persisted. In it, his unflinching anarcho-utopian stance, he is entirely himself.

This "poetic anarchism" in a broader sense will emerge once more when, finally, we now turn to anarchic historicity. However, we must take heed from the outset that Enzensberger spans the whole gamut from a jubilant millennialism of truly universal dimensions, right down to somber, merciless, and – quite literally – chilling visions of an impending global catastrophe; and that, worse yet, the prevailing mood in most cases is despair and pessimism, rather than any optimism, or hope. Scores of lines and stanzas bespeaking this could be adduced, notably from that ominous volume, *Der Untergang der Titanic* ("The Sinking of the Titanic") of 1978, but also from the one of 1975 containing the verse on Bakunin, *Mausoleum. Siebenunddreißig Balladen aus der Geschichte des Fortschritts* ("Mausoleum: Thirty-Seven Ballads from the History of Progress"). Moreover, an impressive number of essays could be cited as supplementary evidence, essays such as *Europäische Peripherie* ("European Periphery", 1965) or *Zur Kritik der politischen Ökologie* ("A Critique of Political Ecology", 1973), not to mention those apocalyptic

---

22 See Adorno's *Minima moralia. Reflexionen aus dem beschädigten Leben*, Frankfurt ³1962 and *Noten zur Literatur III*, Frankfurt 1965; in particular, compare p. 128 of the latter: "Die rücksichtslose Autonomie der Werke, die der Anpassung an den Markt und dem Verschleiß sich entzieht, wird unwillkürlich zum Angriff."

23 Susan Sontag, *Against Interpretation and Other Essays*, New York ³1970, pp. 13ff. This book was first published in 1967, the essay of the same title, in 1964. Enzensberger quotes Sontag *in extenso* on pp. 431f. of his aforementioned diatribe.

yet, strangely enough, rigorous marginalia, *Zwei Randbemerkungen zum Weltuntergang*, again of 1978.[24] It was perhaps not by chance that Enzensberger had his summary selection of 1971, *Gedichte 1955–1970* ("Poems 1955–1970"), begin with his ecstatic rhapsody *Utopia*, which indeed performs a surrealist "trapeze act" of sorts, transmuting and transfiguring, phantasmagorically, the entire human condition;[25] nor is it, in all likelihood, a coincidence that the last poem from his latest collection, *Die Furie des Verschwindens* ("The Fury of Disappearance") published in 1980, should be a terrifying dystopian nightmare presenting the slow, methodic, and gruesome extinction of the entire human race.[26] The joyous, exuberant anarchy of the mid-fifties has given way to gloomy chaos and anguish.

Or so it seems, at any rate. But be that as it may, the most thorrough verbal embodiment of anarchic historicity is undoubtedly the penultimate poem in Enzensberger's summary of 1971, *Das wirkliche Messer* ("The Real Knife"). Space permitting, I would certainly like to discuss it in detail; and if I were a gifted translator, and sufficiently daring to boot, I might have tried my hand at rendering it into English. As things are, I shall have to content myself with quoting it in German, albeit in full, and with adding the barest commentary as well as my concluding remarks. Enzenberger's *Real Knife* is an uncannily terse and complex text, even in view of his own standards:

> Es waren aber Abertausend in einem Zimmer
> oder einer allein mit sich oder zwei
> und sie kämpften gegen sich miteinander

---

24 See Hans Magnus Enzensberger, *Deutschland, Deutschland unter anderm. Äußerungen zur Politik*, Frankfurt ²1967, pp. 152ff; *Palaver. Politische Überlegungen (1967–1973)*, Frankfurt 1974, pp. 169ff. *Zwei Randbemerkungen zum Weltuntergang.* In: *Kursbuch*, 52 (1978), pp. 1ff.
25 See Hans Magnus Enzensberger, *Gedichte 1955–1970*, Frankfurt 1971, p. 7. The poem was published in Enzensberger's first book, *verteidigung der wölfe*, Frankfurt 1957, pp. 26f.
26 See Hans Magnus Enzensberger, *Die Furie des Verschwindens. Gedichte*, Frankfurt 1980, p. 86.

Der eine war der der Der Mehrwert sagte
und dachte an sich nicht und wollte von uns
nichts wissen Die Lehre sagte er her
Das Proletariat und Die Revolution
Fremdwörter waren in seinem Mund wie Steine
Und auch die Steine hob er auf
Und warf sie Und er hatte recht

Das ist nicht wahr Und es war der andere
der dies sagte Ich liebe nur dich
und nicht alle Wie kalt meine Hand ist
Und der fressende Schmerz in deiner Leber
kommt nicht vor in den Losungen Wir
sterben nicht gleichzeitig Wer erst
hat wenn wir uns freuen recht? Und er hatte recht

Aber Und so fuhr der andere fort Fortan
kann ich deinen Fuß nicht zurück
setzen Wer soviel wie wir weiß
hilft sich so leicht nicht und Ich
komme nicht mehr in Betracht Also komm
in die Partei und so fort Auch wenn
wir nicht recht haben Und er hatte recht

Das wußte ich immer schon daß du das
was du selber nicht glaubst
Das sagte der andere Vor uns hin
Wie ein Messer schleppst Doch hier
steckt es schon bis zum Heft
in deinem Fleisch Das Messer
Das wirkliche Messer Und er hatte recht

Und dann starb der eine und der andere
auch Aber nicht gleichzeitig
Und sie starben alle Und dann
schrieen sie und kämpften gegeneinander
mit sich und liebten und freuten
und unterdrückten sich
Abertausend in einem Zimmer

Oder einer mit sich allein oder zwei
Und sie halfen sich Und sie hatten recht
Und sie konnten einander nicht helfen[27]

---

27 *Gedichte 1955–1970*, pp. 166f.

I for one cannot help pondering this poem over and over. I do think I grasp and appreciate its message and its technical subtleties, but I am not sure I completely understand every single line of it, much less its wealth of enigmatic allusions. Already its title – or, to be more precise, its central imagery of the knife and the stabbing – poses a problem. Could it be that Enzensberger took his cue from that well-known anthology of poetological tracts, *Mein Gedicht ist mein Messer*, which was first brought out in 1956, and to which the young writer was asked to contribute when, in 1961, it was re-edited in an enlarged version? For here he toys, in a brief though rich account of his craft, with a real, a beautiful, a perfectly sharpened blade glittering in the sun, as opposed to the figurative knife invoked in order to intimate the latent aggressiveness of poetry.[28] On the other hand, being stabbed in the back seems to mark a lasting obsession for Enzensberger because, in the elegiac centerpiece of *Die Furie des Verschwindens*, he muses:

> Utopien? Gewiß, aber wo?
> Wir sehen sie nicht. Wir fühlen sie nur
> wie das Messer im Rücken.[29]

Oh yes, utopias, the poet sighs. Yet, with an absurd tenacity, he continues to ask: Where are they? Instead of seeing them before us, he says, we only feel them. But how could one see something which is nowhere, anyway? We are bound to feel utopia, indeed all utopias, "like a knife stuck in our back".

Undeniably, this murderous weapon tends to become an emblem in Enzensberger's work, if only a cryptic one. Is it, for instance, suicidal as well? And is an ideology – any given ideology or t h e ideology, whichever you prefer – also but a figurative knife, much like poetry in that still popular volume, or is it *The Real Knife*,

---

28 See Hans Magnus Enzensberger, *Scherenschleifer und Poeten*. In: *Mein Gedicht ist mein Messer. Lyriker zu ihren Gedichten*. Hrsg. von Hans Bender, München 1969, pp. 144ff; espec. p. 148. The paperback edition I am citing is marked "31.–38. Tausend".
29 *Die Furie des Verschwindens*, p. 46.

as might be surmised from the verse quoted, and, specifically, the poem of the same title? None of this is altogether clear. What is clear, however, is the basic thrust of the poem: namely, its depiction of history as an anarchical process, both in terms of a world-wide entanglement and a personal strife. Equally evident is, or should be, the meaning of the "room" where this bloody turmoil rages: it no longer signifies the mythical slaughterhouse of capitalism only, but denotes the blest premises of socialism, too. In fact, this massacre is ubiquitous, engulfing all countries and societies alike, since all of them offer sites, and are means, of oppression, exploitation, and boundless carnage. The metaphorical room conjured up by Enzensberger is, in sum, the earth in its entirety – just as, at one and the same time, it stands for the torn consciousness of the individual. And there is no way out, neither for the isolated individual nor for the masses or classes. Nor is there the slightest glimpse of dawn in this utter darkness; quite to the contrary, eschatological dusk is falling, indeed an apocalyptic night has already enveloped everything. Or to put it less biblically and solemnly, and to point to at least one of the many sources at work: I find it highly revealing that Enzensberger, who knows his Brecht by heart, should allude with his ending to the desperate, utterly hopeless finale of Brecht's opera from the late twenties, *Aufstieg und Fall der Stadt Mahagonny* ("Rise and Fall of the City of Mahagonny"), the punch-line of which reads:

> Können uns und euch und niemand helfen.[30]

Amidst an "endless" (Brecht's own word) entanglement and strife and turmoil of chaotic demonstrations milling around on the stage, the people of that doomed city (which is, naturally, as metaphorical as is Enzensberger's room) loudly confess that they cannot help themselves nor us – *i.e.*, the audience – nor anybody in the whole world. All of which bears a striking resemblance to the message and thrust of *The Real Knife* and, in particular, its final couplet:

---

30 Bertolt Brecht, *Gesammelte Werke in 20 Bänden*, Frankfurt 1967, vol. II, p. 564.

> And they helped themselves And they were right
> And they could not help each other

Of course, being able to help oneself is, within the context of this poem, yet another twist of bitter irony. For, unlike Brecht who wrote his verse b e f o r e he fully committed himself to politics, though without doing away with literature, and embraced, once and for all, world revolution and the cause of Marxism, Enzensberger composed his lines precisely a f t e r the days of his total commitment and ultrarevolutionary revelry. Or, more revealing still, he may well have written them right during the heyday thereof! Wasn't his *Untergang der Titanic*, as he himself informs us,[31] conceived while he was roving the plains of Cuba, allegedly cutting sugar-cane, since he, too, the frail intellectual, yearned to submit his humble share to Castro's illusory "harvest of the many millions"? What Enzensberger then brandished, whether in his hands or his mind, was also a knife, after all, and might thus be regarded as a possible inspiration for his poem ... even if a *machete*, admittedly, would lend itself less easily to the act of stabbing, and prove far more suitable for cutting throats.

I will be forgiven for this piece of grim humor, I trust, because the only reason why I have introduced it is the dire need I feel of a strong antidote. A paralyzing gloom threatens to beset any sensitive reader of such and similar outpourings. Are we not really bound to fall a prey to infinite hopelessness, to despair past help? And yet, being students of literature and history, we cannot but be aware that those insights of Enzensberger's, fearsome as they may seem, have a long and equally fearsome prehistory of their own. It was no less a literary giant than Georg Büchner who, in the spring of 1834, said in a letter concerning the events of the French Revolution:

> I felt myself crushed by the terrible fatalism of history. I find in human nature a horrifying sameness, in the human condition an inescapable

---

31 See Hans Magnus Enzensberger, *Der Untergang der Titanic. Eine Komödie*, Frankfurt 1978, p. 115 *et pass.*

force, granted to all and to no one. The individual merely foam on the waves, greatness sheer chance, the mastery of genius a puppet play, a ludicrous struggle against an iron law: to recognize it is our utmost achievement, to control it is impossible.[32]

These are words that truly penetrate through historical reality, laying bare to the bones what can only be termed a senseless anarchical process. Yet the young writer who put them down, "wie zernichtet unter dem gräßlichen Fatalismus der Geschichte",[33] was, as we all know, simultaneously an active revolutionary. And none other than Enzensberger reminded us of this by publishing, along with treatises worthy of being reread, that rousing pamphlet called *Der Hessische Landbote* ("The Hessian Messenger") which provides the most telling testimony, both of Büchner's subversive activities and of his paradoxical belief in political change — a belief, by the way, that was not relinquished but, contrary to many a critic's claim, indefatigably upheld. If in German literature there is anything whose essence consists of that which is incompatible, it is the inseparable unity we associate with the name of Büchner. Even nowadays, we have not yet come to grips with this bundle of contradictions, as much as we have endeavored to do so for nearly a century and a half.

No, I do not mean to equate Enzensberger with the towering figure of him who gave us, at the age of twenty-two, the greatest and most stirring play on revolution that has ever been written. Nevertheless, that there exists an elective affinity between the two men, the author of *Dantons Tod* ("Danton's Death") and his modern propagator, can hardly be disputed, irrespective of the latter's own protestations.[34] Both belong to the same rare species of political

---

32 Georg Büchner, *Danton's Death*. Transl. and with notes and supplementary material by Henry J. Schmidt. Introduction by John Simon, New York 1971, p. 171.
33 Cf. Georg Büchner, *Sämtliche Werke und Briefe*, ed. Werner R. Lehmann, Darmstadt 1971, vol. II. p. 425.
34 See espec. Enzensberger's remark in Georg Büchner/Ludwig Weidig, *Der Hessische Landbote. Texte, Briefe, Prozeßakten.* Kommentiert von Hans Magnus Enzensberger, Frankfurt ²1966 [first published in 1965]. p. 168.

writers — rare, in any case, within the confines of German letters. Their comparison, however cursory, ought to have sufficed to substantiate this kinship, especially as to their view of anarchic historicity, and to situate Enzensberger and the fundamental incompatibility pervading his life and work, the very essence of his existence, in the appropriate historical frame.

Little more remains to be added, as our quick look at Büchner has brought us back to where we started. What then, in brief, are the results we have gained in our survey of Hans Magnus Enzensberger's "poetic anarchism"? But let us never forget that they won't be definitive at all. We are dealing with an author whose career has not ended; he, in turn, deals with processes which will certainly outlast him as well as ourselves. Not even their poetic reflection can be said to have reached any finish: the fatal *bellum omnium contra omnes* unleashed in *Das wirkliche Messer*, a war to the knife indeed, rages on and on in its anarchical frenzy. Namely, those who have died continue, wondrous enough, to shout feverishly, fighting against each other a n d, mind you, themselves; and not only do they oppress each other and/or themselves, but they also love themselves and/or each other (compare, above all, the dual and carefully modified juxtaposition of "gegen sich miteinander" and "gegeneinander / mit sich"). In fact, somehow or other they manage to be happy ("und freuten [. . .] sich")! It is true, we do not perceive any development in this poem, despite its countless changes and disconcerting moves. Should we say, therefore, what prevails in it is a frantic stalemate? And are we to expand this tentative formula to cover the entire *œuvre* and uneasy stance of Enzensberger, including his politics? Is he, the militant critic and marvelous poet, incessantly marking time, as it were?

One thing must be apparent: Enzensberger's anarchism and his utopianism (no matter how dystopian it may have become) are insolubly tied together. This is borne out by any and all manifestations of the threefold phenomenon we have investigated, as well as by their combination and mutual connections. To use the phrase "poetic anarchism" was more than justified, and my typographical provisos can henceforth be dispensed with. Clearly, the poetological notions espoused by Enzensberger are in themselves anarchical, if not always anarchistic; and though, now elated now disappointed, he did voice distrust of that innate anarchic power of poetry — or, more correctly, of those concrete political effects he once ordained — he likewise, and with an overwhelming gesture at that, empowered his readers — or, more modishly put, the subjects of his reception — to treat his poetry in as arbitrary a manner as they might choose. I dare say such are the signs of anarchic poetics or, in general, poetic anarchism . . . all the more so since, anarchically, they aren't limited to poetry, either. Really, what other label is there at hand? Isn't the treatment accorded the historical anarchists by Enzensberger also a kind of poetic anarchism? He pays both critical and near romantic homage to them and, by so doing, not just poetizes but downright poeticizes anarchy. Furthermore, these two branches of Enzensberger's work are closely intertwined, and no less with each other than with the third and most rapidly growing offshoot of his poetic anarchism, anarchic historicity. The selfsame principle that governs his poetics also rules over the huge mosaic constituted by his novel, *Der kurze Sommer der Anarchie*. Just weigh the instructions — again eminently worth reading — which accompany it! Are they not, in all seriousness, the creative reverse of his wanton (or, as some would have it, insolent) *Modest Proposal*? And aren't they equally applicable to the sinister, and yet so perfect, workings of his poem, *The Real Knife*?

I am, naturally, not unaware of the objections that could be raised. The very concept of poetic anarchism might be called a flagrant contradiction in terms. For isn't the poem — any poem — a cosmos to begin with, even when articulating chaos? Isn't poetry, like all art, as devout an a f f i r m a t i o n as could be, precisely while and by e x p r e s s i n g   n e g a t i o n, indeed the most chaotic, most pessimistic nihilism? But stated in such a general way, this insight might as well be called a truism turned into a shopworn clichee, ever since Gottfried Benn once propounded it; and I therefore shall not pursue it any further. Instead, and in conclusion, let me point to yet another jarring contrast in Hans Magnus Enzensberger's development. Namely, side by side with his volume of gloomy poetry, *Die Furie des Verschwindens*, the erstwhile co-founder and co-editor of that highly political journal, *Kursbuch* — which he then abandoned, surprisingly enough — has just brought out, in collaboration with a friend, the first and most impressive issue of a second such journal![35] And while, in the most furious outburst of his recent verse, he explicitly approves of Benn's poetic existence,[36] he nonetheless plans to exclude from *Transatlantik*, as his new journal is entitled, all poetry and fiction alike! He is determined, says Enzensberger,[37] to accept and publish nothing but reports based on hard facts and (his own phrase) "field work", *i.e.*, "Wirklichkeitsforschung *en détail*". In the midst of dejection and despair, he thus seems to hark back to the very height of his political optimism and commitment when, citing the examples of Günter Wallraff, Ulrike Meinhoff, and others, he advocated precisely this kind of activistic *literatura fakta*.[38]

Art and poetry, those images of a utopian order, persist in Enzensberger's life and work; yet so do anarchy and politics and, perhaps, a paradoxical dystopian activism. Essentially, neither the man nor his production have changed over the years,[39] but both betray a chameleonic changeability within their poetic anarchism that even the motleyest triad of notions is far too fixed and orderly to contain.[40]

---

35 See Haug von Kuenheim's article, *Mann mit vielen Eigenschaften: Wie kommt Herr N. von 'Lui' auf 'Transatlantik'?* In: *Die Zeit* (Overseas Edition), Nr. 44, 31 October 1980, p. 23, although he concentrates on the more ludicrous aspects surrounding Enzensberger's new journal.

36 Cf. *Die Furie des Verschwindens*, p. 46. However, as early as 1973, in a letter to me dated November 14, Enzensberger observed: "Benn erlebt hier ein gewisses, halb heimliches *come-back* [*sic*]. Man zitiert ihn wieder."

37 In a letter to me of May 13, 1980.

38 Cf. *Palaver*, p. 53 (again from *Gemeinplätze, die Neueste Literatur betreffend*).

39 As to the shifts and waverings I indicated in the beginning, compare, among other things, Enzensberger's *Nachbemerkung zur Neuauflage*, in the recent paperback edition of his *Museum der modernen Poesie*, Frankfurt 1980, vol. II, p. 786: "Der rührende Glaube an die subversiven Kräfte der Literatur ist unterdessen [*i.e.* since 1960] stark in Mitleidenschaft gezogen worden."

40 The above article was written in 1980, and completed before the first issues of *Transatlantik* were available. In the meantime, I have not only studied Enzensberger's new journal, but also re-examined his utopian and/

or dystopian imagery related so closely to his poetic anarchism. As to the former, one cannot but note that it bears — or justly bore as long as Enzensberger was affiliated with it — a rather interesting resemblance to *The New Yorker*; as to the latter, it has proved to be even more anarchic, and far less subject to change or development, than indicated in my foregoing remarks. An investigation of certain cryptic allusions in Enzensberger's poetry seems to confirm that much of his fine verse is based on the principle of the literary *pastiche* — which, clearly, would constitute yet another facet of what I have labeled his poetic anarchism. In an ironic selfaccusation, he has in fact called attention to this truly Alexandrian genre, though using the original Italian term, *pasticcio*. (For more details, see my essay on *Das Messer im Rücken* in the present volume.)

FESTGEMAUERT UND NOCH NICHT ENTBEHRLICH

Enzensberger als Erbe Schillers
(1982)

Schreie der Empörung wurden laut, schulmeisterliche Flüche ausgestoßen; sogar Großkritiker – man schrieb das Jahr 1966 – rangen die gepflegten Hände. Was um Himmels willen war geschehen? Hans Magnus Enzensberger hatte es gewagt, die Insel-Auswahl von Schillers Gedichten ohne dessen "berühmte Balladen" (so der Frevler höchstselbst) vor die Gebildeten Deutschlands zu bringen. "Kein Lied mehr von der Glocke", wehklagte zum Beispiel, damals noch in der *Zeit*, Marcel Reich-Ranicki, der sich "einigermaßen übers Ohr gehauen" fühlte, als er "ein Zitat verifizieren" wollte und dabei bemerkte, daß in seiner Ausgabe, will sagen der Enzensbergerschen, ausgerechnet "die meistzitierten Gedichte Schillers" fehlten. Woraufhin der Beschuldigte keineswegs reuig, sondern seelenruhig in der gleichen Zeitung und unter der Überschrift *Festgemauert aber entbehrlich* konterte, Schiller sei halt "keine Zitatengrube", der 'Büchmann' kein Kriterium für Qualität, vielmehr ein Indikator für Mißbrauch; und mit der Elle der Meistzitiertheit messe ohnehin bloß eine Kritik, deren Verständnis der Klassiker in dem Wunsche gipfle, "wiederzufinden, was sie in grauer Schulzeit gepaukt hat". Nein, schloß Enzensberger, dem "großen Autor", dem "großen Schriftsteller" Schiller und dessen Vermächtnis gebühre eine andere Art von Verehrung, eine wirklich kritische: "Nicht ernst nimmt dieses Werk, wer vor seiner Nachwelt kuscht. Ernst nimmt es, wer's gegen seine Anhänger verteidigt."[1]

Soweit dieser ungewöhnliche Schiller-Herausgeber. Und wie bekannt, war seine bewußte Unterlassungssünde samt ihrer Begründung

---

1 Vgl. Hans Magnus Enzensberger, *Festgemauert aber entbehrlich. Warum ich Schillers berühmte Balladen wegließ*. In: *Die Zeit* vom 28.10.1966; dort auch der Hinweis auf Reich-Ranickis Besprechung in Nr. 37 desselben Blattes.

weder die erste philologische Untat, die er verübte, noch auch sollte sie seine letzte sein. Man erinnert sich gewiß noch an die 1976 in Cherry Hill, N.J. (übrigens auf mein Betreiben und unter meinem milden Vorsitz) gehaltene und in der *FAZ* erstmals veröffentlichte Rede *Bescheidener Vorschlag zum Schutze der Jugend vor den Erzeugnissen der Poesie*[2] — eine Philippika, zugegeben, über die sich zum Beispiel Harald Weinrich dermaßen erboste, daß er für seine Entgegnung, die außer Enzensberger auch "den Deutschlehrern zugedacht" war, das vermeintlich vernichtende Donnerwort als Titel prägte: *Nicht jeder, der die Zunge herausstreckt, ist deshalb schon Einstein.*[3] Wie wahr, Herr Professor! Indes ist nicht jeder, der sich auf Einstein berufen zu dürfen glaubt, dazu auch befugt. Ich werde jedenfalls nicht versäumen, auf jene Rede, die natürlich als *A Modest Proposal* verstanden werden wollte, sowie auf die armen Deutschlehrer zurückkommen, obschon schwerlich auf Weinrichs übelnehmerische und humorlose Schelte. Für den Augenblick genügt es zudem, mit schlichtem Nachdruck festzustellen, daß derselbe schlimme Enzensberger, der Schillers *Lied von der Glocke* aus dem klassischen Kanon strich und schnöd für "entbehrlich" erklärte, inzwischen nicht nur seinerseits ein moderner Klassiker geworden ist,[3a] sondern von früh auf ein Erbe eben jenes Klassikers Schiller war. Der Schillersche Dichtungsbegriff hat im Schaffen des rebellischen Lyrikers unvertilgbare Spuren hinterlassen; selbst dort noch, wo dieser unklassisch von der Tradition abweicht oder sich antiklassisch gegen

---

2 Hans Magnus Enzensberger, *Ein* [!] *bescheidener Vorschlag zum Schutze der Jugend vor den Erzeugnissen der Poesie. Den Deutschlehrern der Republik zugedacht*. In: *FAZ*, Nr. 215 vom 25.9.1976. Diese schon im Titel abweichende Fassung ist allerdings beträchtlich gekürzt. Der vollständige, von Enzensberger autorisierte Text und der ursprüngliche Titel der Rede finden sich im *German Quarterly* 49 (1976), S. 425ff.

3 Harald Weinrich, *Nicht jeder, der die Zunge herausstreckt, ist deshalb schon Einstein. Hans Magnus Enzensberger und den Deutschlehrern zugedacht*. In: *FAZ*, Nr. 227 vom 9.10.1976.

3a Das hat inzwischen auch Marcel Reich-Ranicki eingesehen; vgl. seinen Aufsatz *Der Kaiser ist nackt oder: Über den Herbst unserer Literatur*. In: *FAZ* vom 7.10.1980, Sonderbeilage *Literatur*, S. L 1, wo es heißt: "Enzensberger ist mittlerweile schon fast ein Klassiker der deutschen Nachkriegslyrik."

sie wendet, können sein Werk und dessen Entwicklung mit Schillerschen Kategorien erfaßt und adäquat beschrieben werden. Ja, sie können es nicht nur, sondern müssen es am Ende gar.

Doch niemand scheint solche Zusammenhänge bisher durchschaut oder beim Namen genannt zu haben. Man hat Enzensberger mehr oder weniger einleuchtend — auch hier muß ich meine Komplizenschaft bekennen — mit Benn[4] und Heine,[5] Brecht[6] und Günter Kunert[7] verglichen, mit Auden,[8] Neruda,[9] Allen Ginsberg,[10] Federico García Lorca[11] und William Carlos Williams;[12] hinzuzufügen wäre ferner sein einstiger Freund, der kubanische Lyriker Heberto Padilla, insbesondere mit der Sammlung *Fuera del juego (Außerhalb des Spiels)* von 1968;[13] und was schließlich die Brücke zum Romantiker Brentano und dessen Technik der 'Entstellung' anbelangt, so hat sie ja Enzensberger selbst bereits vor einem Vierteljahrhundert mit seiner

---

4 Vgl. meinen Aufsatz *Montierte Lyrik* im vorliegenden Band; ferner Alexander Hildebrand, *Selbstbegegnungen in kurzen Stunden. Marginalien zum Verhältnis Hans Magnus Enzensberger — Gottfried Benn.* In: *Text + Kritik*, Nr. 49 (Jan. 1976), S. 17ff.
5 Vgl. Alfred Andersch, *Hans Magnus Enzensberger, 'Landessprache'.* In: *Über Hans Magnus Enzensberger.* Hrsg. von Joachim Schickel, Frankfurt 1970, S. 68f. (erstmals 1960).
6 Vgl. Theo Buck, *Enzensberger und Brecht.* In: *Text + Kritik*, S. 5ff.; s. auch die folgende Anmerkung.
7 Vgl. Klaus Werner, *Zur Brecht-Rezeption bei Günter Kunert und Hans Magnus Enzensberger.* In: *Weimarer Beiträge. Brecht-Sonderheft. 1968*, S. 61ff.
8 Vgl. Hans Egon Holthusen, *Die Zornigen, die Gesellschaft und das Glück.* In: *Über Hans Magnus Enzensberger*, S. 40ff. (erstmals 1958).
9 Vgl. Alfred Andersch, *1 (in Worten: ein) zorniger junger Mann*, ebd. S. 9ff. (erstmals 1958).
10 Vgl. Patrick Bridgwater, *The Making of a Poet.* In: *Essays on Contemporary German Literatur.* Hrsg. v. Brian Keith-Smith, London 1966, S. 239ff.
11 Wie Anm. 8.
12 Vgl. William S. Sewell, *Hans Magnus Enzensberger and William Carlos Williams. Economy, Detail and Suspicion of Doctrine.* In: *German Life and Letters*, N.S. 32 (1979), S. 153ff.
13 Einige Hinweise finden sich in meinem Aufsatz *Ein Menschenalter danach. Über das zweistrophige Gedicht 'Hiroshima' von Marie Luise Kaschnitz.* In: *Monatshefte* 71 (1979), S. 5ff.

Erlanger Dissertation geschlagen.[14] Die Sekundärliteratur, sogar die primäre, wuchert also aufs üppigste; lediglich von Schiller ahnt sie offenbar immer noch nichts oder will sie nichts ahnen . . . es sei denn, mir wäre tückischerweise gerade der entscheidende Beitrag durch die bibliographischen Lappen gegangen. Allzu wahrscheinlich ist das aber kaum. Denn nicht einmal in Edgar Lohners gediegener Schrift *Schiller und die moderne Lyrik*,[15] die beider "Verwandtschaft" in Anlehnung an Hugo Friedrich in der "Scheinwelt des Kunstwerks" sucht, das "ohne zweckhaften Bezug auf ein außer ihm Seiendes nur als in sich geschlossene Schöpfung" wirke, findet sich ein Hinweis auf Enzensberger, sowenig wie umgekehrt Schiller in der Schwarte *Bewußtseinsinhalte kritischer Lyrik* auftaucht, der erst kürzlich erschienenen, so borniertenen wie beckmesserischen Fleißarbeit aus der Feder einer naseweisen altneuen Linken, die sich mit schönem Freimut anheischig macht, "die Schranken von Enzensbergers Bewußtsein aufzuzeigen", wobei sie zu der lächerlichen These kommt, dieser wie selten einer vom Kalkül gelenkte *poeta doctus* sei "dem Zufall anheimgegeben, weil er seine Einstellungen nicht auf Wissen gründet".[16] Ja, selbst wer so überdeutlich mit Schillerschen Schlüsselbegriffen operiert wie Paolo Chiarini in seiner Skizze *La satira e l'idillio*,[17] weiß davon anscheinend nichts und übersieht völlig, daß der des Vandalismus an Schiller Bezichtigte in Wahrheit

---

14 Vgl. Hans Magnus Enzensberger, *Brentanos Poetik*, München 1961; die revidierte Fassung von *Über das dichterische Verfahren in Clemens Brentanos lyrischem Werk*, Diss. Erlangen[-Nürnberg] 1955; zu 'Entstellung' vgl. ferner William S. Sewell, *The Cannon and the Sparrow. Patterns of Conflict in the Poetry of Hans Magnus Enzensberger 1955–1975*, Diss. Univ. of Otago [Dunedin, N.Z.] 1978, bes. S. 144ff.
15 Göttingen 1964; zu den Zitaten vgl. S. 10 u. 21.
16 Vgl. Bärbel Gutzat, *Bewußtseinsinhalte kritischer Lyrik. Eine Analyse der ersten drei Gedichtbände von Hans Magnus Enzensberger*, Wiesbaden 1977, S. 153 u. 182. — Noch weit übler freilich steht es mit der gleichzeitig veröffentlichten und auch sonst durchaus 'kongenialen' Studie von Arthur Zimmermann, *Hans Magnus Enzensberger. Die Gedichte und ihre literaturkritische Rezeption*, Bonn 1977, die sogar vor Unredlichkeiten nicht zurückschreckt.
17 In: *angelus novus* 1 (1965), S. 34ff.

(allerdings neben manchem anderen) als dessen vielleicht interessantester und freilich auch widerspruchsvollster zeitgenössischer Jünger zu gelten hat.

Ich übertreibe natürlich ein bißchen. Doch ist Enzensberger ja zweifelsohne ein sentimentalischer Dichter nicht nur von Rang, sondern reinsten Wassers, obwohl auf seine besondere Art. Wie bei Schiller, seinem verkannten Vorbild, so herrscht auch bei ihm die Überzeugung, in einem "ausgearteten Zeitalter" zu leben, eine "schauderhafte Erfahrung" von "Verderbnis vor Augen"; und ganz wie jener nimmt er dabei die Welt nicht bloß als "gesunkene" oder "lärmenden Markt" einfach hin, sondern begreift sie stets als "politischen Schauplatz", auf dem nichts Geringeres als "das große Schicksal der Menschheit verhandelt wird".[18] In unserer Epoche, dem "Stand der vollendeten Sündhaftigkeit" nach Fichte, worauf sich zwischendurch bekanntlich auch Lukács berief,[19] schlägt oder schlug doch einmal für Hans Magnus Enzensberger die gleiche geschichtsphilosophische Stunde wie für Friedrich Schiller. Anhand von dessen zwei klassischen theoretischen Schriften, *Über naive und sentimentalische Dichtung* und *Über die ästhetische Erziehung des Menschen*, läßt sich die dichterische wie humanistisch-politische Situation Enzensbergers – *Poesie und Politik*, um es mit seiner eigenen Formel zu sagen – zumindest in Stichworten hinreichend erläutern.

Was Schiller mit "naiver" bzw. "sentimentalischer" Dichtung meint, brauche ich nicht zu wiederholen. Es geht ihm jedenfalls, namentlich bei letzterer, nicht um Gattungen in einem technischen Sinn, sondern um geschichtlich und gesellschaftlich vermittelte "Empfindungsweisen".[20] Und zwar gibt es deren für den sentimentalischen Dichter laut Schiller drei. "Satire, Elegie und Idylle" sind

---

18 Ich zitiere der Einfachheit halber nach der fünfbändigen Ausgabe des Hanser Verlags. Vgl. Friedrich Schiller, *Sämtliche Werke*, hrsg. von Gerhard Fricke u. Herbert Göpfert, München 1958f., Bd. V, S. 723 u. 572.
19 Vgl. Georg Lukács, *Die Theorie des Romans. Ein geschichtsphilosophischer Versuch über die Formen der großen Epik*, [2]Neuwied a. Rh./Berlin-Spandau 1963 [als Buch erstmals 1920; entstanden 1914/15].
20 Vgl. Schiller, Bd. V, S. 745.

für ihn die "einzig möglichen Arten" der Poesie.[21] Sie werden gleichsam formallogisch abgeleitet:

> Die sentimentalische Dichtung [...] hat es [...] immer [...] mit zwei streitenden Objekten, mit dem Ideale nämlich und mit der Erfahrung, zugleich zu tun, zwischen welchen sich weder mehr noch weniger als gerade die drei folgenden Verhältnisse denken lassen. Entweder ist es der *Widerspruch* des wirklichen Zustandes, oder es ist die *Übereinstimmung* desselben mit dem Ideal, welche vorzugsweise das Gemüt beschäftigt; oder dieses ist zwischen beiden geteilt. [...] Dieser dreifache Empfindungszustand gibt drei verschiedenen Dichtarten die Entstehung, denen die [...] Benennungen *Satire, Idylle, Elegie* vollkommen entsprechend sind [...].[22]

Was die Satire betrifft, so mache sie folgerichtig den Widerspruch teils "ernsthaft und mit Affekt", teils "mit Heiterkeit" zum Gegenstand ihrer Darstellung. Jenes geschehe, schreibt Schiller, durch ihre "*strafende* oder pathetische", dieses durch ihre "*scherzhafte*" Spielart; beidemal stelle die Satire "die Wirklichkeit als Mangel dem Ideal als der höchsten Realität" gegenüber — wozu jedoch "gar nicht nötig" sei, daß dieses Ideal selber "ausgesprochen werde".[23] Und ganz ähnlich zwingend wird für Elegie und Idylle deduziert:

> Entweder ist die Natur und das Ideal ein Gegenstand der Trauer, wenn jene als verloren, dieses als unerreicht dargestellt wird. Oder beide sind ein Gegenstand der Freude, indem sie als wirklich vorgestellt werden. Das erste gibt die *Elegie* in engerer, das andere die *Idylle* in weitester Bedeutung.[24]

Mit unverminderter Logik und Konsequenz gelangt Schiller dann *innerhalb* der Idylle — die Unterscheidung ist wichtig, da ihm der zweite Name noch fehlt — abermals zu einer Verdoppelung: je nachdem eben, ob jene auf den Zustand *vor* oder *nach* dem Sündenfall der Kultur, auf die ursprüngliche oder die im Ideal wiederhergestellte Natur bezogen wird. Sie ist "Unschuld" des Anfangs *und* "letztes

21 Vgl. ebd., S. 744.
22 Ebd., S. 745.
23 Vgl. ebd., S. 721f.
24 Ebd., S. 728.

Ziel", "Paradies" oder "goldnes Alter" *und* "höchste Einheit", "Fülle", "Gleichgewicht" und "Vollendung". Kurzum: Schillers dritte Möglichkeit des Sentimentalischen umfaßt sowohl *"Arkadien"* als auch *"Elysium"*, erscheint als Idylle in üblicher ("engerer") Bedeutung und als *Utopie*.[25]

Die Enzensbergerschen Parallelen zu Schillers Dichtungsbegriff in dieser mehrfachen Ausfaltung sind, denke ich, so offenkundig, daß ich sie wie der besagte Satiriker gar nicht sollte aussprechen müssen. Sie begegnen in dem Band *verteidigung der wölfe* von 1957, dem Erstlingswerk des noch nicht Dreißigjährigen, ja in ihm bereits in wahrhaft klassischer, kaum mehr zu überbietender Klarheit. In der Tat — wie konnte man dessen unmißverständliche, durch und durch Schillersche Dreiteilung in "freundliche", "traurige" und "böse" Gedichte ignorieren? Oder wie konnte man derlei zum bloßen Kontrast, zum mechanischen Schema zweier "Grundstimmungen" (Hans Egon Holthusen)[26] simplifizieren? Schillers "drei [. . .] Verhältnisse", der "dreifache Empfindungszustand", zu dem sie führen, die daraus entspringenden "drei verschiedenen Dichtarten" nebst Untergliederung: alles ist in Enzensbergers Gedichtbuch förmlich mit Händen zu greifen. Seine Idylle *für lot, einen makedonischen hirten*[27] darf nicht nur vom Thema her, dem Schillerschen "einfachen Hirtenstand",[28] sondern selbst der Lokalität nach exemplarische Geltung beanspruchen; und denselben Anspruch vertritt auch ausdrücklich Enzensbergers Utopie oder *utopia* (wie er dieses Gedicht gelehrt überschrieben hat).[29] An Elegien vollends und meisterhaften Satiren mangelt es ebensowenig. Der pathetisch rührende und pathetisch strafende Tonfall überwiegt hier zwar bei weitem; doch sogar die scherzhafte Satire kann man, wenn man will, wenigstens in Ansätzen gelegentlich entdecken (ein Beispiel wäre etwa das Gedicht *prozession*).[30] Und woher käme es schließlich, daß einerseits Schiller ange-

25 Vgl. ebd., S. 745ff. u. 750f.
26 Vgl. Holthusen, S. 52.
27 Vgl. Hans Magnus Enzensberger, *verteidigung der wölfe*, Frankfurt 1957, S. 12f.
28 Vgl. Schiller, Bd. V, S. 745f.
29 Vgl. *verteidigung der wölfe*, S. 26f.
30 Vgl. ebd., S. 67.

sichts des Kindlich-Naiven, das auch sein Nachfahre so liebt, von einem höchst seltenen Mischgefühl redet und daß andererseits Enzensberger die verblüffend genaue, fast wörtliche Entsprechung dazu liefert? Denn Schillers Gefühl ist eines, "in welchem Spott, Ehrfurcht und Wehmut zusammenfließen",[31] nicht anders als in Enzensbergers Mischung aus "ergriffenheit [...] und spott und jubel".[32] Wie sehr dieser vom "anarchischen Humor" solch naiver Kindlichkeit seit eh und je fasziniert war, belegt allein schon sein Sammelband *Allerleirauh* von 1961, enthaltend *Viele schöne Kinderreime*.[33]

Jedoch nicht das Kind bloß, vor allem auch "das Genie in seinen Geisteswerken"[34] besitzt laut Enzensberger und Schiller unter anderem die Gabe, "Dinge, die man entweder gar nicht oder nur künstlich bezeichnen darf, mit ihrem rechten Namen [...] zu benennen" und so jenes nostalgische "Lachen", jenen idyllisch-utopischen "Empfindungszustand" zu wecken.[35] In beider Auffassung sind die Dichter "die *Zeugen* und [...] die *Rächer* der Natur".[36] Müßte man demnach nicht folgern, Schiller würde sich ebenfalls, lebte er heutzutage, auf das Wort von des Kaisers neuen Kleidern berufen? Seine Schrift könnte doch wie die Enzensbergersche vom Gedicht verkünden:

> Es überführt, solange es nur anwesend ist, Regierungserklärung und Reklameschrei, Manifest und Transparent der Lüge. Sein kritisches Werk ist kein anderes als das des Kindes im Märchen.[37]

Freilich wird bei Enzensberger letztlich die Dichtung überhaupt, deren ureigenstes Wesen, als "anarchisch", ja "subversiv" bestimmt. *Poesie und Politik* sind in seiner programmatischen, dem gleichnami-

---

31 Schiller, Bd. V, S. 698.
32 *verteidigung der wölfe*, S. 26; es handelt sich also, wie man sieht, um das Gedicht *utopia*.
33 Vgl. *Allerleirauh. Viele schöne Kinderreime*, versammelt von H.M. Enzensberger, Frankfurt 1971 [erstmals 1961], S. 352 (*Nachwort*).
34 Vgl. Schiller, Bd. V, S. 706.
35 Vgl. ebd., S. 707.
36 Ebd., S. 712.
37 Hans Magnus Enzensberger, *Einzelheiten II: Poesie und Politik*, Frankfurt 1964, S. 136; dort auch die beiden folgenden Zitate.

gen Essay (und späteren Buch) von 1962 entstammenden Äußerung nichts weniger als identisch, dennoch aber, so paradox das auch klingen mag, auf untrennbare und überaus aufschlußreiche Weise miteinander verknüpft. Zusätzlich nämlich zur Abhandlung *Über naive und sentimentalische Dichtung* sind von Anfang an Schillers Gedanken *Über die ästhetische Erziehung* des Menschen, wie er sie *In einer Reihe von Briefen* vortrug, in diesen Rezeptionsprozeß verflochten. Und sie werden von Enzensberger nicht nur vielfältig variiert, sondern buchstäblich pervertiert oder mindestens, so un- wie antiklassisch, radikalisiert.

Schiller entwickelt ja in jenen Briefen die klassische Einsicht, daß man, um das "politische Problem [...] zu lösen, durch das ästhetische den Weg nehmen muß, weil es die Schönheit ist, durch welche man zu der Freiheit wandert".[38] Darin besteht *in nuce* sein Verhältnis zu Humanismus und Politik. Bei Enzensberger hingegen klaffen Ästhetik und Erziehung auseinander; er sieht das Menschlich-Dichterische (das auch für ihn eine Einheit bildet) mit dem Geschichtlich-Gesellschaftlichen oder Politischen in einem fortwährenden Widerstreit. Abwechselnd setzt er das eine auf Kosten des anderen absolut. Die Politik erscheint ihm entweder (so noch 1967)[39] als glatter "Stumpfsinn", der "mit produktiver Intelligenz [...] nicht vereinbar" sei – oder sie gilt ihm plötzlich als einzige Rettung; die Dichtung ist entweder, geadelt durch "Erstgeburt", die Trägerin der "Zukunft", "unabsehbar" in ihrem "Risiko", ihrer Brisanz und "Wirkung"[40] – oder sie ist auf einmal gänzlich abseitig, heißt geradezu unnütz. Heute liege, rief Enzensberger schon 1968, "die politische Harmlosigkeit aller literarischen, ja aller künstlerischen Erzeugnisse [...] offen zutage". Ihr "aufklärerischer Anspruch" und "utopischer

---

38 Schiller, Bd. V, S. 573.
39 Vgl. Hans Magnus Enzensberger, *Deutschland, Deutschland unter anderm. Äußerungen zur Politik*, Frankfurt 1967, S. 42.
40 Vgl. *Einzelheiten II*, S. 135f.; ferner Hans Magnus Enzensberger, *Einzelheiten I: Bewußtseins-Industrie*, Frankfurt 1964, S. 166 sowie *Museum der modernen Poesie*, eingerichtet von Hans Magnus Enzensberger, Frankfurt 1960, S. 16 (*Vorwort*).

Überschuß" wie ihr "kritisches Potential" seien nunmehr "zum bloßen Schein verkümmert".[41]

Das ist so ungefähr das Gegenteil dessen, was Schiller in seinen Briefen meint und zu befördern trachtet. Umgekehrt verwirft Schiller aber zugleich jedwede Tendenzkunst oder -literatur sowie natürlich, gerade in Dingen der Schönheit, den "Irrtum [. . .] des Willkürlichen".[42] Dieser sei roh, zerstörerisch, schlechthin "geschmacklos"; erst recht jedoch gebe es wohl nichts Abwegigeres als die Vorstellung einer "schönen lehrenden (didaktischen) oder bessernden (moralischen)" Kunst oder Literatur.[43] Der Mensch soll zwar, Schillers berühmtem Diktum zufolge,

> mit der Schönheit nur *spielen*, und er soll *nur mit der Schönheit* spielen. Denn [. . .] der Mensch spielt nur, wo er in voller Bedeutung des Worts Mensch ist, und *er ist nur da ganz Mensch, wo er spielt.*[44]

Doch eine solche "Freiheit", die nach Schiller die Bahn zur "wahren politischen" ebnet,[45] hat mit der von Enzensberger 1976 beschworenen offenbar nicht das geringste zu tun. Gemäß seinem *Bescheidenen Vorschlag zum Schutze der Jugend vor den Erzeugnissen der Poesie*[46] hätte nämlich der spielende Mensch, will sagen der Leser oder sonst Kunst Rezipierende, "immer recht"; "niemand" dürfte, ja könnte ihn daran hindern, "von einem Text den Gebrauch zu machen, der ihm paßt". Enzensberger zufolge ist jeder — etwa bei der Gedichtlektüre — vollauf ermächtigt,

> hin- und herzublättern, ganze Passagen zu überspringen, Sätze gegen den Strich zu lesen, sie mißzuverstehen, sie umzumodeln, sie fortzuspinnen und auszuschmücken mit allen möglichen Assoziationen, Schlüsse aus dem

---

41 Vgl. Hans Magnus Enzensberger, *Gemeinplätze, die Neueste Literatur betreffend*. In: *Kursbuch* 15 (1968), S. 187ff.; hier S. 194.
42 Vgl. Schiller, Bd. V, S. 634.
43 Vgl. ebd., S. 640f.
44 Ebd., S. 618.
45 Vgl. ebd., S. 572.
46 Hierzu und zum Folgenden vgl. den Abdruck im *German Quarterly* (s.o. Anm. 2), S. 432.

Text zu ziehen, von denen der Text nichts weiß, sich über ihn zu ärgern, sich über ihn zu freuen, ihn zu vergessen, ihn zu plagiieren und das Buch, worin er steht, zu einem beliebigen Zeitpunkt in die Ecke zu werfen.

"Die Lektüre", triumphiert der entfesselte Autor, "ist ein anarchischer Akt." Sie ist, nimmt man sie ernst, allerdings Beliebigkeit und schrankenlose Willkür und somit, dürfen wir unsererseits bündig schließen, keine fortgesetzte oder erneuerte, sondern lediglich eine depravierte Form des Schillerschen "Spieltriebs":[47] im besten Falle Spielerei. (Oder sollten, allem Anschein zum Trotz, selbst hier noch echte Zusammenhänge vorliegen? Wäre vielleicht diese Art des Lesens eher ein kreativer, ja korrektiver Akt als ein anarchischer? Wir wollen uns rechtzeitig wieder darauf besinnen, daß und warum Enzensbergers Rede auf Jonathan Swift anspielt.) Was aber die armen – oder nicht so ganz armen – Deutschlehrer und Germanisten betrifft, so ist wohl gar, wie ich aus Frankfurt höre, dort eine neue 'Schule' im Werden, die mittlerweile bereits völlig enzensbergerisch *Wider einen planmäßigen Literaturunterricht* zu Felde zieht. Denn diese Ketzerei schrieb doch tatsächlich einer ihrer Vertreter – sprachlich richtiger als seinerzeit Lukács, der quixotisch *Wider den mißverstandenen Realismus*[48] antritt – kühn über seinen einschlägigen Aufsatz. Oder zumindest wollte er es...[49]

Wenden wir uns deshalb lieber nochmals den Schillerschen "Empfindungsweisen" und ihrer Ausprägung in Enzensbergers Lyrik zu!

---

47 Schiller, Bd. V, S. 612.
48 Vgl. Georg Lukács, *Wider den mißverstandenen Realismus*, Hamburg 1958. Der wahre Schuldige ist allerdings der Claassen Verlag, der nach eigenem Bekenntnis diesen schiefen Titel "gewählt" hat; vgl. S. 4. Der Lukács'sche lautete bezeichnenderweise *Die Gegenwartsbedeutung des kritischen Realismus*.
49 Der endgültige Titel liest sich nun nämlich etwas anders; vgl. Volker Bohn, *Literatur als Sozialfall? Plädoyer für einen planlosen Literaturunterricht*. In: *Freibeuter* Nr. 5 (Herbst 1980). Ob Bohn den Anklang an Lukács vermeiden wollte? Ob ihm schließlich vor seiner eigenen Courage angst geworden ist? Denn er geht zwar ausführlich auf Enzensberger ein, trägt aber ebenso nachdrücklich dafür Sorge, daß seine eigenen Erwägungen "nicht auf Enzensbergers Konsequenz hinauslaufen". Bedenkenswert und anregend sind Bohns Thesen aber gleichwohl.

Und ich meine damit nicht nur *verteidigung der wölfe*, sondern das lyrische Gesamtschaffen. So groß nämlich der Gegensatz zu den *Ästhetischen Briefen* ist oder im Lauf der Entwicklung des heute über Fünfzigjährigen geworden ist oder doch scheint, so groß ist nach wie vor dessen Gemeinsamkeit mit Schillers anderer Abhandlung. Ja, diese Gemeinsamkeit springt desto mehr ins Auge, als sie, vielsagend und widersprüchlich genug, ausgerechnet in Enzensbergers jüngstem, soeben erst erschienenem Gedichtband erneut in zwar verfremdeter, doch gleichwohl vertrauter Dreiheit zum Ausdruck gelangt. Gewiß, auch seine übrigen Gedichtbände seit 1957, einschließlich der mit dem Motto "Wer Weiß Obs Waar ist" versehenen *Gedichte 1955–1970*,[50] verraten auf Schritt und Tritt das Erbe des schwäbischen Klassikers — ob sie nun, wie anfangs, noch Georgescher Kleinschreibung huldigen oder diese, wie in der genannten Taschenbuchauswahl von 1971, bereits aufgeben. Ich brauche mich darauf nicht einzulassen und will mir auch das Wortspiel mit dem Begriff "Waar[e]", sosehr es sich aufdrängt, verkneifen. In dem Band *landessprache* (1960) stehen ja wirklich Satiren, die von einem, mit Schiller zu reden, "glühenden Unwillen" erfüllt sind;[51] und in dem Band *blindenschrift* (1964) dominieren mustergültige Idyllen, herb zwar und höchst persönlich, jedoch trotzdem von klassischer Strenge.[52] Ebenso stößt man überall auf verhalten trauernde Elegien, ja selbst auf gut Schillersche "oden".[53] Sogar die ebenfalls eigens als solche bezeichnete Schillersche "nänie", etwa dem "apfel" (d.h. der Erde) oder auch der "liebe" gewidmet, findet sich unter Enzensbergers Gedichten.[54]

Diejenige Sammlung indes, die seinem klassischen Erstlingswerk am nächsten kommt, ist aller Unterschiede ungeachtet seine vorläufig

---

[50] Hans Magnus Enzensberger, *Gedichte 1955–1970*, Frankfurt 1971. Das Motto befindet sich auf dem Umschlag.
[51] Vgl. Schiller, Bd. V, S. 723; ferner Hans Magnus Enzensberger, *landessprache*, Frankfurt 1960, bes. S. 5ff. (*landessprache*), S. 35ff. (*schaum*) u. S. 87ff. (*gewimmer und firmament*).
[52] Hans Magnus Enzensberger, *blindenschrift*, Frankfurt 1964.
[53] Vgl. insbes. *landessprache*, S. 51ff.
[54] Vgl. *blindenschrift*, S. 48f.

letzte, beziehungsreich *Die Furie des Verschwindens* betitelte vom Herbst 1980. Auch sie erweist sich selbstredend als schlechterdings sentimentalisch, ganz wie der Band *verteidigung der wölfe*, der nicht umsonst nunmehr neu aufgelegt wurde. Wiederum begegnet die Idylle, ja wortwörtlich "eine Reihe von Idyllen",[55] die abermals den ersten Teil bilden, doch jetzt freilich völlig ironisch sind, zuweilen sogar — der Begriff fällt — "sarkastisch". (Lapidar und unzweideutig heißt es an einer Stelle: "Idyllischer Stunk.")[56] Wiederum auch erscheint die Elegie, hier nicht minder ironisch *Psalm*[57] genannt und als ausgesprochen "langes Gedicht" (Walter Höllerer) den Mittelteil des Bandes umfassend; und wiederum ist dessen dritter Teil weitgehend der Satire vorbehalten, obwohl der Waschzettel — ein zu kluger Text, als daß er von jemand anderem als Enzensberger stammen könnte — geheimnisvoll von "Wach- und Schlafträumen, Meditationen und Geisterbildern" munkelt, die sich angeblich "einer thematischen Festlegung entziehen".[58] Zu allem Überfluß wird schließlich mit absurder Ausdrücklichkeit gefragt: "Utopien? Gewiß, aber wo?" Und die Antwort darauf lautet:

Wir sehen sie nicht. Wir fühlen sie nur
wie das Messer im Rücken.[59]

Enzensbergers Titelgedicht *Die Furie*, mit dem der Band endet, enthüllt sich in der Tat als das düster-vollkommene Gegenbild zu jeglicher Utopie: nämlich als ethnologische, soziologische, ökologische *Dystopie*.[60]

Doch das kann uns beim Verfasser eines apokalyptischen Epos sowie einer Sammlung von nicht weniger als *Siebenunddreißig Bal-*

---

55 Vgl. Hans Magnus Enzensberger, *Die Furie des Verschwindens. Gedichte*, Frankfurt 1980, S. 2; dort auch das folgende Zitat.
56 Ebd., S. 12.
57 Ebd., S. 2.
58 Vgl. ebd.
59 Ebd., S. 46.
60 Vgl. ebd., S. 86. — Zur Dialektik dieses Texts vgl. meinen Essay *Das Messer im Rücken* im vorliegenden Band.

laden aus der Geschichte des Fortschritts (die zugleich eine des Rückschritts ist, wohlgemerkt) kaum noch überraschen. Enzensbergers Balladensammlung, die sich sinnigerweise *Mausoleum* nennt und so schwer wie Schillers "ethisch begründete Ideenballade" (Gero von Wilpert) der Gattungsnorm einordnen läßt, wurde 1975 veröffentlicht,[61] sein Epos *Der Untergang der Titanic*, mit dem in vieler Hinsicht erhellenden Zusatz *Eine Komödie*, 1978.[62] Ein Jahr zuvor aber war vom selben Verfasser obendrein *Edward Lears Kompletter Nonsens* "ins Deutsche geschmuggelt" worden, wie Enzensberger heiter bekennt.[63] Von seinen jüngsten Idyllen gesteht er ebenfalls, sie seien nicht etwa nur "sarkastisch", sondern "ratlos" *und* "heiter".[64] Aber so ist im Grunde sein ganzes Gedichtbuch von 1980. Und wenn er fortfährt, dessen elegischer *Psalm* stelle den "Versuch einer Abrechnung" dar, so darf man auch diese Kennzeichnung getrost auf die zwei restlichen Teile des Bandes übertragen. Vollends jedoch gilt für *Die Furie des Verschwindens*, ja für Enzensbergers Schaffen insgesamt, daß "die Vermittlung zwischen Geschichte, Natur und Subjekt [. . .] nicht mehr gelingen" könne. Denn glaubt man hier nicht einen enttäuschten Schiller zu vernehmen? Doch "vielleicht", erwägt Enzensberger,

> ist mit solchen Auskünften schon zuviel gesagt. Um das Gedicht zu verstehen, braucht niemand seine theoretischen Implikationen zu entziffern [. . .].

So, seinerseits mit Fug und Recht, dieser hinterm Waschzettel versteckte Autor, der heute als *Fliegender Robert* (wie der Struwwelpeter-Titel seines vorletzten Gedichts lautet) sogar den Bannstrahl

---

61 Hans Magnus Enzensberger, *Mausoleum. Siebenunddreißig Balladen aus der Geschichte des Fortschritts*, Frankfurt 1975.
62 Ders., *Der Untergang der Titanic. Eine Komödie*, Frankfurt 1978.
63 *Edward Lears Kompletter Nonsens*. Ins Deutsche geschmuggelt von Hans Magnus Enzensberger, Frankfurt 1977.
64 Hierzu und zum Folgenden vgl. *Die Furie des Verschwindens*, S. 2. — Bei Peter Handke, *Die Stunde der wahren Empfindung*, Frankfurt 1975, S. 36 hieß es schon ganz ähnlich: "Selten war er bis jetzt so heiter gewesen, noch nie so hoffnungslos."

des "Eskapismus" nicht länger scheut, ihn vielmehr, als echter Klassiker, selbst auf sich herabzieht:

> Eskapismus, ruft ihr mir zu,
> vorwurfsvoll.
> Was denn sonst, antworte ich,
> bei diesem Sauwetter! –,
> spanne den Regenschirm auf
> und erhebe mich in die Lüfte.
> Von euch aus gesehen,
> werde ich immer kleiner und kleiner,
> bis ich verschwunden bin.[65]

Roberts akrobatische Flugkünste und die Furie des Verschwindens ergänzen einander. Was nämlich ist für Enzensberger eine Furie? Sie ist, doziert er "mit den Worten eines verstaubten Buches",

> 'ein rächender Geist, der [...] bald in unbestimmter Mehrheit, bald in der Einzahl erscheint. Die Furien rächen und strafen den Meineid, den Mord, die Vergewaltigung der Natur und tragen überhaupt dafür Sorge, daß Niemand [sic] seine Grenzen überschreite; sie gehen zu Werke, indem sie den Sinn des Schuldigen verwirren; übrigens gehören sie der Unterwelt an, womit auch die Fortdauer ihrer Rache nach dem Tode zusammenhängt.'[66]

Wie hieß es doch bei Schiller, dem Begründer sittlicher Ideenballaden, die demnach keineswegs so verstaubt sind, wie sein Erbe Enzensberger einst behauptete ... der sich natürlich, auch darin ein 'klassischer' Erbe, mitunter ein bißchen undankbar und widerspenstig gebärden muß? Es hieß: die sentimentalischen, satirisch-pathetischen, *strafenden* Dichter seien "die *Rächer* der Natur".

Aber damit breche ich mein theoretisierendes Entziffern dieser Texte endgültig ab. An seiner Statt empfehle ich deren Lektüre, obzwar nicht unbedingt die wild anarchische, eher schon die verspielte. Entrüstungsschreie, nicht zuletzt von Kollegen, und schulmeisterliche Flüche und Verwünschungen werden Enzensberger vermutlich auch

---

65 Vgl. ebd., S. 85.
66 Ebd., S. 2.

diesmal wieder entgegenschallen. Immerhin heißt eins seiner furiosen Gedichte, mit dem er die heutige Intelligentsia geißelt, unverblümt *Die Parasiten*. Man möge fragen, was man wolle, so seufzt er darin: niemand wisse Bescheid.

> Nur ein Beamter auf Lebenszeit, der links
> und lustlos stochert in gelblichen Theorien
> über den Mehrwert, gibt patzig Auskunft.[67]

Zugestanden, die Auskunft, die ich selber zu bieten vermochte, bleibt demgegenüber begrenzt. Aber einiges davon verdient vielleicht doch zusammengefaßt und zum Abschied präzisiert zu werden. Es gibt ja, was *Über naive und sentimentalische Dichtung* betrifft, einen anderen, älteren, weitaus berühmteren Fall produktiver Beerbung als denjenigen Enzensbergers: nämlich Thomas Manns großen Essay *Goethe und Tolstoi*, mit dem Untertitel *Fragmente zum Problem der Humanität*. Auch diese Schrift bezieht sich, und zwar ganz offen, auf "die Gedankenwelt des klassischen und umfassenden Essays der Deutschen, welcher eigentlich alle übrigen in sich enthält und überflüssig macht", wie Mann von Schillers Abhandlung bewundernd erklärt.[68] Nun, sein *Goethe und Tolstoi* von 1922 ist zweifellos hübsch geschrieben und heiter zu lesen oder, um mich ebenfalls bewundernd auszudrücken, ist seinerseits ein klassischer und umfassender Essay der deutschen Literatur. Aber was, sieht man genauer zu, geschieht darin eigentlich mit jener so uneingeschränkt gepriesenen "Gedankenwelt", dem Schillerschen Erbe? Mann entfaltet vor uns — überaus beeindruckend, kein Zweifel, und voll "unverbindlicher Herzlichkeit zwischen den Gegensätzen"[69] — nicht weniger, doch wahrhaftig auch nicht mehr als eine Dialektik des Genialen, will sagen das innige, vielfältig verschlungene Wechselspiel zwischen den göttlichen "Naturkindern" Goethe und Tolstoi, die im Mittelpunkt stehen, und daneben den heiligen "Geistessöhnen" Schiller und Dostojewski.[70] Es geht

---

67 Ebd., S. 81.
68 Thomas Mann, *Adel des Geistes. Sechzehn Versuche zum Problem der Humanität*, Frankfurt 1955, S. 160.
69 Vgl. ebd., S. 271.
70 Vgl. ebd., S. 272.

Mann ums Psychische, ja Physiologische, jedenfalls ums Persönliche, zugleich ums Ethische und Nationale, letzten Endes aber, wie er selber verrät, um die "Vornehmheitsfrage",[71] die er dann freilich nicht etwa löst, sondern ins Herzlich-Unverbindliche auflöst. "Eine hohe Begegnung zwischen Geist und Natur auf ihrem sehnsuchtsvollen Weg zueinander", so lautet sein Fazit, das sei "der Mensch".[72] Schillers Geschichtsbezug, der große geschichtsphilosophische Entwurf seiner klassischen Abhandlung, wird hier auf doppelte Weise zurückgenommen: indem er einerseits ins Zeitlose, Allgemeinmenschliche ausgeweitet und andererseits bis ins Individualpsychologische, ja Private verengt wird. Geschichte und Geschichtlichkeit fallen trotz schöner und zitierbarer Sprüche ("bevor nicht [. . .] Karl Marx den Friedrich Hölderlin gelesen hat")[73] nahezu vollständig aus. Hingegen ist es gerade das Festhalten an ihnen, die Bewahrung des Geschichtlichen und Geschichtsphilosophischen, was der Aneignung Schillers durch Enzensberger ihr besonderes Gepräge verleiht. Nicht in dem brillanten und von Verehrung erfüllten, aber im Grunde doch auch recht selbstgefälligen Essay des Lübeckers bezeugt sich die fortdauernde Aktualität Schillers, sondern in den Gedichtbänden seines vielgescholtenen Nachfahren aus Kaufbeuren.

Was jedoch *Die ästhetische Erziehung des Menschen* betrifft, so ist am Ende selbst in diesem Falle der Unterschied nicht dermaßen kraß und gravierend, wie es zunächst den Anschein hatte. Immerhin ging auch Enzensberger, nicht unähnlich Schiller, davon aus, daß das "politische Problem" irgendwie "durch das ästhetische" berührt und beeinflußt, wennschon nicht notwendig gelöst werden könne. Er bewegte sich damit im Kielwasser seines weiland Mentors Theodor W. Adorno, der bekanntlich in paradoxer Zuspitzung behauptet hatte, die "rücksichtslose Autonomie" der (ästhetischen) "Werke" werde "unwillkürlich" zum (politischen) "Angriff".[74] Denn: "Aufgabe von Kunst ist es, Chaos in die Ordnung zu bringen."[75] Kunst, namentlich

71 Ebd., S. 271.
72 Vgl. ebd., S. 238.
73 Ebd., S. 270.
74 Vgl. Theodor W. Adorno, *Noten zur Literatur III*, Frankfurt 1965, S. 128.
75 Ders., *Minima moralia. Reflexionen aus dem beschädigten Leben*, Frankfurt ³1962, S. 298.

als Dichtung, galt auch dem jungen Enzensberger als gesellschaftlich-geschichtliche Macht; Poesie und Politik waren für ihn in der Tat miteinander vermittelt. Sollte also sein poetischer Anarchismus, wie wir ja schon einmal argwöhnten, doch etwas mit Schillers ästhetischem Spieltrieb gemeinsam haben? Läge, aller Gegensätzlichkeit zum Trotz, sogar hier eine historische Wahlverwandtschaft vor? Bezeichnenderweise wird ja neuerdings, und nicht zufällig im Anschluß an Schiller, wieder die These vertreten, daß "die sprachästhetische Erfahrung die Macht des Faktischen als im Raum der Geschichte prinzipiell vorläufig und veränderbar" erweise:

> Eben dieser geschichtsphilosophische Ansatz aber ist konstitutiv für den von jeder verstandesfixierten Tatsächlichkeit entlasteten Eigensinn der sprachästhetischen Erfahrung, ohne den Kritikfähigkeit gegenüber Zwecken, Funktionen, Institutionen nicht simuliert und geübt werden könnte und der Schrecken über eine bloß objektive Welt beängstigende Ausmaße annehmen müßte.[76]

Ist nicht eine solche — beherzt aktualisierende — Deutung Schillers zugleich eine seines späten Jüngers? Nämlich noch und gerade auch des reifen, bloß scheinbar "kindlichen" oder gar "kindischen" Enzensberger, von dem jener skeptisch-ernüchterte, durchaus satirische "Vorschlag" stammt, die Jugend "vor den Erzeugnissen der Poesie" zu *schützen*? Zumindest die Frage danach muß, finde ich, gestattet sein.

Übrigens begegnen Ernüchterung und Skepsis nach all der Hochbewertung des Poetisch-Ästhetischen nicht erst bei ihm. Bereits Schillers eigene Abhandlung mündet ja, wie bekannt, in die resignierte, doch keineswegs hoffnungslose, obschon in sich widersprüchliche Einsicht, daß der "Staat des schönen Scheins [. . .] wohl nur [. . .] in einigen wenigen auserlesenen Zirkeln" existiere.[77] Und umgekehrt möchte ich beinah glauben, daß auch Enzensberger trotz der vielen Widersprüche und resignativen Züge, die man ihm aufrechnen kann, an seiner einschlägigen Erkenntnis von 1968 festhält und festzuhal-

---

76 So Dieter Kimpel in seinem Aufsatz *Die Hermeneutik des 'Als-Ob'*, den er mir freundlicherweise im Manuskript zugänglich machte.
77 Vgl. Schiller, Bd. V, S. 669.

ten gewillt ist. "Kurzfristige Hoffnungen sind eitel", schrieb er damals. "Langfristige Resignation ist selbstmörderisch."[78] Enzensberger hat zwar mittlerweile ein der Barbarei des Fortschritts gewidmetes *Mausoleum*, einen apokalyptischen *Untergang der Titanic*, eine dystopische *Furie des Verschwindens* veröffentlicht; aber dieses Wort hat er meines Wissens nie widerrufen.[79]

Nein, die Akten sind noch beileibe nicht geschlossen. Mögen gewisse Meinungen über Friedrich Schiller, orthodoxe oder häretische, auch dogmatisch "festgemauert" sein: "entbehrlich" ist dessen klassisches Erbe – das zeigt niemand deutlicher als Hans Magnus Enzensberger – darum noch lange nicht.

---

[78] Hans Magnus Enzensberger, *Postskriptum*. In: *Kursbuch* 11 (1968), S. 168.
[79] Dazu auch ders., *Zwei Randbemerkungen zum Weltuntergang*. In: *Kursbuch* 52 (1978), S. 1ff.

DAS MESSER IM RÜCKEN

Utopisch-dystopische Bildlichkeit bei Hans Magnus Enzensberger
(1982)

> "Gleich bin ich fertig; an meinem Leumund
> liegt mir nichts; mein Abschreiber,
> mein Polyp, mein Blutegel, Professor Fels,
> der 'über mich arbeitet' — einer von denen —,
> siehe, er langweilt sich schon."
> (HME, *Die Frösche von Bikini*; 1980)

1. Pasticcio und Cento. "Das", läßt er sich zurufen, "ist kein Gedicht! das ist ein Pasticcio!" Ja, er ruft es — halb heiser, halb heiter — sich selber zu. Wer? Der Dichter des Versepos *Der Untergang der Titanic*, dantesk *Eine Komödie* betitelt, 33 Gesänge nebst 16 Bildentwürfen und anderen Zwischentexten stark, erschienen in Deutschland im Herbst 1978. Also Hans Magnus Enzensberger, der hier selbstironisch sein poetisches Verfahren benennt. Was nämlich ist ein Pasticcio oder, geläufiger, ein Pastiche? Das zuständige *Dictionary of World Literature* erläutert: "*Pastiche; pasticcio* (It. *pasta*, paste). A work patched together from various sources (esp. all from one author) as a parody. Hence, an imitation of another's work." Eng verwandt ist die Form des Cento, die ganz ähnlich definiert wird: "A literary patchwork, usually verse, of the classics" (usw.). Das lateinische Wort *cento* bezeichnet eine "zusammengenähte Decke" oder "Matratze"; einen "Lumpenrock", ein "aus Lumpen zusammengeflicktes Kleid"; dann "Flickwerk" überhaupt. Literarisch bedeutet es: "Flickgedicht, ein aus Zitaten (ganzen Versen, Versteilen, Redewendungen, Bildern) vorbildlicher Dichter (bes. Homer und Vergil) zusammengesetztes Gedicht. Voraussetzung ist erstaunliche Belesenheit des Dichters sowie genaue Kenntnis der als 'Steinbruch' benutzten Werke beim Publikum." Ein Cento ist zum Beispiel das Hochzeitscarmen des spätrömischen Poeten Ausonius oder die aus lauter Vergil-Zitaten bestehende *Sacra Aeneis* des Etienne de Pleure von 1618; selbst Brants *Narrenschiff* wird in diesem Zusammenhang erwähnt. Und die fromme Kaiserin Eudoxia schrieb ein Leben Jesu, das sie ausschließlich mit Versen aus dem Homer bestritt. Sie schrieb es nicht eigentlich: sie schrieb es ab. Vorhandenes aufgreifend und umkehrend, zitierte, montierte sie.

2. Ad vocem 'abschreiben'. "Montierte Zitate" und "ironische Umkehrung" begegnen auch, als simplere Stichworte, in der Autornotiz zu dem Band *Gedichte 1955–1970*, den der künftige *Titanic*-Sänger und selbsternannte Pasticcinaio 1971 veröffentlichte. Freilich, *Montierte Lyrik* hatte schon "Fels" oder sonst "einer von denen" über einen Aufsatz geschrieben, als man sich 1957/58 erstmals mit Enzensberger beschäftigte. Denn dessen lyrisches Gesamtwerk bildet tatsächlich von Anfang an – unter anderm, wohlgemerkt, und in bestimmtem, nicht zuletzt utopisch-dystopischem Sinne – ein einziges riesiges Gedicht, eben ein Cento oder Pasticcio, und kann somit ruhig auch mit den entsprechenden Mitteln dargestellt werden. (Vielleicht muß es dies sogar? Neuerliches Zitieren jedenfalls; neuerliches Montieren. Abschreiben, aber in zweiter Potenz.) Siehe, man langweilt sich ja noch gar nicht so sehr.

3. Etikette, auch Kuckucke. Zunächst galt Enzensberger als "zorniger junger Mann". Das ist lange her. Inzwischen sind andere, bald klügere und bald dümmere Etikette aufgetaucht. Eins davon, "Revolution als Metapher", stammt nicht zufällig von 1970. Gemeint war, daß Enzensberger, der politisch Engagierte, fast Enragierte, trotz seiner sozialrevolutionären Gestik lediglich eine "solipsistische Handlung" verübe, mithin nichts als "eine Art Selbstverwirklichung" suche. Doch dergestalt attackiert zu werden, fand der Betroffene gesprächsweise, sei beim ersten Male immerhin interessant. Desto öder mußte es ihm aufstoßen, als derlei fünf Jahre später wirr und wortreich wiedergekäut wurde. Mit der plumpen Faust eines literarischen Gerichtsvollziehers klebte, nein klatschte ihm da jemand, der Vorhandenes bestenfalls breittrat, schlimmstenfalls ausschrieb, Kuckuck nach Kuckuck auf. Enzensberger sei "der typisch romantische Intellektuelle", gekennzeichnet durch "Spieltrieb" und ständige "Selbstinszenierung"; er sei einfach ein Poseur, dessen "eigene Subjektivität" sich überall vordrängle und dem die Welt "nur zur Entfaltung seiner besonderen preziösen Ichs" diene. Wenn einer Flair hat, kein Klotz ist und gut schreiben kann, wird er halt manchen in deutschen Landen nach wie vor gleich unheimlich. Seltsam bloß, daß die Einwände der alten Oberlehrer, vergröbert, heute von Jungen, Linken oder weiland Linken, erhoben werden. Die sittliche Entrüstung der Rauschebärte von ehedem, die sich gern würdig und am liebsten goethisch gab, ist einer Mischung aus Patzigkeit und Perfidie gewichen. (Beleg für letztere: Um Enzensberger zu 'entlarven', bemüht dieser Kritiker Carl Schmitts berühmt-berüchtigtes Buch *Politische Romantik*. Er preist es geradezu als "Offenbarung" und schließt: "Nun bedeutet Schmitt natürlich die Nähe zum Faschismus, und [. . .] natürlich ist Enzensberger kein Faschist. Aber es läßt sich [. . .] an seinem Beispiel ein Problem studieren, das durch die ganze neuere deutsche Literatur geht, daß man nämlich bei den Leuten, die sich revolutionär äußern, nie genau weiß, ob sie nun rechts oder links stehen; meistens stehen sie rechts und links zugleich. Vor diesem Hintergrund kann man etwa Äußerungen – bewundernde Äußerungen – des linken Alfred Andersch über den rechten Ernst Jünger lesen und entschlüsseln. Und der Weg von Ernst Jünger zu Carl Schmitt [. . .] ist ja nicht weit." Der von Enzensberger zu Andersch erst recht nicht, wie ja ebenfalls bekannt. Übrigens wurde man sicherheitshalber daran erinnert . . .) Was soll man auf solche Praktiken entgegnen? Am Ende nicht mehr als dies: Abschreiben und Ausschreiben ist zwar das gleiche, aber nicht dasselbe. Und Pasticcione – um bei unserem Etym zu bleiben – heißt neben "Pfuscher" auch "Schwindler".

4. Vom hohen Stuhl herab. Ein weiteres Schildchen lautet "Chorführer der Neuen Aufklärung" und datiert von 1980. Geprägt hat es jemand, dem man gewiß nicht nachsagen kann, sich irgendwann in linke Gebreiten verirrt zu haben, der vielmehr als der "wohl schärfste Kritiker Enzensbergers" von rechts gilt. Dieser Kritiker nun, Mehrfachprofessor und Akademiemitglied seines Zeichens, hat vor seiner Emeritierung rechtzeitig *ex cathedra* verfügt, und zur Sicherheit zweimal, daß die Entwicklung des Lyrikers Hans Magnus Enzensberger schnurstracks von einer einst positiven zu einer jetzt negativen Utopie verlaufen sei. Bewirkt habe solch beispielhafte

Bekehrung (verhaltener Jubel bebt zwischen den Zeilen) selbstverständlich die 'Tendenzwende' — wobei allerdings ein wenig befremdet, daß der also Bekehrte trotzdem ein "doppelzüngiges" Geschöpf sein soll. Es wird nämlich keineswegs aufs Kuckuckskleben verzichtet; man bereichert das "radikal Subjektive, gewissermaßen Narzißtische" sogar noch um dessen "sophistische Ubiquität des Arguments". Andererseits ist der Emeritus jedoch gewieft genug, um zu wissen, daß 'Verspieltheit' keinen Einwand bedeutet. Welcher Künstler oder Dichter besäße sie nicht? Und vollends bei Enzensberger schließt sie Allgemeingültigkeit mitnichten aus, sondern in ungewöhnlichem Maße ein. Von seinem Gedicht *Utopia* aus dem Erstlingsband *Verteidigung der Wölfe* von 1957 wird übrigens glatt und allen Ernstes behauptet: "Mehr als zehn Jahre vor den Pariser Mai-Ereignissen des Jahres 1968 [wurde] hier die Thematik der großen internationalen Studentenrevolte in ihren wesentlichen Zügen vorweggenommen." Daran ist etwas Wahres. Das Utopische, kein Zweifel, ist Enzensbergers "markantestes Motiv". Auch und gerade die Bilder, die er von ihm entwirft, bestätigen aufs neue, daß er im Brechtschen Sinne "der wichtigste Schriftsteller seiner Generation" ist. Oder bescheidener ausgedrückt: "Keiner darf heute mit größerem Recht als repräsentativ gelten; an keinem Werk lassen sich so seismographisch genau wie an seinem die Erschütterungen, Ängste und Hoffnungen der letzten zwei Jahrzehnte, ja der gesamten Epoche ablesen." Freilich auf andere Weise, als dem Emeritus scheint.

5. *Weitere Verfügungen.* Ein Text wie *Utopia* (oder auch *Sieg der Weichseln*, aus demselben Band) würde demnach, von hoher Warte betrachtet, Enzensbergers positiv Utopisches markieren, seine Utopie schlechthin, ein Text wie *Der Untergang der Titanic* hingegen Enzensbergers negativ Utopisches, seine absolute Dystopie. Dazwischen hätte er, bereits um 1970 nachweisbar, einen vom "Scheitern" jener Revolutionsereignisse verursachten "Stimmungsumschwung" erlitten, ja "dialektischen Seitenwechsel" vollzogen: er wäre, kurz und gut, von Ernst Bloch und dessen *Prinzip Hoffnung* zum "Prinzip Katastrophe" übergegangen. Katastrophe muß dabei natürlich im griechischen Wortsinn verstanden werden, "als Umkehr, Umwendung, Peripetie", Scheitern ebenso natürlich "nicht so sehr als ein

praktisch-politisches Mißlingen, sondern als das Ungültigwerden eines ganzen Systems der politischen Philosophie, will sagen als der Zusammenbruch — im Bewußtsein des Verfassers — jenes Großen [o gelehrte Anspielung] hegelianisch-marxistischen Welttheaters, das noch bei Bloch unangefochten in Kraft gewesen ist." *Voilà tout.* Daß im Mai 1978, gleichsam zum Jubiläumstermin der gescheiterten Revolte und im *Titanic*-Jahr obendrein, von Enzensberger *Zwei Randbemerkungen zum Weltuntergang* erschienen, liefert willkommenes Wasser auf dieses Kritikers Mühlen, der nun, tief befriedigt und beinah schon wohlwollend, konstatieren zu dürfen glaubt, daß sein enttäuschter "Chorführer" allen aufklärerischen Illusionen endgültig abgeschworen habe.

6. *Nel mezzo del cammin.* In der Tat heißt es in den *Zwei Randbemerkungen*, nicht etwa ihr Verfasser, sondern die linke Theorie, "gefesselt an die philosophischen Traditionen des deutschen Idealismus", weigere sich "bis heute zuzugeben, was jeder Passant längst verstanden hat: daß es keinen Weltgeist gibt; daß wir die Gesetze der Geschichte nicht kennen; daß auch der Klassenkampf ein 'naturwüchsiger' Prozeß ist, den keine Avantgarde bewußt planen und leiten kann; daß die gesellschaftliche wie die natürliche Evolution kein Subjekt kennt und daß sie deshalb unvorhersehbar ist; daß wir mithin, wenn wir politisch handeln, nie das erreichen, was wir uns vorgesetzt haben, sondern etwas ganz anderes, das wir uns nicht einmal vorzustellen vermögen; und daß die Krise aller positiven Utopien eben hierin ihren Grund hat". Richtig. Und in der Tat trifft ferner zu, daß Enzensberger, als er 1970 seine Gedichtauswahl aus anderthalb Jahrzehnten vorbereitete, auch ausgesprochen 'Negatives' beileibe nicht ausließ, sondern bewußt aufnahm; ja, man könnte sogar, den besagten Emeritus stützend, zusätzlich bemerken, daß der düsterste und auswegloseste Text der Sammlung, nämlich *Das wirkliche Messer*, den Schluß des Bandes markiert, der hellste und überschwenglichste aber, *Utopia*, unverkennbar den Anfang. Hat also nicht Enzensberger, indem er gerade dieses Gedicht, das ursprünglich nach und zwischen vielerlei 'Positivem' stand, an den Beginn und jene beklemmende Dystopie ans Ende rückt, tatsächlich die ihm unterstellte Entwicklung nicht bloß erfahren, sondern auch eingesehen

und willentlich angenommen? Hat er nicht damit, auf halbem Lebensweg sozusagen, seinen vollen Gesinnungswandel selber bezeugt (zu schweigen von seiner späteren, epischen, ausdrücklichen Fahrt ins *Inferno*)?

7. *Close reading*. Denn welch ein Unterschied zwischen den beiden Gedichten! Zum einen *Utopia*:

> Der Tag steigt auf mit großer Kraft
> schlägt durch die Wolken seine Klauen.
> Der Milchmann trommelt auf seinen Kannen
> Sonaten; himmelan steigen die Bräutigame
> auf Rolltreppen; wild mit großer Kraft
> werden schwarze und weiße Hüte geschwenkt.
> Die Bienen streiken. Durch die Wolken
> radschlagen die Prokuristen,
> aus den Dachluken zwitschern Päpste.
> Ergriffenheit herrscht und Spott
> und Jubel. Segelschiffe
> werden aus Bilanzen gefaltet.
> Der Kanzler schussert mit einem Strolch
> um den Geheimfonds. Die Liebe
> wird polizeilich gestattet,
> ausgerufen wird eine Amnestie
> für die Sager der Wahrheit.
> Die Bäcker schenken Semmeln
> den Musikanten. Die Schmiede
> beschlagen mit eisernen Kreuzen
> die Esel. Wie eine Meuterei
> bricht das Glück, wie ein Löwe aus.
> Die Wucherer, mit Apfelblüten
> und mit Radieschen beworfen,
> versteinern. Zu Kies geschlagen,
> zieren sie Wasserspiele und Gärten.
> Überall steigen Ballone auf,
> die Lustflotte steht unter Dampf:
> Steigt ein, ihr Milchmänner,
> Bräutigame und Strolche!
> Macht los! Mit großer Kraft
> steigt auf
>   der Tag.

Dagegen zum andern *Das wirkliche Messer*:

Es waren aber Abertausend in einem Zimmer
oder einer allein mit sich oder zwei
und sie kämpften gegen sich miteinander

Der eine war der der Der Mehrwert sagte
und dachte an sich nicht und wollte von uns
nichts wissen Die Lehre sagte er her
Das Proletariat und Die Revolution
Fremdwörter waren in seinem Mund wie Steine
Und auch die Steine hob er auf
und warf sie Und er hatte recht

Das ist nicht wahr Und es war der andere
der dies sagte Ich liebe nur dich
und nicht alle Wie kalt meine Hand ist
Und der fressende Schmerz in deiner Leber
kommt nicht vor in den Losungen Wir
sterben nicht gleichzeitig Wer erst
hat wenn wir uns freuen recht? Und er hatte recht

Aber Und so fuhr der andere fort Fortan
kann ich deinen Fuß nicht zurück
setzen Wer soviel wie wir weiß
hilft sich so leicht nicht und Ich
komme nicht mehr in Betracht Also komm
in die Partei und so fort Auch wenn
wir nicht recht haben Und er hatte recht

Das wußte ich immer schon daß du das
was du selber nicht glaubst
Das sagte der andere Vor uns hin
Wie ein Messer schleppst Doch hier
steckt es schon bis zum Heft
in deinem Fleisch Das Messer
Das wirkliche Messer Und er hatte recht

Und dann starb der eine und der andere
auch Aber nicht gleichzeitig
Und sie starben alle Und dann
schrieen sie und kämpften gegeneinander
mit sich und liebten und freuten

> und unterdrückten sich
> Abertausend in einem Zimmer
>
> Oder einer mit sich allein oder zwei
> Und die halfen sich Und sie hatten recht
> Und sie konnten einander nicht helfen.

Anarchisch und surreal zwar sind beide Gedichte, auch gleichermaßen furios. Doch im ersten tobt das Chaos eines hemmungslosen Ausbruchs aus allen Bindungen, im zweiten dasjenige einer unaufhaltsamem, immer heilloseren Verstrickung in sie. Ebenso enthält jedes der zwei Gedichte Formelemente des Cento oder Pasticcio. Das ist besonders deutlich in *Utopia*, wo ja die perfekte Ordnung auf der Insel des Thomas Morus, von der es seinen Titel entlehnt, ironisch auf den Kopf gestellt wird und außerdem, wie bekannt, Teil- und Kryptozitate aus Wolfram von Eschenbachs *Tagelied* und Schillers Abhandlung *Über naive und sentimentalische Dichtung* eingeschoben werden, um so einerseits die elementare Gewalt der Befreiung, andererseits deren kindhafte, geradezu paradiesische Unschuld in Bild und Begriff zu fassen. Vergleichbares leisten in *Das wirkliche Messer*, nur eben in dystopischer Funktion, Floskeln aus dem ideologischen Sprachschatz sowie Verse und Vorstellungen namentlich aus Brechts *Mahagonny*-Oper und der vielgelesenen Anthologie *Mein Gedicht ist mein Messer*, für deren Ausgabe von 1961 Enzensberger einen Beitrag schrieb, der nicht umsonst bereits ein beziehungsreiches Wechselspiel zwischen bildlichem und wirklichem Messer entfaltete (die sich übrigens beide mit Vorliebe nicht bloß irgendwo im Fleisch, sondern eben im Rücken aufhalten).

8. Rückbesinnung. Wie aber? Jener "schärfste Kritiker" hätte ja somit doch recht mit seinem widerspruchslosen, schnittmusterhaften, von einem erbaulichen Damaskuserlebnis gekrönten Entwicklungsgang? Hie Utopie, hie Dystopie? – Gemach! Unter anderem bedeutet *pasticcio* "eine verwickelte Geschichte". Sieht man nämlich genauer zu, so stellt man fest, daß *Das wirkliche Messer* in Enzensbergers Auswahl gar nicht der allerletzte Text ist, daß vielmehr ein weiterer, *Hommage à Gödel*, folgt, der ausgerechnet in einer paradoxen Überwindung gipfelt, daß aber umgekehrt neben *Utopia* nicht allein *Sieg der Weichseln* steht, sondern auch, beispielsweise, die trostlose Elegie *Aschermittwoch*. Ja, selbst die zwei gänzlich konträren Zukunftsentwürfe sind, so besinnt man sich plötzlich, nicht ohne Widersprüche. Vollends aber finden sich bei Enzensberger keineswegs erst seit irgendeiner 'Wende', sondern wiederum schon von seinem Debüt an poetische Visionen, die unleugbar dystopisch und manchmal sogar, verwirrend genug, dystopisch und utopisch zugleich sind. Schon in *Verteidigung der Wölfe* zeichnen sich apokalyptische Katastrophenphantasien ab; schon damals "kriecht ein Gewölk" herauf, das den kollektiven "Tod" verkündet und mit *Landessprache* (1960) und *Blindenschrift* (1964) immer bedrohlicher wächst und wuchert, ohne doch den Drang zur Auflehnung, den Willen und die Fähigkeit zu anderen, ändernden Entwürfen auf die Dauer lähmen zu können. Am meisten frappiert diese Dialektik – denn hier ist das häufig mißbrauchte Wort einmal angebracht – vielleicht in einem Text wie *Doomsday*, der schließlich nichts Geringeres als den Jüngsten Tag oder Weltuntergang ins Gegenteil verkehrt. Die 'wahre' Katastrophe, so meldet er, wäre da, wenn die Nachricht "über uns käme", daß sie für immer ausbleiben wird. Warum?

    Verloren wären wir:
    wir stünden am Anfang.

Doch die drohenden Vorzeichen überwiegen. *Countdown, Isotop, Das Ende der Eulen*: solche Titel sprechen für sich, nicht anders als *Spur der Zukunft*. Weder mit dem angeblichen "Stimmungsumschwung" noch mit dem dazugehörigen "Seitenwechsel" hat es, allem Anschein zum Trotz, bei Enzensberger seine Richtigkeit. Was man wahrnimmt, ist eher ein diffuses utopisch-dystopisches Kontinuum. Allenfalls die Gewichte haben sich verlagert. Oder um nochmals mit Enzensberger zu reden: "Die Zukunftsbilder, die die Menschheit sich entwirft, Utopien im positiven wie im negativen Sinn, sind nie eindeutig gewesen." Sie sind es am allerwenigsten bei ihm selber.

9. *Das Prinzip Messer.* Daß man entsprechende Zeichen, freilich mehr diskursive als metaphorische, auch an Enzensbergers *Siebenund-*

dreißig Balladen aus der Geschichte des Fortschritts ablesen könnte, seinem 1975 einem faulenden Mythos errichteten *Mausoleum*, versteht sich. Zwingender ist jedoch das Enzensbergersche Messer. Nicht bloß im Fleisch oder Rücken nämlich steckt es, sondern, "bis zum Heft", im Kern der utopisch-dystopischen, dystopisch-utopischen Bildlichkeit dieses Dichters; ja, es scheint ihm nachgerade zur förmlichen Obsession geworden zu sein. Es ist ebensosehr *idée fixe* wie lakonische Chiffre und unerschöpfliches Potential für Pastiche. Vor allem im Epos vom *Untergang der Titanic*, das ja bezeichnenderweise, und zwar in ein und demselben zentralen Gesang, jene gattungspoetische Selbstbezichtigung vornimmt, läßt Enzensberger es unentwegt funkeln oder zwischen etwelchen Schulterblättern ragen. In der Regel ist er dabei sein eigenes Opfer; doch kann er gleichzeitig auch ein anonymes "Wir" vertreten. Das geschieht insbesondere in seinem neuesten, 1980 gedruckten Gedichtband *Die Furie des Verschwindens*, wo er mit aller nur wünschbaren Handgreiflichkeit (und notgedrungen Vieldeutigkeit) sarkastisch schreibt:

> Utopien? Gewiß, aber wo?
> Wir sehen sie nicht. Wir fühlen sie nur
> wie das Messer im Rücken.

Das eigentliche, das Meisterstück eines solchen Pasticcio ist und bleibt aber Enzensbergers Bericht vom "Untergehenden Schiff, das ein Schiff und kein Schiff ist" (und noch dieses Stichwort ist in dem obenerwähnten, sogar räumlich die ungefähre Mitte des Buches bildenden Gesang, einer erregten Wechselrede, enthalten).

10. Il m'est permis de reprendre mon bien où je la trouve. Das wohl verwirrendste und rätselhafteste der Bildgedichte, die in Enzensbergers konkret-metaphorischen Schiffsuntergang einmontiert sind, trägt die Überschrift *Ruhe auf der Flucht*. Es entwirft aber gerade nicht die altvertraute Idylle, sondern entfaltet eine total verfremdete, buchstäblich 'verkehrte' Welt aus Wolken und schwarzen Elefanten, einer Feuersbrunst, Schwänen und hohen Türmen, aus Schimmelfäden, Lanzen und den Überresten eines Geräderten; all das und mehr ebenso "lautlos" wie "undurchdringlich". Man hat deshalb, trotz des Titelzusatzes *Flämisch, 1521*, von einer "chiricohaften Erstarrung" gewispert und überdies dekretiert, der Dichter sei dabei von W.H. Auden angeregt worden, ja habe dessen Gedicht *Musée des Beaux Arts* "mit unmißverständlicher Deutlichkeit" nachgeahmt. Weitaus wahrscheinlicher ist jedoch, daß neben den niederländischen (oder auch deutschen) Malern des 16. Jahrhunderts, deren Spuren ja offenkundig sind, niemand anders als der Stückeschreiber Brecht mit seinen Notaten über *Verfremdungseffekte in den erzählenden Bildern des älteren Breughel* hier Pate gestanden hat; und ganz unbestreitbar dürfte sein, daß das Ergebnis der Enzensbergerschen Gestaltung, ob als echte Bildbeschreibung oder als Pasticcio und Cento, den "Poeten" HME abermals als den vollkommenen "Scherenschleifer" ausweist, als der er in *Mein Gedicht ist mein Messer* seinerzeit angetreten ist. ("Scherenschleifer" = *il miglior fabbro* im Gewand affektierter Bescheidenheit.) Dieses Gedicht also, *Ruhe auf der Flucht*, beginnt und endet folgendermaßen:

> Ich sehe das spielende Kind im Korn,
> das den Bären nicht sieht.
> Der Bär umarmt oder schlägt einen Bauern.
> Den Bauern sieht er,
> aber er sieht das Messer nicht,
> das in seinem Rücken steckt;
> nämlich im Rücken des Bären.
>   [. . .]
> Nichts ahnend [. . .]
> lebe ich weiter. Ich gehe fort.
> Ich habe dies alles gesehen, nur
> das Messer, das mir im Rücken steckt, nicht.

Völlig verschieden davon und doch lapidar übereinstimmend heißt es in Enzensbergers poetologischer Selbstdeutung, dem bereits mehrmals erwähnten Wechselgespräch (worin er sich, Meister auch des Vexierspiels, in eine unpersönliche Er-Figur und ein dieser feindlich gesinntes Kollektiv aufspaltet):

> Am liebsten hätten wir ihm vor Ärger des Brotmesser
> in den Rücken gestoßen.

Doch das ist noch keineswegs alles. "Obstmesser" nämlich (die den Gedanken nahelegen, "ob es Metaphern gibt mit so spitzen Klingen") kommen ebenfalls vor; ja, umgekehrt ist sogar von bedeutungsschweren "Tranchiermessern" die Rede, von denen "er" freilich (der doch von sich bekennt: "ich lehre") nichts wissen möchte, als man ihn "wörtlich" fragt:

> Und worauf [...] willst du hinaus mit deinen Märchen
> über die Malerei, über Gordon Pym, Bakunin und Dante?

"Ihr vergeßt", so lautet ("in verächtlichem Ton") "seine" entscheidende Antwort,

> auch ich habe Menschenfleich gegessen, genau wie ihr
> und wie Gordon Pym!

11. Fazit, prompte Botschaft und sofortiger Einspruch. Der Wink, den Enzensberger hier gibt, ist allerdings einer mit dem Zaunpfahl oder (so könnte man finster scherzen) mit dem Messer. Denn gemeint ist natürlich – das hat auch unser scharf kritisierender Emeritus gemerkt – *The Narrative of Arthur Gordon Pym* von Edgar Allan Poe, veröffentlicht erstmals 1837. Pym sei, wird uns vom Kritiker zutreffend mitgeteilt, "Ich-Erzähler und Titelheld" aus Poes "grauenüberfülltem Roman einer Seereise in die Antarktis"; seiner, Pyms, Geschichte entstamme "das Schreckensbild 'Messer im Rücken'": weil nämlich dort "vier durch Hunger und Durst zum Wahnsinn getriebene Exemplare des Genus humanum beschließen, das Los entscheiden zu lassen, wer von ihnen geschlachtet werden soll, um die Überlebenden mit seinem Blut zu tränken und mit seinem Fleisch zu sättigen". Fazit, ja prompte Botschaft? Dieser Pym, "als ein geheimnisvoll archaisches Sinnbild menschlichen Unglücks", erlaube uns zu erkennen, "was es mit dem moralischen Status des Menschen im Zeichen der 'negativen Utopie' auf sich hat". – Sofortiger Einspruch: Voraussetzung für ein funktionierendes Flickgedicht (und je genialer dieses, desto nötiger jene) ist nicht allein die "erstaunliche Belesenheit des Dichters", sondern gleicherweise die "genaue Kenntnis der [...] benutzten Werke beim Publikum". Und erst recht beim Kritiker. Und gerade da hapert es.

12. Pym und einige seiner Fahrtgenossen. Weder Poes auf die *Titanic* verschlagener Titelheld noch jene (bildlichen oder wirklichen) Messer sind auf ein einsinniges Fazit beschränkt, sowenig wie auf ein einmaliges Erscheinen. An weiteren Beispielen mangelt es nicht. Gast oder Passagier des Luxusdampfers wie Pym, gesteht etwa ein vermeintlich mit "Märchen", in Wahrheit mit Menschen befaßter "Maler" (und zwar von den das Schiff eine Weile spukhaft bevölkernden "Nomaden", die auch als "Herren im Burnus" apostrophiert werden): "Ich fürchte mich vor ihren Messern." Ebenso bezieht eine lange, nicht minder symbolische, ironisch mit *Innere Sicherheit* überschriebene Textmontage ihr Motiv bis in Einzelheiten aus Pyms Geschichte; denn wie dieser ist ihr Ich-Erzähler unter Deck, ja in einer "Kiste" eingeschlossen und wäre, wenn keine Hilfe von außen käme, rettungslos verloren, da sich der Deckel trotz aller Anstrengung kaum oder nur einen Spaltbreit heben läßt. Sollten nicht vielleicht beide Befunde zu denken geben? Sicher scheint jedenfalls, ob mit oder ohne Ironie, daß wie das gesamte Enzensbergersche Epos auch der gesamte Poesche Roman hier im Spiel ist, nicht lediglich eine Episode. – Übrigens beginnt diese im Original mit den Sätzen: "I recovered from my swoon in time to behold the consummation of the tragedy in the death of him who had been chiefly instrumental in bringing it about. He made no resistance whatever, and was stabbed in the back by Peters, when he fell instantly dead." Zusammen mit Pym ist der Mestize Peters der einzige, der überlebt; ausgerechnet derjenige aber, welcher als erster auf den grausigen Ausweg verfiel und ihn am hartnäckigsten zu verwirklichen trachtete, "fällt" ihm zum Opfer. Sollte nicht derlei ebenfalls wieder zu denken geben? – Und wie verhält es sich gar mit den neben Pym Genannten, also Bakunin und Dante? Zu Recht hat man festgestellt, daß die anarchistische Praxis des Russen und die der Systemkritik gewidmete Wissenschaftstheorie der Moderne auf die gleiche paradoxe Lösung hinauslaufen: nämlich auf eine, die "weder beweis- noch widerlegbar" ist. So Enzensbergers *Hommage* für den Mathematiker Kurt Gödel; und auch von Bakunin heißt es demgemäß, nichts habe ihn "widerlegt", er nichts "bewiesen". Ja, nicht einmal der Dichter, der wie Dante "Kunst macht", ist damit "widerlegt" oder "gerechtfertigt", wußten schon 1968 (!) gewisse *Gemeinplätze, die Neueste Literatur betreffend* – mit denen, wie viele noch immer wähnen, die Kunst und die Dichtung von Enzensberger ein für allemal abgeschafft werden sollten.

13. Flaschenpost aus dem Abgrund. Ist Bakunin ein "Sinnbild menschlichen Unglücks", sein Tun oder Leiden "Zeichen der 'negativen Utopie'"? In Enzensbergers utopisch-dystopischer Chiffrenschrift wohl schwerlich. Dreimal wird jenem — als einzigem unter siebenunddreißig — im *Mausoleum* zugerufen: "Kehr wieder!" Und kehren nicht in *Das wirkliche Messer* die Gestorbenen tatsächlich wieder, um paradoxerweise weiterzuleben, weiterzulieben und, zugegeben, weiterzukämpfen? Zieht sich nicht Gödel wie Münchhausen am eigenen Schopf aus dem Sumpf? (Lehrt er es nicht zumindest?) Auch Pym in Poes *Narrative* kehrt, wie Dante aus dem *Inferno*, am Ende wieder. Das Telos des Poeschen Romans ist, so Schreckliches er enthält, nicht die Katastrophe oder, im übertragenen Sinn, die Apokalypse, nicht der Untergang und damit die Einsinnigkeit der negativen Utopie. Statt dessen müßte man beinahe von deren 'Transfiguration' sprechen. Wie nämlich endet Pyms und Peters' kannibalische Wahnsinnsreise in die Antarktis, ja Höllenfahrt in den bodenlosen Schlund? Einerseits ist zwar in der Tat jener imaginäre Südpol, auf den ihr winziges Boot immer rasender zuschießt, der unentrinnbare Wirbel, der allesverschlingende Strudel und Trichter, den wir auch aus Poes Seegeschichten *A Descent into the Maelström* und *MS. Found in a Bottle* kennen. Andererseits aber werden die nach menschlichem Ermessen unrettbar Verlorenen gerade nicht von der saugenden Tiefe verschlungen, bleiben die zum Scheitern Verdammten auf unbegreifliche Weise vorm Tode bewahrt. Was davon erzählt zu werden vermag, scheint freilich nur wenig zu sein. Dennoch ist es viel. "And now", so berichtet Pym, "we rushed into the embraces of the cataract, when a chasm threw itself open to receive us. But there arose in our pathway a shrouded human figure, very far larger in its proportions than any dweller among men. And the hue of the skin of the figure was of the perfect whiteness of the snow." Damit, mit diesem traumhaften Zeichen, diesem wahrhaft geheimnisvollen Sinnbild, schließt *The Narrative of Arthur Gordon Pym*. Die klaffende Tiefe, die sich hier öffnet, und die übermenschliche, in Leichentücher gehüllte weiße Gestalt, die davor erscheint: sie sind von Poe zu einem surrealen Signal vereinigt, das sich jeder einsinnigen Auflösung oder moralischen Bestimmbarkeit entzieht. Es ist weder negativ noch positiv mehr . . . oder bereits beides zugleich. Es ist, im Kontext des Enzensbergerschen Epos entziffert, eine Flaschenpost aus dem Abgrund.

14. Das Verschwinden der Furie. Die psychoanalytischen Auguren, vertreten vor allem durch die Urenkelin Napoleons, Marie Bonaparte, die volle drei Bände über Poe verfaßt hat, erblicken in dessen Schlußvision mit ihrer Doppelheit von – natürlich weiblicher – Riesengestalt und gähnendem Trichter, der sich wie zu "Umarmungen" auftut, verständlicherweise ganz andere, unzweideutige, mühelos auflös- und auslegbare Symbole. (Bonaparte: "In einer grandiosen Wunschphantasie öffnet die Mutter den beiden Söhnen ihre milchweißen Flanken.") Nicht so Enzensberger, obwohl auch ihm, nach dem Untergang seiner *Titanic*, eine weibliche Riesengestalt erschienen ist. Oder sollen wir sagen, er sei von ihr heimgesucht worden? Denn worum es sich bei ihm handelt, ist ja *Die Furie*, genauer, *Die Furie des Verschwindens*, wie das letzte Gedicht seiner vorläufig letzten Sammlung bzw. diese selbst und zu allem Überfluß auch die Schlußzeile jenes Gedichts heißen. Und was gibt es von der Enzensbergerschen Furie (die, wie eigens angemerkt wird, "bald in unbestimmter Mehrheit, bald in der Einzahl" aufzutreten pflegt) zu vermelden? Dies:

> Sie sieht zu, wie es mehr wird,
> verschwenderisch mehr,
> einfach alles, wir auch;
> wie es wächst, über den Kopf,
> die Arbeit auch; wie der Mehrwert
> mehr wird, der Hunger auch;
> sieht einfach zu, mit ihrem Gesicht,
> das nichts sieht; nichtssagend,
> kein Sterbenswort;
> denkt sich ihr Teil;
> Hoffnung, denkt sie,
> unendlich viel Hoffnung,
> nur nicht für euch;
> ihr, die nicht auf uns hört,

> gehört alles; und sie erscheint
> nicht fürchterlich; sie erscheint nicht;
> ausdruckslos; sie ist gekommen;
> ist immer schon da; vor uns
> denkt sie; bleibt;
> ohne die Hand auszustrecken
> nach dem oder jenem,
> fällt ihr, was zunächst unmerklich,
> dann schnell, rasend schnell fällt, zu;
> sie allein bleibt, ruhig,
> die Furie des Verschwindens.

Aber dies, wird man einwenden, ist nun wirklich die reine Negativität! Wo wäre hier noch utopisch-dystopische Mehrdeutigkeit, ja der leiseste Hauch einer solchen Ambivalenz? Wenn irgend etwas eindeutig ist, einsinnige Lehre und unmißverständliche Botschaft, dann doch dieses Gedicht von 1980! – Ja und nein. *Die Furie* ist allerdings, einerseits, das "düster-vollkommene Gegenbild zu jeglicher Utopie", ist "klassische [will sagen: heutige] Dystopie" sowohl in soziologischer als auch in ökologischer Hinsicht. Ich habe das selber mehrfach betont und betone es wieder. Und in der Eingangsnotiz des Bandes wird von Enzensberger vorweg, gestützt auf die Autorität "eines verstaubten Buches", gerade das Ökologische des altneuen Mythos unterstrichen, dessen Sinn nämlich vor allem auch darin bestehe, die "Vergewaltigung der Natur" durch die Menschen zu "rächen" und zu "strafen" und überhaupt dafür Sorge zu tragen, daß niemand "seine Grenzen überschreite". Doch dieser Mythos hat eben, andererseits, weder das letzte noch das einzige Wort, ja genaugenommen nicht einmal die letzte Zeile. Das letzte Wort und die letzte Zeile in Enzensbergers Gedicht hat die Philosophie, haben wider alles Vermuten Hegel und dessen *Phänomenologie des Geistes*. "Kein positives Werk noch Tat", heißt es darin, "kann also die allgemeine Freiheit hervorbringen; es bleibt ihr nur das negative Tun; sie ist nur die Furie des Verschwindens." Gemünzt ist dieser Satz auf die Französische Revolution; er ist, unter anderem, ein historisch-politischer. Und muß ich hinzufügen, daß im Zuge der Hegelschen Begriffsbewegung das "rein Negative" schließlich "zur absoluten Positivität" umschlagen soll? Enzensbergers Furie des Verschwindens meint zugleich das Verschwinden der Furie,* seine Dystopie, noch und wieder, eine Utopie. Denn die paradoxe Chiffrenschrift dieses Dichters ist nicht zuletzt eine anspielend-alexandrinische, mitunter gar parodistische, die sich fessellos, doch nicht willkürlich sämtlicher Traditionen bedient.

15. Kiwit. Sie sei "gekommen", erfuhren wir über die Furie, und sei trotzdem "immer schon da". Das gilt auch für Enzensbergers utopisch-dystopische Bildlichkeit. Zum Beispiel die "Bräute" aus *Verteidigung der Wölfe*, die in unbestimmter Mehrheit, "so weiß" wie "zornig" und "furchtbar", ihren blühenden *Sieg der Weichseln* feiern — sind sie nicht ebenfalls, surreal und anarchisch, schon Furien? Furien freilich des Glücks, der unmittelbaren Befreiung; Furien einer furiosen Utopie. (Wie in *Utopia* selber, so erscheint hier das "Glück" als wütende Meuterei und elementarer Ausbruch.) Und auch diese frühen Fabelwesen, ganz wie es sich für Furien ziemt, sind strafende; auch sie rächen die vergewaltigte Natur, bis es zum Schluß triumphierend heißt:

> Seufzend verbergen die Metzger sich
> vor dem wilden Auge der Unschuld.

Was aber das Messer betrifft, das später so oft im Rücken stecken wird, so begegnet es, graziös verfremdet, bereits im allerersten Gedicht jenes selben Bandes von 1957, nämlich in *Lock Lied*:

> Meine Weisheit ist eine Binse
> Schneide dich in den Finger damit
> um ein rotes Ideogramm zu pinseln
> auf meine Schulter
> Ki wit Ki wit
>
> Meine Schulter ist ein schnelles Schiff
> Leg dich auf das sonnige Deck

---

*   "Das Ende des Verschwindens ist gewiß. Es ist zugleich unabsehbar." So (wie ich nachträglich feststelle) Enzensberger selbst, obzwar in einem anderen Kontext. Doch gilt diese Äußerung gleichwohl, ja erst recht, auch hier.

Um zu einer Insel zu schaukeln
aus Glas   aus Rauch
Ki wit

Meine Stimme ist ein sanftes Verlies
Laß dich nicht fangen
Meine Binse ist ein seidener Dolch
Hör nicht zu
Ki wit Ki wit Ki wit

Nicht "Dolch" und "Schulter" nur erinnern an Pym und seine Geschichte. Auch das "Deck" und das "Schiff", das ein "schnelles" ist, ja im Grunde sogar das "Verlies" und die "Insel" weisen versteckt darauf hin. Und sind wir nicht hier wie dort nach einem imaginären Nirgendwo unterwegs, einem Bereich aus "Glas" und "Rauch"? Wirkt nicht der Text insgesamt wie ein feines, dabei keineswegs unverfängliches Gewebe aus Poeschen Motiven? Läge mit *Lock Lied* also (Kiwit) ein lyrisches Binsengeflecht, ein Cento als ambivalentes Scherzo, eine Par-odie im Wortsinn vor (Gattungsbezeichnung: *Pasticcio capriccioso, un poco minaccioso*)? Oder hieße das allzu alexandrinisch deuten?

16 Fußnote. Indes ist die Kehrseite solcher Ideographie genau jene Zeichendeuterei, die – um ein letztes Mal den Emeritus zu bemühen – das "Schreckensbild 'Messer im Rücken'" mit apodiktischer Einsinnigkeit allein aus der Katerstimmung knabenhaften Revoluzzertums erklären möchte. Denn der Kannibalismus, vor dem man zu schaudern beliebt, stammt ja, ob konkret oder metaphorisch, beileibe nicht erst von heute; er ist keine Erfindung der dunklen Gegenwart, die zur dunkleren Zukunft wird, sondern bedrückendes Erbe der gesamten bisherigen Vergangenheit. Daß der Mensch dem Menschen ein Wolf ist, *homo homini lupus*, ist so alt wie die Menschheit selbst. (Oder müßte ich wirklich noch deutlicher werden?)

17. Pessimismo dell'intelligenza, ottimismo della volontà. Enzensbergers *Baukasten zu einer Theorie der Medien*, gedruckt immerhin bereits 1970, schließt mit Antonio Gramscis seither sattsam zitiertem Diktum vom "Pessimismus der Intelligenz", aber "Optimismus des Willens". Sollen wir unsererseits daraus folgern, daß Enzensbergers utopisch-dystopische Bildlichkeit das poetische Äquivalent dazu darstelle? Die Widersprüche jedenfalls, die sich in ihr entfalten, die sie bewußt oder unbewußt immer neu entwirft, entsprächen Gramscis Formel durchaus. Und wovon sie zeugen, ist wahrhaftig keine Sophistik, sondern die leidige Dialektik, nicht die Ubiquität des Arguments, sondern die Komplexität des Gegenstandes (und Komplizität des Autors wie unser aller). Aber diese Bilder "rotten" auch "fort", und derzeit rascher denn je: sie sind wie die "Antworten" am Ende der das *Mausoleum* beschließenden Ballade aus jener 'Geschichte des Fortschritts', die zugleich eine der Barbarei ist (und beider abgründige 'Komödie'). Sowenig für Enzensberger das Versinken seiner *Titanic* und ähnliche Schiffbrüche einfach den "Untergang der Utopie" bedeuten, sowenig bedeuten das Verschwinden seiner *Furie* und ähnliche Münchhausiaden einfach die Aufhebung seiner Dystopie. Wie sollten sie es auch? Solcher Bilderweisheit — oder meinetwegen Binsenweisheit — letzter Schluß ist jeweils schon wieder ihr vorletzter. Und wie die Sache selber, so läßt sich die vielfältig gebrochene "Spiegelkunst", in der sie erscheint, letztlich nicht anders als paradox (und ein klein wenig parodistisch) ausdrücken.

18. Danksagung. Zu vorstehendem Pastiche haben außer Enzensberger, Poe und Hegel, dem *Büchmann* und sonstigen Handbüchern hauptsächlich beigetragen: Marie Bonaparte, mit *Edgar Poe. Eine psychoanalytische Studie* (1934); Karl Heinz Bohrer, mit *Die gefährdete Phantasie, oder Surrealismus und Terror* (1970); Hans Egon Holthusen, in *Ensemble* und *Merkur* (beide 1980); Hans-Thies Lehmann, in *Berliner Hefte* (1979); Christian Linder, in *Literaturmagazin* (1975); Per Øhrgaard, in *Text und Kontext* (1978); Hinrich C. Seeba, in *German Studies Review* (1981). Auch etliche ältere Arbeiten des Verfassers, der sich namentlich den Handbüchern dankbar verpflichtet fühlt, wurden von ihm nicht ohne Gewinn verwertet.

(19. Nachträgliche Marginalien oder May is the cruelest month. Eben kommt mir noch das Maiheft der nach dem *Kursbuch* zweiten Zeitschrift Enzensbergers, *Transatlantik,* in die Hand. Ich blättere darin und lese, unter dem Titel *Das Ende der Konsequenz,* die bislang wohl jüngste Äußerung des literarischen Pasticcinaio. Denn sie ist eine ein-

schlägige in jeder Hinsicht, dazu eine unverhoffte Bestätigung von seiten des Autors, wie ich sie besser gar nicht wünschen könnte. Diese Marginalien Enzensbergers vom Mai 1981 bilden gewissermaßen die Fortsetzung seiner *Randbemerkungen* vom Mai 1978; sie sind so nüchtern und unverblümt, grausam und scharf, ja messerscharf wie jene und obendrein, da vielfach montierend aus seinen eigenen Bildern und Formeln zusammengesetzt, strukturell wie gedanklich fast eine Art Autopasticcio, Autocento. Selbst die Politik — oder gerade sie — erweist sich da als "Flickwerk"; das Utopisch-Dystopische aber enthüllt sich vollends als zähes "Kontinuum" oder diffuses "Kuddelmuddel", das sich aus der Gegenwart in die Zukunft wälzt. [Einst, in *Landessprache*, hieß derlei verächtlich "Schaum"; heute heißt es, nicht minder verächtlich, "Püree".] Enzensbergers gesamter Text ist deshalb eine einzige, jedoch durchaus folgerichtige Diatribe gegen die angewandte "Konsequenz" oder Konsequenz der Konsequenz, die ihm nämlich nicht nur entweder als "Selbstverstümmelung" oder als schlechthin barbarisch gilt, sondern als beides in einem und darum von vornherein als "verabscheuungswürdiger Anachronismus". Mögen doch, wettert er, der mit einem *Lock Lied* anhob, die "geheiligten Prinzipien in die Binsen gehen", solange die Menschen dabei überleben! In der Tat fällt sein Verdikt mit gleicher Wucht auf sämtliche heutzutage grassierenden Doktrinen, vom konsequenten Kapitalismus, dessen Amoklauf ins globale Chaos führen, bis zum konsequenten Kommunismus, der wortwörtlich im "sozialistischen Lager" enden müsse. Was denn sei schließlich ideologische Konsequenz, "liebgewordenes Spielzeug" der Radikalen und Autoritären jedweder Schattierung, von der äußersten Linken bis zur äußersten Rechten? Ein gigantisches "Schlachtermesser", nicht mehr und nicht weniger, und mithin etwas, "mit dem man Gefahr läuft, sich und anderen wehzutun", wie sarkastisch untertreibend hinzugefügt wird . . . Bedarf es noch weiterer Beweise? Ausdrücklich wendet sich Enzensberger sogar — obschon bloß so nebenbei — gegen die Schriften eines Carl Schmitt, vermittels deren man ihn denunzieren wollte; doch was ihn besonders erbost, ist der allgemeine, aus allen Medien dröhnende, allen Kritikerfedern triefende "Jargon der Eindeutigkeit". Mit souveräner Geste werden dessen Auswirkungen hier bloßgestellt, durch Zitate angeprangert und durch Mimikry aus sich selbst widerlegt. Freilich, was dann zuallerletzt zitiert wird, steht auf einem anderen Blatt und nicht länger im Zeichen solcher Souveränität oder gar Distanz. *Überfließend vor Ekel*, wie der betreffende Essay von Alfred Döblin betitelt ist, bekennt Hans Magnus Enzensberger mit diesem: "Ich habe nie versäumt, wo ich 'ja' sagte, gleich hinterher 'nein' zu sagen." Sela.)

III. Kleinere Beiträge und Ergänzendes

DAS ALTE RÄTSEL UND DIE NEUEN SPIELE

[Besprechung von] *verteidigung der wölfe*
(1957)

Schockieren Sie diese Gedichte? Sind sie Ihnen wirklich ärgerlich oder bloß unverständlich? Beides? Ausgezeichnet. Dennoch sollten Sie weniger den Zeigefinger heben als ihn befeuchten. Blättern Sie ruhig zurück; lesen Sie noch einmal, lesen Sie sorgsam, genau, kritisch, was dieser junge Mann an Freundlichem, Traurigem und Bösem geschrieben hat; es lohnt, und Sie werden sich seinen Namen ohnedies merken müssen.

Denn Enzensberger ist endlich wieder einer, der die trübe Stagnation unseres Lyrikbetriebs, die seichte Dunkelheit, das nette Unerhebliche durchbricht. Freilich nicht nach unten, wo in mütterlicher Tiefe die Urkräfte brodeln, sondern nach oben, in die Kühle und Klarheit eines luziden Intellekts. Größe und Gefahr seiner Kunst liegen in dieser überhellen Bewußtheit, diesem souveränen Verfügen, diesem faszinierenden Machen, das sich unerbittlich überwacht. Enzensberger dichtet mit dem Hirn; mit ihm allein.

Das hat mancherlei Folgen. Unser Autor ist ja kein ordinärer Bildungsdichter, der sein Wissen präsentieren will. So einfach liegen die Dinge nicht, wenn wir Anklängen und Zitaten von der Sappho über Wolfram von Eschenbach bis Benn und Brecht begegnen. Plagiat? Das wäre gar zu bequem; obwohl — warum sollte nicht auch der Literaturwissenschaftler mit seinem Pfund wuchern? (Und Enzensberger ist einer; er hat in Erlangen promoviert.)

Nein, ich bin anderer Meinung. Das unbedenkliche Verfügenkönnen und Verfügenwollen über vorgeformte Inhalte gehört wesenhaft zu dieser Montagedichtung, die das Entfernteste zusammenzwingt. Es gehört dazu wie das manieristische Spiel mit Bildern und Worten: "meine weisheit ist eine binse", "sozialvieh stimmenpartner"; wie die Technik der Variation und Verschränkung von Lauten, Sätzen, Begriffen: "*immutemur habitu in cinere et cilicio* / suche beim gehen und stehen festen halt / auf einer erde, die blut und regen säuft." Und es ist derselbe Stilzwang, wenn Enzensberger Verse baut, die vollkommen symmetrisch sind: "alt: du bist alt bist du: alt." Celan und Krolow taten es auch.

Die hohe Kunst des Arrangements wird hier zelebriert: die Steinchen sind geschliffen, sie liegen vor; was übrigbleibt, ist das Zusammensetzen und Fügen des raffinierten Mosaiks. "Wenn der Mann danach ist", sagt Benn, "dann kann der erste Vers aus dem Kursbuch sein und der zweite eine Gesangbuchstrophe und der dritte ein Mikoschwitz und das Ganze ist doch ein Gedicht." Enzensberger vertritt dieses zerebrale Dichten mit Beständen zweifellos im Extrem. Aber vielleicht ist Lyrik heutzutage überhaupt nur noch auf solche Weise möglich?

Dann wäre sie ein Spiel mit den alten Rätseln, aber ein hohes und ernstes Spiel. Wenn man es beherrschte, würde die Frage nach der Ehrlichkeit sekundär werden, die man mit Recht stellen muß. Ob der Spieler sich engagierte, als er spielte, erscheint ja angesichts des vollendeten Gebildes gleichgültig; daß es vollendet ist, gilt. Und in der Tat: man findet in dieser Sammlung Verse von einer kühnen, erregenden Schönheit, die durch ihre Frivolität des Geistes, ihren Snobismus nur neue Nuancen gewinnen. Sie erfordern hellhörige, diffizile, späte Leser, die mit Nüstern und Fingerspitzen genießen.

Ästhetizismus? Gewiß. Er entspricht der Artistik des Machens. Man möchte sein Leben "sorgfältig auslegen wie eine sammlung von schönen kupferstichen"; man übt sich im *otium cum dignitate*. Was entscheidet? Ein Duft, ein Tonscherben und "mein alter lucrez mit marginalien von der hand diderots". Freundlich oder mit leiser Trauer gedenkt Candide der köstlichen Dinge der Welt. Mögen die Lämmer ihre eigenen Angelegenheiten betreiben. Denn auch er gehört zu den Wölfen, freilich auf seine Art.

Daher bleibt Enzensberger, selbst wo er Aufrufe in die Mauern zu ritzen scheint, letztlich unverbindlich. Er engagiert sich nie ganz. Die Dummheit der Menschen reizt seinen Zorn, aber auch seine Verachtung: "ein hut voll mutlosen winds, eigener handschellen schmied, geburtshelfer eigenen tods" sind sie. Man provoziert sie: seht, "wie von den gesichtern der kalk blättert!" Man sagt ihnen bittere Wahrheiten. Das gibt jedenfalls Gelegenheit zu einer Strophe, und mehr sind sie nicht wert.

So böse sind diese Gedichte. Und wenn wir nun unsererseits böse sein wollten, müßten wir darauf hinweisen, daß es vom souveränen Verfügen nicht weit bis zur journalistischen Behendigkeit sei und daß man statt Montage auch Mätzchen sagen könne. (Was Enzensberger sehr wohl weiß.) Aber da wir freundlich sind, wollen wir auch das andere nicht verschweigen. Wenn nämlich all diese Bewußtheiten, all diese kalten Kontrollen und Reserven mit einer neuen Unmittelbarkeit erfüllt würden, dann entstünde, gesiebt, ernüchtert, eisig und gläsern, das eigene Gedicht unserer Zeit.

Gedankenspielereien, kühn und nicht einmal sehr logisch? Vielleicht. Aber dieses schmale Band regt dazu an.

SILENT SUMMER
(1979)

Gibt es ökologische Lyrik? Verse also, in denen die Verschmutzung, Verseuchung, Vergiftung, die langsame, so laut- wie erbarmungslose Verödung und Zerstörung unserer Erde Gestalt wird? Verse aber, die gleichwohl Lyrik heißen dürfen?
  Es gibt Gedichte, die von Ökologie reden oder zu reden meinen; gewiß. Doch das meiste, was diesen Anspruch erhebt, ist entweder larmoyant oder militant, schlicht wehleidig oder einfältig auftrumpfend – naiv, mit einem Wort, und in jedem Fall von einer Modewelle getragen, die derlei längst ins allgemeine Bewußtsein geschwemmt hat. Ökologische Lyrik? Nein, nicht die fixen Verse der Modischen, der Macher oder Mitläufer, enthalten sie. Man muß um mehr als zwei Jahrzehnte zurückgehen, zu Hans Magnus Enzensbergers Erstlingsband von 1957, zu den neun Zeilen, die dort *fremder garten* überschrieben sind und damals, als eins der "traurigen gedichte" jener Sammlung, von fast allen "freundlich" oder "böse" überlesen wurden. Diese Verse nämlich, so erkennt man nun, bilden eine makellose, eine reine ökologische Elegie, so paradox das auch klingen mag:

> es ist heiß. das gift kocht in den tomaten.
> hinter den gärten rollen versäumte züge vorbei,
> das verbotene schiff heult hinter den türmen.
>
> angewurzelt unter den ulmen, wo soll ich euch hintun,
> füße? meine augen, an welches ufer euch setzen?
> um mein land, doch wo ist es? bin ich betrogen.
>
> die signale verdorren. das schiff speit öl in den hafen
> und wendet. ruß, ein fettes rieselndes tuch
> deckt den garten. mittag, und keine grille.

Süden, Sommer, die arglose, von jedermann "heiß" ersehnte Idylle? Nur einen Atemzug hält dieser Eindruck vor. Denn: "das gift kocht in den tomaten." Die Früchte der Gärten und Felder sind verseucht; in ihnen brodelt "etwas, das keine Farbe hat, etwas, das nach nichts riecht", wie es bald darauf — in einem anderen Gedicht — lauten wird. Selbst die letzten "signale verdorren". Ja, verdorren! Das Bild wirkt zwar völlig abstrakt, aber das Leben schrumpft und zerfällt tatsächlich. Nicht bloß das Laub, alle Zeichen von Leben verdorren wie unterm Pesthauch einer tödlichen *defoliation*... Und Enzensberger setzt auch gar keinen Vergleich, sondern sieht diesen Vorgang als Wirklichkeit. Sein Unheilsbild ist ebenso real, wie die übrigen, einst harmlos-alltäglichen Vorgänge, die er schildert, unheimlich bildhaft wirken. Ein "schiff speit öl in den hafen" — niemand heute kann dies mehr hören, ohne zugleich geborstene Tanker, vergiftete Strände, Klumpen toter Seevögel und Fische und die riesigen Ölflecke auf dem Meer zu erblicken. Nicht anders der "ruß", der den Boden deckt — er, "ein fettes rieselndes tuch", ist das alles verhüllende Leichentuch der *pollution*. Der Vorhang des Todes hat sich über die Erde gesenkt: "mittag, und keine grille." Im südlichen Sonnenglast, wenn das Schrillen der Zikaden, ein einziger ununterbrochener Ton, wie ein Teil des Lichts und der heißen, zitternden Luft über der Landschaft hängt — nichts, kein Laut! Sogar die Insekten sind verstummt, zu schweigen von den Vögeln. Der *Silent Spring* ist zum *Silent Summer* geworden.

Doch nicht nur die Erde, die ein schöner, vertrauter "garten" sein könnte, erweist sich als "fremd". Auch der Mensch ist sich selbst und der Welt entfremdet. Wo denn wäre ein "land", auf dem seine "füße" rasten, wo ein "ufer", auf dem seine "augen" ruhen könnten? Er ist um beides "betrogen" — und trotzdem, wortwörtlich, "angewurzelt".

Blieben demnach allein noch Verlust und Vergeblichkeit: die "versäumten züge", das "verbotene schiff"? Aber was dieses ökologische Gedicht (das vielleicht ursprünglich nicht einmal ganz als solches gedacht war) vor allen ähnlichen auszeichnet, ist etwas sehr Einfaches und doch Überwältigendes. "Das Gedicht spricht, wovon es schweigt." So Enzensberger selber seinerzeit über Nelly Sachs. Seine Verse beschwören, was sie verneinen. Indem er trauert und klagt, vergegenwärtigt er. Nie habe ich die Grillen lauter und lieblicher vernommen als aus diesen leisen Worten, die so gänzlich ohne Hoffnung scheinen.

EISZEIT UND UNTERGANG

Zu einem Motivkomplex in der deutschen Gegenwartsliteratur
(1981)

> Some say the world will end in fire.
> Some say in ice.
> From what I've tasted of desire
> I hold with those who favor fire.
> But if it had to perish twice,
> I think I know enough of hate
> To say that for destruction ice
> Is also great
> And would suffice.
> (Robert Frost, *Fire and Ice*)

> Katastrophen kennt allein der Mensch,
> sofern er sie überlebt: die Natur kennt keine Katastrophen.
> (Max Frisch, *Der Mensch erscheint im Holozän*)

Als der Stückeschreiber Tankred Dorst vor etlichen Jahren — 1972, um genau zu sein — die Nachkriegssituation des norwegischen Dichters und Kollaborateurs Knut Hamsun zum, wie er sagte, "Anlaß für eine erfundene Handlung mit erfundenen Personen" nahm und darüber den lakonischen Titel *Eiszeit* setzte, da zerbrachen sich sämtliche Kritiker Westdeutschlands verzweifelt den Kopf.[1] Denn was

---

[1] Tankred Dorst, *Eiszeit. Ein Stück*, Frankfurt 1973 [erstmals 1971], S. 120. Für die Rezeption bezeichnend ist etwa folgende Äußerung, in der die Ratlosigkeit, nicht minder bezeichnend, sogleich in Richtigkeit, ja Selbstverständlichkeit umgemünzt wird: "Warum das Stück *Eiszeit* heißt, weiß ich nicht; und vielleicht weiß es niemand (ich meine: genau; denn etwas undeutlich metaphorische Deutungen fielen nicht schwer, wenn man sie suchte). Dennoch hat niemand, soviel ich weiß, bezweifelt, daß dieser Titel passend und richtig und treffend sei. Nur, warum? Weil er nichts präjudiziert? Und doch ein unverwechselbares Assoziationsmuster auslegt? Vielleicht einfach, weil er, ohne alle Erklärung, so definitiv klingt, daß gar kein Verlangen nach Erklärung aufkommt. So selbstverständlich." Vgl. Urs Jenny, *Die Falle der Sympathie. Notizen zur Eiszeit*. In: *Werkbuch über Tankred Dorst*. Hrsg.

sollte diese rätselhafte Benennung ausdrücken? Sie wird im Stück nirgends erläutert: ja, selbst das Wort fällt bloß ein einziges Mal. In einer der Szenen, wo DER ALTE (wie Hamsun hier heißt) von Psychiatern auf seine Zurechnungsfähigkeit untersucht wird — weit über die Hälfte der Handlung ist bereits verflossen — und dabei verschiedene Begriffe, die vor ihm auf eine Leinwand projiziert werden, erklären soll, erscheint neben 'Kugel', 'Stadt', 'Rache' usw. auch das Wort "EISZEIT". Es ist der letzte dieser Begriffe, und die Reaktion darauf ist ebenso bezeichnend wie vieldeutig: "*Der Alte winkt unwillig ab und schweigt.*"[2] So die Bühnenanweisung, mit der die Szene schließt oder eigentlich abbricht. Und kaum minder knapp und offen wirkt auch der Schluß des ganzen Stückes. "Ja, ja, ja, ich lebe noch", ruft der alte Mann, aus einer echten oder vorgetäuschten Ohnmacht erwachend. Er ruft es "spöttisch" und "hochmütig", obwohl sein Gesicht "eine krampfhafte lächelnde Fratze" zeigt.[3]

Weshalb, fragen auch wir uns, nannte Dorst dieses Werk *Eiszeit*? (Die Angabe *Ein Stück* bleibt ja rein sachlich.) Wollte er damit eine persönliche, durch Charakter und Umstände bedingte Kälte, Härte, Starrheit seines umstrittenen Helden andeuten? Wollte er zugleich oder statt dessen — was beides am ehesten einleuchtet — auf eine allgemeine zwischenmenschliche, gar gesamtgesellschaftliche Erstarrung und Verhärtung unseres Zeitalters hinweisen? Oder war sein Titel einfach ein Zufallsprodukt, beliebig gewählt und überhaupt nicht mit Symbolgehalt befrachtet?

Er war, so erkennen wir rückblickend, jedenfalls ein Signal. Auch wäre das Rätselraten der Kritiker vielleicht etwas weniger hektisch gewesen, hätten sie sich an einen Text erinnert, der damals zwar fast zehn Jahre zurücklag, jedoch einen sehr ähnlichen, ja noch lakonischeren Titel trug. Ich meine die erste größere Prosaarbeit von Thomas Bernhard, erschienen 1963. Deren Titel nämlich lautete ohne jeden Zusatz: *Frost*. Und was in diesem Buch geschildert wird, ist in

---

von Horst Laube, Frankfurt 1974, S. 170ff.; hier S. 170. Der Band enthält auch die bisher bedeutsamste Analyse des Stückes, die zudem eine scharfsinnige Hamsun-Deutung ist; vgl. Claudio Magris, *Gefangener der Vitalität*, ebd., S. 181ff.
2 Dorst, S. 74.
3 Vgl. ebd., S. 119f.

der Tat die allmähliche, so beklemmende wie unaufhaltsame Vereisung eines Menschen, der förmlich "von innen heraus erfriert" und dessen Entwicklung daher "folgerichtig im verschneiten Hochgebirge ihr tödliches Ende findet".[4] Indes – läßt sich derlei wirklich als Entwicklung[5] ansprechen? Ist nicht dieser Frost vielmehr längst ein Zustand, die Zeit also buchstäblich eine Eiszeit? "Der Frost frißt alles auf", faßt der Erzähler zusammen. "Der Frost ist allmächtig", hieß es aber bereits zu Beginn. "Gefrorene Luft", murmelt die Hauptgestalt, der Maler, "alles ist nur mehr gefrorene Luft [...]."[6] Für ihn wie für den Erzähler und mithin für Bernhard selbst hat "dieser fortschreitende, in allem und jedem und überall fortschreitende Frost in seiner unerhörten Begriffsvergrößerungsmöglichkeit [...] die größte, immer wieder die allergrößte Bedeutung". Ausdrücklicher und massiver könnte uns das *fabula docet* wohl schwerlich eingehämmert werden. Was Dorst zurückhält, bietet Bernhard im Übermaß. Um jeglichen Zweifel auszuräumen, fügt er hinzu, es handle sich hier auch beileibe nicht nur um klinische, sondern genauso um klimatologische Befunde, wofür er sogar schon die eiszeitliche, beide Aspekte verbindende Formel prägt, die er zudem mit Nachdruck als solche hervorhebt: "'Diluviumszerfall des Einzelnen'."[7]

Doch er geht noch weiter. Mit Frost und Eiszeit verknüpft er, obgleich eher beiläufig, nichts Geringeres als den "Weltuntergang" – und zwar "den *wirklichen* Weltuntergang", wie er eigens beteuert.[8] Bernhard verfährt gründlich. Vom "toten Land", wo "alles abgestorben" ist,[9] hätte er darum gar nicht mehr zu reden brauchen. Indem er es trotzdem tat, hat er zumindest den einen (und sicher entscheidenden) Bereich des Motivkomplexes, den dann auch Dorst zu beschwören trachtete, im wesentlichen vorweggenommen. Die

---

4 So Bernhard Sorg, *Thomas Bernhard*, München 1977, S. 71 u. 64.
5 Sorg zieht sogar den Vergleich mit dem Entwicklungsroman, wenn auch mit Einschränkung.
6 Thomas Bernhard, *Frost*, Frankfurt 1972 [erstmals 1963], S. 247, 41 u. 153.
7 Vgl. ebd., S. 301.
8 Ebd., S. 152 (Hervorhebung im Original).
9 Vgl. ebd., S. 38.

Eiszeit, so fremd sie bei Dorst zunächst anmuten mochte, dazu der endgültige Untergang, ob des Einzelnen oder des ganzen Planeten, die Verwüstung, Zerstörung, Vernichtung als individuelle und/oder globale Katastrophe: all das ist bei Bernhard nahezu vollständig bereitgestellt . . . und inzwischen, mit Frost und Schnee und Eis und Gletschern bis hinauf nach Grönland oder von dort herab, derart zum schlagwortartigen Repertoire geworden, daß es bereits die Spatzen von den Dächern, will sagen die Kritiker aus sämtlichen Zeitungsspalten pfeifen. Und damit nicht genug. Denn was in apokalyptischer Endzeit gespielt wird, falls in ihr gespielt wird, ist selbstverständlich das bekannte Endspiel; und wenn sich der Weltuntergang im Bild des untergehenden Schiffes konkretisiert, so ist begreiflicherweise auch der bewußte Eisberg nicht fern und somit die schlimmste Schiffskatastrophe aller Zeiten, das Versinken der *Titanic* in den eisigen Strudeln der Tiefsee. Die Belege drängen sich geradezu auf, von allen Seiten und aus allen Gattungen. Wäre man zynisch — und manche sind es —, so müßte man melden: Ende und Eis sind Trumpf. *The Ice Age*, kein Zweifel, *Cometh*. Ja, ich fürchte, es ist schon da . . . wenigstens in der Literatur.

Gleichwohl haben, wie nicht zuletzt der *Titanic*-Stoff lehrt, diese Bilder und Visionen ihre Vorgeschichte; und erst recht sind sie keineswegs, so vorschnell dies behauptet wurde,[10] aufs westdeutsche Schrifttum beschränkt oder ausschließlich auf die Bundesrepublik gemünzt. Nicht allein Bernhard und sein österreichischer *Frost* zeugen gegen ein solches Pauschalurteil, sondern ebensosehr der Roman *In Trubschachen* des Schweizers E.Y. Meyer und die zentrale, unverkennbar symbolische Bedeutung seiner Winter-, Schnee- und Kältemotivik. (Auch er übrigens kam bemerkenswert früh, 1973, heraus.)[11] Und sind nicht selbst DDR-Autoren, ehemalige wie andere, mitsamt ihrem Land und ihrer Gesellschaft in diesem Zusammenhang zu erwähnen? Man denke bloß etwa an Thomas Brasch und Heiner Müller! Sogar Feministisches kommt ja, als zusätzliche Perspektive,

---

10 Vgl. Wolf Donner, *Berichte zur Lage der Nation: Ingrid Caven singt Lieder von Hans Magnus Enzensberger*. In: *Der Spiegel*, 1979, Nr. 42, S. 249.
11 E.Y. Meyer. *In Trubschachen. Roman*, Frankfurt 1979 [erstmals 1973]; vgl. insbes. S. 200ff.

bei der Obsession mit Eiszeit/Untergang/Tiefsee heute ins Spiel, sei es in affirmativer oder in ambivalenter Färbung. Von ersterer, wie auch von Müller und Brasch, später ein paar Proben; was aber die letztere betrifft, so tritt sie am eindrucksvollsten und schillerndsten — natürlich — bei Günter Grass zutage, in seinem Roman *Der Butt* von 1977.

In ihm nämlich findet sich, und nun vollends mit Schlüsselfunktion und an zentraler Stelle, eine 'alternative Variante' (wie das auf neudeutsch vermutlich lauten muß) zu dem Grimmschen Märchen *Von dem Fischer un syner Fru*. Aus diesem erwächst gewissermaßen der gesamte Roman; und er beginnt, wie man weiß, wenn schon nicht in der Eiszeit, so doch immerhin in der Steinzeit. In die Eiszeit aber — die neue, drohende oder bereits gegenwärtige — mündet dafür desto zwingender das besagte Märchen. Freilich nur zur Hälfte: eben in seiner "Variation", die Grass gleichberechtigt neben die "uns überlieferte" Fassung rückt.[12] "Vor Jahren", läßt er den Maler Philipp Otto Runge berichten, habe der jene doppelte "Mär" sorgfältig "einem alten Weibe nachgeschrieben" — doppelt deshalb, weil die Alte, "wunderlich hartnäckig", sie "mal so, mal so" erzählt und demnach sichtlich "zweierlei Wahrheit" verkündet habe:

> Die eine machte die zänkische Frau Ilsebill glaubwürdig: wie sie mehr, immer mehr haben will, König Kaiser Papst sein möchte, schließlich jedoch, weil sie vom alles vermögenden Butt wünscht, wie Gott zu sein — Ik will warden as de lewe gott . . .' — wieder in ihre strohgedeckte Hütte, 'Pißputt' genannt, versetzt wird; die andere von dem alten Weib dem Maler Runge diktierte Wahrheit zeigte eine bescheidene Ilsebill und den Fischer maßlos in seinen Wünschen: im Krieg unbesiegbar will er sein. Brücken über den breitesten Fluß, Häuser und Türme, die bis in die Wolken reichen, schnelle Wagen, weder von Ochs noch Pferd gezogen, Schiffe, die unter Wasser schwimmen, will er bauen, begehen, bewohnen, ans Ziel fahren. Die Welt beherrschen will er, die Natur bezwingen und von der Erde weg sich über sie erheben. 'Nu will ik awerst ook fleigen könn . . .' hieß es im zweiten Märchen. Und wie zum Schluß der Mann, obgleich ihm seine Frau Ilsebill immer wieder Zufriedenheit anrät — 'Nu will wy ook niks meer wünschen,

---

12 Hierzu und zu den folgenden Zitaten vgl. Günter Grass, *Der Butt. Roman*, Darmstadt u. Neuwied 1977, S. 442ff.

sunners tofreden syn . . .' — noch zu den Sternen reisen möchte — 'Ik will un will in himmel fleigen . . .' — fällt all die Pracht, Türme, Brücken und Flugapparate in sich zusammen, brechen die Deiche, folgt Dürre, verwüsten Sandstürme, speien die Berge Feuer, schüttelt die alte Erde, indem sie bebt, des Mannes Herrschaft ab, worauf mit großer Kraft die neue, alles bedeckkende, Eiszeit kommt. 'Door sitten se noch unners Is bet up hüüt un düsen dag', endete das Märchen vom Butt, der dem mehr, immer mehr wollenden Mann jeden Wunsch erfüllte, nur den allerletzten nicht, bis hinter die Sterne in den Himmel zu fliegen.

Der Gegenwartsbezug dieses Grass'schen Eiszeitmärchens bedarf keiner Erläuterung. Er ist nur allzu greifbar. Auch die 'Moral von der Geschicht' im Sinne des Feminismus, wonach "alles männliche Streben ins Chaos führe", wird von Grass nicht verschwiegen. Allerdings legt er sie, als negative Hypothese, der Figur des Clemens Brentano in den Mund. Brentano mißbilligt derartige Folgerungen aufs heftigste — Grass selber aber beharrt darauf, daß die Alte "beide Märchen wahrhaftig genannt" habe. Hartnäckig hält er mit ihr und Runge daran fest, daß alle zwei "richtig" seien: "'Dat een un dat anner tosamen.'"

Bei Heiner Müller dagegen ist von solcher Ambivalenz nicht das geringste zu spüren. In seinem Stück *Die Hamletmaschine*, das im gleichen Jahr wie *Der Butt* veröffentlicht wurde, bekennt er sich (so jedenfalls scheint es mir)[13] ungescheut und uneingeschränkt zur feministischen Deutung und letztlich auch schon Lösung der modernen Welträtsel. Müllers 'Mär vom Mann' — denn als nichts anderes enthüllt sich seine *Hamletmaschine* — ist weder doppelsinnig noch gar unentschieden; seine schrankenlose Affirmation gipfelt vielmehr zu allem Überfluß in einer hemmungslosen Prophezeiung. Und nicht minder radikal als die Botschaft sind deren Mittel. Die Eiszeit allein genügt Müller keineswegs: er verquickt sie zudem mit einer Vision der Tiefsee und diese wiederum mit einer surreal geschauten Katastrophen- und Folterszene. *Die Hamletma-*

---

13 Vgl. jedoch die abweichende Deutung von Richard Weber. *'Ich war, ich bin, ich werde sein!' Versuch, die politische Dimension der HAMLETMASCHINE zu orten.* In: *Die Hamletmaschine, Heiner Müllers Endspiel.* Hrsg. von Theo Girshausen, Köln 1978, S. 86ff. u. 165ff.

schine landet wortwörtlich auf dem Grund des Meeres ... nach einem Untergang, dessen Einzelheiten man nicht einmal zu ahnen vermag, weil er offenbar ebenso als universal wie als permanent gedacht werden soll. Recht besehen, ist das Stück daher überhaupt kein Stück, sondern ein bloßes Drehbuch oder Szenarium, das freilich ebendarum auch die wildesten Regiephantasien entfesseln dürfte. Daß in ihm die Parolen zum wenigsten so lakonisch und lapidar hingeschleudert werden wie bei Dorst oder Bernhard, versteht sich bei Müller ohnehin.

Ich muß hier noch etwas ausholen. Anfangs nämlich, in der sogenannten Aufbauphase der DDR, gebrauchte Müller tatsächlich die Eiszeit als Bild der Vergangenheit und setzte ihr die jedes Hindernis überwindende Naturbeherrschung und Geschichtsgestaltung durch den Sozialismus entgegen. Sein Schaffen stand unterm Zeichen einer rückhaltlos bejahten Technik und fortschreitenden Produktion. Aufschlußreich, bis in den Titel hinein, ist insbesondere *Der Bau*, das 1963/64 entstandene, erstmals 1965 gedruckte Stück nach Erik Neutschs Roman *Die Spur der Steine*. Denn in diesem Stück darf der neue sozialistische Mensch trotz aller auch ihm noch anhaftenden Mängel stolz und zuversichtlich (und nicht ohne Ähnlichkeit mit Grass' Fischer, wie man nachträglich feststellt) von sich selber erklären:

> Mein Lebenslauf ist Brückenbau. Ich bin
> Der Ponton zwischen Eiszeit und Kommune.[14]

Keine Frage, daß Müllers 'alte' Eiszeit im Marxschen Sinne jene barbarische Vorgeschichte bedeutet, aus der wir uns zwar erst zu befreien anschicken, die aber dennoch bekanntlich im Begriff ist, in die wahre Menschheitsgeschichte überzugehen. Und muß ich ferner betonen, daß solche zukunftsgewissen Verse von einem Manne gesprochen werden? Jedoch derselbe Mann — ich weiß, ich vereinfache; aber auch Müller vereinfacht —, dieser selbe Mann also spaltet in Müllers *Hamletmaschine* nacheinander Marx, Lenin und Mao, die

---

14 Heiner Müller, *Geschichten aus der Produktion 1. Stücke - Prosa - Gedichte - Protokolle*, Berlin 1974, S. 134.

obendrein jeweils als nackte Frau auftreten, mit einem Beil den Schädel! Es ist eine halb konkrete, halb ideologische Abschlachtung, wie sie sogar der Verfasser von *Frost* nicht gründlicher hätte besorgen können. "*Schnee*", heißt es denn auch bei Müller. Und danach lediglich noch: "*Eiszeit*."[15]

Soviel zu dieser 'neuen' Eiszeit von 1977. Was aber Müllers gleichzeitige Tiefseevision angeht, so nimmt sie sich, unter dem Hölderlinschen Motto "WILDHARREND / IN DER FURCHTBAREN RÜSTUNG / JAHRTAUSENDE", folgendermaßen aus:

Tiefsee. Ophelia im Rollstuhl. Fische Trümmer Leichen und Leichenteile treiben vorbei.
OPHELIA
während zwei Männer in Arztkitteln sie und den Rollstuhl von unten nach oben in Mullbinden schnüren.
Hier spricht Elektra. Im Herzen der Finsternis. Unter der Sonne der Folter. An die Metropolen der Welt. Im Namen der Opfer. Ich stoße allen Samen aus, den ich empfangen habe. Ich verwandle die Milch meiner Brüste in tödlichstes Gift. Ich nehme die Welt zurück, die ich geboren habe. Ich ersticke die Welt, die ich geboren habe, zwischen meinen Schenkeln. Ich begrabe sie in meiner Scham. Nieder mit dem Glück der Unterwerfung. Es lebe der Haß, die Verachtung, der Aufstand, der Tod. Wenn sie mit Fleischermessern durch eure Schlafzimmer geht, werdet ihr die Wahrheit wissen.
Männer ab. Ophelia bleibt auf der Bühne, reglos in der weißen Verpackung.

Das ist das Ende, ist die ungekürzte fünfte Szene von Müllers *Hamletmaschine*. Angeblich will er nach ihr niemals mehr fürs Theater schreiben; und man hat deshalb prompt schon 1978 einen Band mit Aufsätzen über sein Stück *Die Hamletmaschine, Heiner Müllers Endspiel* betitelt. Ich verhehle nicht, daß ich derlei Gerüchten wie Bemühungen mit einigem Mißtrauen begegne. Sowenig Samuel Beckett nach *End Game* bzw. *Fin de Partie* mit dem Stückeschreiben Schluß gemacht hat, sowenig wird es wohl auch Heiner Müller tun. (Tatsächlich hat Müller in der Zwischenzeit seine nächsten Stücke nicht nur bereits begonnen und abgeschlossen, sondern auch schon drucken

---

15   Ders., *Mauser*, Berlin 1978, S. 97; dort auch das folgende Zitat.

bzw. aufführen lassen.) Viel wichtiger ist jedoch etwas ganz anderes. Denn jene sinistre Prophezeiung von der "Wahrheit", die sich mit Hilfe von "Fleischermessern" kundgeben werde, rührt laut Müllers eigenem Geständnis von Susan Atkins her, einem Mitglied der kalifornischen Killer-Family des Charles Manson! Wie aber wäre es um eine Emanzipation bestellt, die sich auf die Wahnideen, ja kultischen Metzeleien eines Clans von Irren stützen muß und dessen "satanische Blutrituale"[16] an die utopische Wand malt? Sähe so die Zukunft aus, die unsere fortdauernde, um nicht zu sagen: fortschreitende Barbarei abzulösen berufen sein soll?

Müllers Verwendung der Eiszeit- und Tiefseemotivik darf sicherlich, bei aller Knappheit, als exzessiv gekennzeichnet werden. Auch kann man ihr eine gewisse gräßliche und groteske Größe schwer absprechen. Verglichen damit wirkt die Motivverwendung gerade bei einer Frau, Christa Wolf nämlich, in jeder Hinsicht gedämpft und maßvoll, nahezu klassisch. Doch wie ernst es auch Wolf ist, verrät bereits der Titel des Buches, um das es hier geht: *Kein Ort. Nirgends.* Erschienen 1979, und zwar sowohl in Ost- als auch in Westdeutschland, gestaltet diese Erzählung eine imaginäre, zum dichterischen Gleichnis erhöhte Begegnung zwischen Heinrich von Kleist und Karoline von Günderode in einem Landhaus am Rhein. Sie ist, mit anderen Worten, vor allem Selbstdeutung und spiegelt – um eine Formulierung Günter Kunerts aufzugreifen – die Gegenwart in der Vergangenheit.[17] Und wieder taucht der vertraute Motivkomplex auf. "Ein Geschiebe wie von Eisschollen", sinnt Kleist bezeichnenderweise:

> Es ist, als stünd ich auf einer Scholle, im Eisgang, in absoluter Finsternis. Der Strom geht, ich weiß nicht, wohin, die Scholle neigt sich, einmal zu dieser, einmal zu jener Seite. Und ich, von Entsetzen durchdrungen, von Neugier, von Todesfurcht und vom Verlangen nach Ruhe, ich soll um mein Gleichgewicht kämpfen. Lebenslänglich.

16 Weber, S. 97; zu Müllers Selbstzeugnis vgl. ebd., S. 167.
17 In einem Brief an mich vom 2.6.1979 sprach Kunert über diese "Aktualität von Klassikern", die gerade auch bei Kleist "auf unerwartete und sogar erschreckende Weise" gegeben sei. Im selben Zusammenhang erwog er (als möglichen Titel) die Formel: "Die Gegenwart der Vergangenheit."

Zugegeben, diese Reflexion, die Kleist ebenso an sich wie an seine Gesprächspartnerin richtet, ist die einzige solche Stelle im ganzen Buch. In ihm finden sich keinerlei Exzesse, weder Müllersche noch sonstige, geschweige denn irgendwelche Prophetien. Etwas wie ein Vermächtnis allerdings enthält Wolfs Erzählung durchaus. Es klingt zunächst tapfer, ja verheißungsvoll: "Wenn wir zu hoffen aufhören, kommt, was wir fürchten, bestimmt." Aber lastet nicht von Anfang an die Vergeblichkeit über dem Geschehen? Der Schlußsatz von *Kein Ort. Nirgends*, Kleists Satz so gut wie der Günderodes, klingt anders: "Wir wissen, was kommt."[18] Beide wissen es — und erst recht wissen es wir, die Nachgeborenen, doch darum vom Eisgang nicht Verschonten. Denn beide, Kleist wie die Günderode, sahen aus Finsternis und Verstörung zuletzt keine Ausweg mehr und flüchteten sich in den Freitod. Dem leisen Hoffnungsschimmer zum Trotz ist die Botschaft, mit der das Buch uns entläßt, eine kalte, düstere. Sie ist im besten Falle mehrdeutig, tastend und zögernd, bang. Nichts, auch nicht die Kunst, vermochte jene zwei Menschen zu retten. Nur die Dichterin selbst fühlt sich noch (man möchte fast fragen: vorläufig?) von ihr gehalten, obschon sie nicht eigens davon spricht.

Daß dem so ist und diese Einsicht allgemein gilt,[19] bestätigen, jeder auf seine Weise, Thomas Brasch und Hans Magnus Enzensberger. Sie freilich, von denen die anspruchsvollsten und umfangreichsten der heutigen Katastrophendichtungen stammen, sprechen das Paradox der Kunst und des Künstlertums unverhüllt aus. Brasch zumal tut es mit provozierender Schärfe. In seiner Text- und Bildcollage *Kargo*, mit dem erläuternden Zusatz *32. Versuch auf einem untergehenden Schiff aus der eigenen Haut zu kommen*, dekretiert er barsch und keinen Einwand duldend: "Kunst war nie ein Mittel,

---

18 Christa Wolf, *Kein Ort. Nirgends*, Darmstadt u. Neuwied 1979, S. 133f., 148 u. 151. — Die ostdeutsche Ausgabe kam im Aufbau Verlag (Berlin u. Weimar) heraus.
19 Vgl. zur Ergänzung auch meine frühere Studie *Bewußtsein als Verhängnis. Über Gottfried Benns Weg in die Kunst*. In: *Die Kunst im Schatten des Gottes. Für und wider Gottfried Benn*. Hrsg. von Reinhold Grimm u. Wolf-Dieter Marsch, Göttingen 1962, S. 40ff.

die Welt zu ändern, aber immer ein Versuch, sie zu überleben."[20] Sie war und ist es am meisten dann, fahren wir fort, wenn ihr Verzweiflung, Tod und Untergang zum Gegenstand werden. Enzensberger liefert dafür ein bestechendes Beispiel. Sein Versepos *Der Untergang der Titanic*, das den kühnen, weil auf Dante zielenden Gattungsnamen *Eine Komödie* trägt, vertritt und verkörpert dies nicht einfach nur, sondern stellt es außerdem dar. Statt zu verordnen, gestaltet Enzensberger. Ich kann es mir nicht versagen, das betreffende Gedicht — eins der vielen, die als Rückblende oder Ausblick, Variation oder Kommentar in den *Titanic*-Bericht verwoben sind — in seiner Gesamtheit zu zitieren. Seine Überschrift lautet: *Apokalypse. Umbrisch, etwa 1490*. Und nicht zufällig schiebt es der Dichter schon sehr bald ein, gleich nach dem "Zweiten Gesang":

> Er ist nicht mehr der Jüngste, er seufzt,
> er holt eine große Leinwand hervor, er grübelt,
> verhandelt lang und zäh mit dem Besteller,
> einem geizigen Karmeliter aus den Abruzzen,
> Prior oder Kapitular. Schon wird es Winter,
> die Fingergelenke knacken, das Reisig
> knackt im Kamin. Er seufzt, grundiert,
> läßt trocknen, grundiert ein andermal,
> kritzelt, ungeduldig, auf kleine Kartons
> seine Figuren, schemenhaft, hebt sie mit Deckweiß.
> Er zaudert, reibt Farben an, vertrödelt
> mehrere Wochen. Dann, eines Tages, es ist
> unterdessen Aschermittwoch geworden
> oder Mariä Lichtmeß, taucht er, in aller Frühe,
> den Pinsel in die gebrannte Umbra und malt:
> Das wird ein dunkles Bild. Wie fängt man es an,
> den Weltuntergang zu malen? Die Feuersbrünste,
> die entflohenen Inseln, die Blitze, die sonderbar
> allmählich einstürzenden Mauern, Zinnen und Türme:
> technische Fragen, Kompositionsprobleme.
> Die ganze Welt zu zerstören macht viel Arbeit.
> Besonders schwer sind die Geräusche zu malen,
> das Zerreißen des Vorhangs im Tempel,
> die brüllenden Tiere, der Donner. Alles

---

20 Thomas Brasch, *Kargo. 32. Versuch auf einem untergehenden Schiff aus der eigenen Haut zu kommen*, Frankfurt 1979 [erstmals 1977], S. 61.

soll nämlich zerreißen, zerrissen werden,
nur nicht die Leinwand. Und der Termin
steht fest: Allerspätestens Allerseelen.
Bis dahin muß, im Hintergrund, das wütende Meer
lasiert werden, tausendfach, mit grünen,
schaumigen Lichtern, durchbohrt von Masten,
lotrecht in die Tiefe schießenden Schiffen,
Wracks, während draußen, mitten im Juli,
kein Hund sich regt auf dem staubigen Platz.
Der Maler ist ganz allein in der Stadt geblieben,
verlassen von Frauen, Schülern, Gesinde.
Müde scheint er, wer hätte das gedacht,
sterbensmüde. Alles ist ocker, schattenlos,
steht starr da, hält still in einer Art
böser Ewigkeit; nur das Bild nicht. Das Bild
nimmt zu, verdunkelt sich langsam, füllt sich
mit Schatten, stahlblau, erdgrau, trübviolett,
caput mortuum; füllt sich mit Teufeln, Reitern,
Gemetzeln; bis daß der Weltuntergang
glücklich vollendet ist, und der Maler
erleichtert, für einen kurzen Augenblick;
unsinnig heiter, wie ein Kind,
als wär ihm das Leben geschenkt,
lädt er, noch für den selben Abend,
Frauen, Kinder, Freunde und Feinde
zum Wein, zu frischen Trüffeln und Bekassinen,
während draußen der erste Herbstregen rauscht.[21]

Ein unerhörter Vorgang ... und dennoch beinah gewöhnlich. Weil er den "Weltuntergang glücklich [!] vollendet" hat, ist dieser Maler — wie er heißt, wird nicht gesagt und tut nichts zur Sache — geradezu "unsinnig heiter", von einem förmlichen Freudentaumel gepackt wie ein erleichtertes Kind: gleichsam als wären Tod und Vernichtung imstande, uns Menschen das Leben zu schenken. Aber ebendarin besteht das Paradox nicht nur der Poesie, sondern der Kunst und des Schaffens schlechthin. Enzensberger hat es in diesem poetologischen Gedicht meisterhaft gestaltet. Werk und Wirkung werden in ihm, weit über den Anlaß hinaus, sich selber gegenständlich.

21 Hans Magnus Enzensberger, *Der Untergang der Titanic. Eine Komödie*, Frankfurt 1978, S. 12f.

Der Untergang der Titanic ist in der Tat eine danteske *Komödie*, ein modernes Weltgedicht vom Weltuntergang, und zweifellos die bedeutendste künstlerische Leistung innerhalb des uns beschäftigenden Motivkomplexes. Enzensberger hält dieses Epos, nicht zu Unrecht, "vielleicht" für sein bestes Werk.[22] Sein reichstes und faszinierendstes ist es sicher. Stets aufs neue überrascht die Fülle und Vielfalt des in diesen 33[23] Gesängen nebst Zwischengedichten Aufgehobenen. Es auch bloß in Umrissen nachzuzeichnen ist völlig unmöglich. Allenfalls ließe sich die sprichwörtliche 'Spitze des Eisbergs' wiedergeben — denn das Buch hat wirklich sogar seine komischen Seiten. Aber da es den Weltuntergang (wie auch dessen Kritik, ja versuchte Widerlegung; von anderem gar nicht zu reden) an der konkreten historischen Schiffskatastrophe vom April 1912 entwickelt, will ich lieber davon noch einiges anführen. "Der Eisberg" kommt trotzdem "unwiderruflich", wie Enzensberger im gleichnamigen Gedicht beziehungsreich sagt, "auf uns zu".[24] Gerade die Einleitung des Ganzen, die Schilderung des Zusammenstoßes, ist nämlich besonders beeindruckend:

> Einer horcht. Er wartet. Er hält
> den Atem an, ganz in der Nähe,
> hier. Er sagt: Der da spricht, das bin ich.
>
> Nie wieder, sagt er,
> wird es so ruhig sein,
> so trocken und warm wie jetzt.

So beginnt der "Erste Gesang". Und etwas später abermals:

> Weißes Rauschen im Kopfhörer
> meiner Zeitmaschine.
> Stummer kosmischer Lärm.

---

22 So in einem undatierten Brief an mich vom September 1978.
23 Die Beziehung zu Dante wird auch ausdrücklich hergestellt, und zwar wiederholt; vgl. insbes. Enzensberger, S. 78.
24 Vgl. ebd., S. 27.

Kein Klopfzeichen. Kein Hilfeschrei.
Funkstille.
Entweder ist es aus,

sage ich mir, oder es hat
noch nicht angefangen.
Jetzt aber! Jetzt:

Ein Knirschen. Ein Scharren. Ein Riß.
Das ist es. Ein eisiger Fingernagel,
der an der Tür kratzt und stockt.

Etwas reißt.
Eine endlose Segeltuchbahn,
ein schneeweißer Leinwandstreifen,

der erst langsam,
dann rascher und immer rascher
und fauchend entzweireißt.

"Das ist der Anfang", ruft Enzensberger dazwischen. "Hört ihr? Hört ihr es nicht?" Bereits hier ist das Gleichnishafte offensichtlich. Beide Schichten, Bericht und übertragene Bedeutung, gehen nahtlos ineinander auf:

Dann ist es wieder still.
Nur in der Wand klirrt
etwas Dünngeschliffenes nach,

ein kristallenes Zittern,
das schwächer wird
und vergeht.

Das war es.
War es das? Ja,
das muß es gewesen sein.

Das war der Anfang.
Der Anfang von Ende
ist immer diskret.

Es ist elf Uhr vierzig
an Bord. Die stählerne Haut
unter der Wasserlinie klafft,

zweihundert Meter lang,
aufgeschlitzt
von einem unvorstellbaren Messer.

Das Wasser schießt in die Schotten.
An dem leuchtenden Rumpf
gleitet, dreißig Meter hoch

über dem Meeresspiegel, schwarz
und lautlos der Eisberg vorbei
und bleibt zurück in der Dunkelheit.[25]

Hat man übrigens bemerkt, daß diese Verse Enzensbergersche Terzinen sind? Dante und kein Ende! Und hat man ferner die Vorausdeutung auf die "Leinwand" jenes namenlosen umbrischen Malers wahrgenommen: die Mahnung also ans zarte Gewebe der Kunst, das in den Schrecken der Apokalypse schwelgt und das beim Weltuntergang gleichwohl, als einziges von allen Dingen, unsinnigerweise nicht zerstört werden soll? Das Beziehungsgeflecht des Werkes – dutzendfach könnte man die Beispiele vermehren – erstaunt immer wieder. Sogar die Insel Kuba, wo Enzensberger es in den "sonderbar leichten Tagen der Euphorie" (höchst erstaunlich auch das) 1969 zu schreiben begonnen hatte,[26] ist ja Teil des komplexen Ganzen. Derselbe Eisberg, der nach dem Zusammenprall mit der *Titanic* "schwarz" und "lautlos" in der "Dunkelheit" verschwindet, treibt ein halbes Jahrhundert danach, "sehr viel größer und weißer als alles Weiße, weit draußen [. . .] in der dunklen Bucht" vor Havanna.[27] Nicht nur von der Renaissance bis in die Gegenwart, auch von der Dritten Welt bis ins winterlich isolierte Berlin – dort wurde 1977 die Arbeit abgeschlossen – erstreckt sich diese gigantische, diese wahrhaft globale Parabel vom "untergehenden Schiff, das ein Schiff und kein Schiff ist".[28]

25 Ebd., S. 7ff.
26 Vgl. ebd., S. 15 u. 115.
27 Vgl. ebd., S. 17.
28 Ebd., S. 54.

Ja, selbst ins Zimmer noch, wo der Schreibende sitzt, dringen Kälte und Schnee,[29] die eisigen Fluten und die Tintenschwärze[30] der Tiefsee! Und trotzdem endet diese Dichtung ("schwer zu sagen, warum") mit einem absurden Dennoch, einem Mit- oder jedenfalls Weitermachen. "Alles [...] wie gehabt, alles schlingert, alles unter Kontrolle, alles läuft", heißt es, widersprüchlich genug, in den allerletzten Zeilen. Und: "Ich schwimme und heule [...], heule und schwimme [...] weiter."[31]

Enzensbergers *Commedia non-divina* erschien im Herbst 1978. Das Buch *Kargo*, das in gewissem Sinne die Entsprechung dazu bildet, weil auch sein *untergehendes Schiff* "ein Schiff und kein Schiff" ist, stammt zwar aus der Feder eines anderthalb Jahrzehnte Jüngeren, war aber bereits im Jahr zuvor zum ersten Male veröffentlicht worden. Wie die in vielem verwandte *Hamletmaschine* von Braschs Mentor Müller kam es 1977 heraus. Und nicht umsonst fällt in *Kargo* mit Bezug auf den Autor wie auf Rita, die wichtigste seiner Figuren, un-

---

29 Vgl. etwa ebd., S. 14, 20, 22 u.ö.
30 Vgl. hierzu ebd., S. 53 u. 56.
31 Vgl. ebd., S. 115. – Vgl. inzwischen auch die *Titanic*-Titelgeschichte von Wilhelm Bittorf, *Ein Aufstand gegen die Götter, der mißlang*. In: *Der Spiegel* 34, Nr. 29 (14.7.1980), S. 138ff., wo es u.a. heißt: "Jagen wir nicht der drohenden Selbstvernichtung entgegen, ohne auch nur einen Strich vom Kurs abzuweichen – obwohl heute im Unterschied zur 'Titanic' jedermann an Bord die Gefahren kennt, auf die wir zusteuern?" Was Enzensbergers Epos betrifft, so wird ihm natürlich, im sattsam bekannten *Spiegel*-Jargon, einiges Ungenaue angekreidet: "Enzensberger machte [...] nicht nur das Leck, das der Eisberg schlug, mehr als doppelt so lang wie in Wirklichkeit. Dem landgebundenen schwäbischen Dichter gelang es sogar, eine der wenigen Tatsachen des Untergangs zu verunklaren, die unbestritten sind. Er drehte den Liner, der mit aufgerichtetem Heck versank, kurzerhand um [...]." Auch die von Enzensberger übernommenen Berichte der "Sensationspresse", wonach die Armen (d.h. die Passagiere des Zwischendecks) "mit Gewalt daran gehindert worden seien, aus ihrer Falle im Bauch des Schiffes ans Oberdeck zu klettern und die Boote zu erreichen", sind laut *Spiegel* falsch. Die "Wahrheit ist beklemmender": sie seien überhaupt nicht benachrichtigt, sondern einfach ihrem Schicksal überlassen worden! Daß mit derlei Einwänden die poetische Wahrheit der Enzensbergerschen Dichtung nicht im mindesten berührt oder gar geschmälert wird, brauche ich wohl nicht eigens zu betonen.

geniert das Wort "Clown".[32] Denn dieses Katastrophenbuch, wenn irgendeines, erweist sich vollends als "Alptraum" und finsterer "Jux" zugleich. Man kann solche Begriffe einem *Zwei Randbemerkungen zum Weltuntergang* überschriebenen Text entnehmen, der freilich gar nicht auf Brasch bezogen, doch dafür am Ende vielleicht mit einem Schuß Selbstironie versetzt ist. Als Verfasser zeichnet nämlich niemand anders als Hans Magnus Enzensberger.[33] Dessen episches Gedicht ist natürlich in seiner Formstrenge von der Montage Braschs, mit ihrem chaotischen Durcheinander von Versen, Skizzen, kurzen Stücken, Aphorismen, Thesen und Geschichten, grundverschieden, ähnelt ihm aber im Gehaltlichen gleichwohl beträchtlich. Namentlich eben die jeweils schon in der Titelei genannte Kernvorstellung haben beide Werke gemeinsam. Anders indes als bei Enzensberger ist sie bei Brasch, unterm Obertitel *Ritas Vorstellung*, auf wenig mehr als zwei Druckseiten konzentriert, die überdies kokett als "Melodramatischer Essay" ausgegeben werden. Bedeutsam ist ferner, daß sich der parabolische Schiffsuntergang in *Kargo* nicht etwa, wie der Enzensbergersche, bloß unter anderem, sondern von vornherein (wenn auch keineswegs ausschließlich) in Berlin ereignet. Allerdings — bei Brasch haben wir nicht mehr jene westliche Enklave vor uns, sondern die Hauptstadt der DDR. Ganz wie Enzensberger Castros Kuba, ja noch viel ausdrücklicher, fügt Brasch den sozialistischen Teil Deutschlands in seine kritische Untergangsvision ein.

Es lohnt sich demnach auch diesmal, von einer winzigen Streichung abgesehen, die einschlägige Stelle ganz anzuführen. "Augen geschlossen, Hand vor den Mund, zitternde Knie": damit wird der "Essay" eingeleitet. Brasch gibt sozusagen eine Bühnenanweisung für den Auftritt Ritas, die uns daraufhin ihrerseits folgendes eröffnet:

> Wenn ich uns durch die Pieckstraße gehen sehe, sehe ich uns auf dem Schiff 'Europäische Kultur'. Geht unter: Was von diesem Schiff herunter über das Meer geschrien wird, wird von einem untergehenden Schiff geschrien. Was von diesem Schiff herunter geschrien wird, wird von Leuten

32 Vgl. etwa Brasch, S. 100 u. 150.
33 Vgl. Hans Magnus Enzensberger, *Zwei Randbemerkungen zum Weltuntergang*. In: *Kursbuch*, 52 (Mai 1978), S. 1ff.; hier S. 3.

geschrien, die nur noch nicht vollständig tot sind. Es sind Gedichte zu hören, die sich anhören wie Gebete eines Ertrinkenden; es sind Lieder zu hören, die klingen wie Gurgeln; es sind Monologe zu hören, die in den Ohren gellen wie das Gebrüll eines Verdurstenden in der Wüste. In den Kajüten sind Menschenpaare zu sehen zwischen Möbeln, auf die lange gespart und neun Stunden am Tag gearbeitet wurde. Das Schiff ist sehr gut eingerichtet, unter seinen Insassen ist die Auffassung weitverbreitet, daß es sich bei diesem Schiff um ein nicht sinkbares handelt. In allen Gemeinschaftsräumen wird an den Sonnabenden getanzt: Offiziersmesse, Club erster Klasse, Zwischendeck, Unterdeck. Das Kulturerbe wird gepflegt. Sophokles, Shakespeare, Bach, Goethe. (Lernt daraus!)

Zwischen den Büsten liegt zerbrochenes Metall, das aussieht wie herausgebrochene Stücke aus KleistLenzBüchnerHeymMozartDerMongoloidevon Station3DerRattenfängervonHamelnBraschCatull. ('Da klebt ja Blut dran, i')

Zwischen den Tanzenden, zwischen den Aufgeregten, zwischen den einander liebevoll Umklammernden gehen ein paar Leute mit sonderbaren Bewegungen umher und rufen was von 'Untergang'. Einige von ihnen werden zum Tanz gebeten und vergessen im Schwung, was sie von der Reling sahen. Andere von ihnen werden in Einzelkajüten gesperrt und andere werden in den Offiziersrang befördert wegen ihrer Fähigkeit der scharfen Beobachtung. Von denen, die bleiben, sind einige nicht in der Lage sich auszudrücken, und ihre Stimme klingt, als hätten sie Wasser im Maul. (Ambitionierte Künstler, deren Ehrgeiz ihr Können weit überragt) Der Rest: Mit nassen Füßen und dramatisch erhobenen Armen an Deck, zu den wilden Tänzen an Land herüberstarrend (Afrika und Lateinamerika), bemüht, den dunklen Küstenbewohnern die Sprache von den Lippen abzulesen, über das Meer zu den Vertretern der Neuen Kultur Worte brüllend, die sie für die Sprache der Neuen Kultur halten. (O, die herrliche Naivität der südamerikanischen Literatur, O, das ursprüngliche Talent des Leroi Jones'), aber unverstanden an Land und auf dem untergehenden Schiff, dessen Sprache sie sprechen. Legen die Hände an die Ohren und hören Worte vom Land, hören ein Haßgeschrei gegen ihr Schiff.[34]

Auch dieser Text bedarf kaum der Erläuterung. Ähnlichkeiten wie Unterschiede treten, insbesondere im Hinblick auf Enzensberger, mit aller nur wünschbaren Klarheit hervor: von der Anspielung auf die *Titanic* (ein "nicht sinkbares" Schiff) über diverse Clownerien (mit

---

34 Brasch, S. 147f.

Einschluß der Zeichensetzung) bis hin zur ambivalenten Behandlung der Dritten Welt (von wo Brasch dann plötzlich, nach dem Einschub "Endlich beim Thema", in die Privatsphäre, das heißt in sein Liebesleben abschwenkt).[35] Was die erwähnte Verwandtschaft mit Müller betrifft, so wird sie zwar nicht so deutlich; sie läßt sich jedoch, vor allem als Neigung zum Grausam-Grotesken, zumindest ahnen ... wohingegen die Müllerschen Feminismen, die in *Kargo* ebenfalls zur Genüge begegnen, merkwürdigerweise weder im zitierten noch im ausgeklammerten Teil des "Melodramatischen Essays" zu finden sind. Brasch konzentriert sich in diesem Konzentrat auf das "Schiff 'Europäische Kultur'", wie er bzw. Rita es sich vorstellt — und gut zwei Druckseiten von fast zweihundert sind schließlich bloß ein reichliches Prozent dessen, was er in seiner riesigen Montage und Collage zusammengetragen hat. Daß der *32. Versuch auf einem untergehenden Schiff aus der eigenen Haut zu kommen* zweifelsohne, wiewohl auf ganz andere Art, ähnlich komplex ist wie Enzensbergers *Komödie*, wenn auch schwerlich so facettenreich, und daß die Betrachtung eines Einzelmotivs ihm mithin sowenig gerecht wird wie der *Hamletmaschine* Müllers, muß in aller Fairneß anerkannt werden und sei deshalb ausdrücklich hervorgehoben.

Im übrigen enthält sogar der früher erwähnte, im winterlichen Emmental angesiedelte Schnee- und Kälteroman des Schweizers Meyer, der sich auf versteckte, verschmitzte, jedoch darum nicht minder wirksame Weise ebenfalls mit Fragen der Kulturkritik befaßt, jenes beliebte Motiv des Untergangs, das heute überall grassiert. Es äußert sich hier allerdings, so wie der Tod durch Erfrieren, lediglich mittelbar oder potentiell und zudem weitgehend punktuell: entweder als widerwärtige bäuerliche "*Katastrophe*",[36] von der dem Erzähler berichtet wird, oder aber, und dies vor allem, als Traum. Im Traum wird Meyers scheinbar so biederer Held immerhin von der Vision einer "*toten* und *leblosen*, urweltlichen, möglicherweise vormenschlichen oder von Menschen und Tieren verlassenen, vom Wasser verwüsteten Landschaft" heimgesucht, über die "man", wie es unper-

---

35 Vgl. ebd., S. 148f.; dazu etwa Enzensberger, *Der Untergang der Titanic*, S. 113.
36 Meyer, S. 84 (Hervorhebung im Original).

sönlich heißt, "hinwegflog",[37] und mit dieser Sintflutvision verbindet sich zusätzlich, obschon durchaus unterschwellig, die auf einem Spaziergang gemachte Erfahrung von Aas und ekelhafter Verwesung.[38] Doch all das wird eben, wie der Roman *In Trubschachen* insgesamt, mit raffinierter Distanz und Zurückhaltung erzählt und in seiner traumatischen Funktion erst auf Umwegen spürbar. Meyer will und kann den arglosen Leser, jedenfalls eine Zeitlang, aller Bedrohung ungeachtet in Sicherheit wiegen. Er führt uns gewissermaßen aufs Eis.

Nur in einer Hinsicht — womit aber diese trügerische Sicherheit endgültig besiegelt scheint — leistet er sich beharrlich eine ausschweifende, ja im wahrsten Sinne des Wortes 'üppige' Darbietung: nämlich was das Essen angeht. Und auch deren Form ist für Meyers Stil wiederum charakteristisch. Denn die exakte Wiedergabe der gewiß sehr leckeren, indes ausgesucht schweren und fetten Mahlzeiten, die der Erzähler im Gasthaus *Zum Hirschen* von der währschaften Wirtin, Frau Anna Soltermann-Hirschi, Tag für Tag vorgesetzt bekommt, geschieht einfach dadurch, daß mit peinlicher Akribie die tägliche Speisenfolge verzeichnet oder, noch genauer, der Speisezettel (schweizerisch das Menu, mit dem Ton auf der ersten Silbe) kurzerhand abgeschrieben wird . . und zwar mit prunkenden Großbuchstaben! Was dann in einem besonders gelungenen Beispiel, das ich mir wirklich nicht verkneifen darf, ungefähr so lautet:

FLÄDLISUPPE, ROSEN- und BLUMENKOHL, ERBSLI, SPARGELN, PFIRSICHE mit PREISELBEERKONFITÜRE, KALBS- und SCHWEINEBRATEN, CROQUETTLI, ENDIVIENSALAT [sowie zu guter Letzt natürlich noch eine Süßspeise].[39]

Weit über ein Dutzend solch kulinarischer Registerarien, die der gediegenen Küche der Frau Soltermann-Hirschi das glänzendste Zeugnis ausstellen, bringt Meyer, nicht ohne kaustischen Humor, zum Vortrag. Aber gerade sie haben im Kontext seines Romans eine eigentümlich ernüchternde Wirkung. Zusammen mit der Kant- und

---

37 Ebd., S. 190 (Hervorhebung im Original).
38 Vgl. ebd., S. 125ff.
39 Ebd., S. 134.

Illustriertenlektüre, die der Held abwechselnd betreibt, und vor dem Hintergrund von Kälte und Untergang, Aasgestank und Verwüstung legen sie nämlich im Endergebnis desto unbarmherziger die ganze Hohlheit und innere Widersprüchlichkeit der zivilisierten, von rücksichtslosem Raubbau zehrenden Wohlstands- und Überflußgesellschaft bloß. Diese Emmentaler Völlereien sind alles andere als Selbstzweck; vielmehr ist gerade die präzise, täuschend wohlige Schilderung von Genuß, Nichtstun und beschaulicher Kulturpflege, unter Ausgrenzung jedweder realen Not und Entbehrung, der eigentliche Angelpunkt eines systematischen Verfremdungsprozesses. Meyer führt uns in der Tat aufs Eis, will sagen in die Vereisung — aber, mit Brasch und Enzensberger zu reden, durch die Schweizer Luxuskabine des Schiffs 'Europa', wo dem Anschein nach alles noch "läuft".

Daß dies Schiff auch ein schlingerndes Schwesterschiff besitzt, genannt 'Amerika', wollen wir nicht vergessen. Doch wenden wir und jetzt lieber dem deutschen Film zu! In ihm läuft ja bekanntlich ebenfalls alles noch oder wieder. Und damit kommen wir endlich auch zum Satyrspiel nach der Tragödie. Freilich, selbst 'Satyrspiel' stellt für das Machwerk, das wir im folgenden noch erledigen müssen, eine viel zu noble Bezeichnung dar. Denn mit dessen Autor — ich spreche von einem 'Künstler' namens Herbert Achternbusch — ist jener eisig-fahle Motivkomplex, den wir bisher behandelt haben, nicht nur auf den Hund, sondern geradezu, wie wir gleich sehen werden, auf den Eisbären gekommen; ja, er ist, da hier auch zwei Tiere nicht ausreichen, ganz und gar zu rüden, anmaßlichen Viecherei v e r kommen. Als 1969 Achternbuschs erste Veröffentlichung, *Hülle*, erschienen und seine zweite, *Das Kamel*, bereits in Anzug war, sagte ich in einer Besprechung im Hessischen Rundfunk: "Unverfrorener hat sich wohl selten ein Pfuscher zum Schriftsteller aufgeworfen." Mit Hilfe dieser Äußerung, die selbstverständlich nichts nützte, obschon sie von Buch zu Buch bestätigt wurde, hat Achternbuschs Verlag (der zugleich derjenige Dorsts, Meyers, Bernhards, Braschs und Enzensbergers ist und zuweilen sogar der meine) seit nunmehr zehn Jahren ebenso listig wie lustig geworben:[40] und zwar,

---

40 Der Text liegt neuerdings, ebenfalls nach fast zehn Jahren, auch mehrfach im Druck vor. Vgl. zuletzt Reinhold Grimm, *"Der Verfasser heißt Herbert*

indem er sie mit einer zügellosen, demselben Pfuscher gewidmeten Lobeshymne aus der Schublade eines anderen Kritikers, Reinhard Baumgarts, koppelte. Baumgart orakelte nämlich damals im *Spiegel*:

> Hier versucht jemand das Schlichteste und letztlich Unmögliche: sich selbst, seine Erfahrungen *unmittelbar* zu Papier zu bringen, ohne den Umweg über den schönen Schwindel von erfundenen Geschichten oder mit dem strengeren Schwindel der Selbstreflexion.

Beide Äußerungen nebeneinander — immer mal wieder — sind im Klappentext einer mittlerweile nachgeschobenen dreibändigen Gesamtausgabe (!) der angeblichen Unmittelbarkeiten Achternbuschs abgedruckt: also alles in allem noch dreimal.[41] Man soll sich gefälligst selber, nicht wahr, von den Vorzügen dieses sowohl auf den schönen als auch auf den strengeren Schein verzichtenden Schreibens, das demnach weder mit Kunst noch mit Denken etwas zu schaffen hat, überzeugen (lassen). Vornehmer ausgedrückt: Man wird gebeten, sich sein eigenes Urteil zu bilden.

Gut, tun wir's. Nichts ist besser dafür geeignet als Achternbuschs Beitrag zu unserem Thema, sein Text und Film *Servus Bayern* von 1978. Denn was wird uns da von ihm geboten? Eis, hauptsächlich Eis, unentwegt und in rauhen Mengen Eis. Schon bevor man dieses nicht etwa schlicht versuchte, sondern schlecht und schludrig hingehauene oder, richtiger, mit affektierter Spontaneität sorgsam erklügelte und somit hingeschwindelte Erzeugnis aufschlagen kann, starrt einem vom knallbunten Schutzumschlag das Konterfei des Autors, umrahmt von Eis und nochmals Eis, entgegen; und das gilt auch keineswegs bloß für denjenigen der Bände, der *Servus Bayern* enthält, sondern für alle drei. Ja, auf einem der gewollt kitschigen Umschläge, auf dem der hochtrabende Titel *Die Alexanderschlacht* prangt,[42] liegt Achternbusch, dieser bajuwarische Lackel, in der Pose

---

Achternbusch". In: *Herbert Achternbusch*. Hrsg. von Jörg Drews, Frankfurt 1982, S. 61f.; diese wenigen kritischen Sätze sind freilich umrahmt von Rühmungen.
41 Die beiden Zitate finden sich jeweils auf der vorderen Umschlagklappe der drei Bände, die alle im gleichen Jahr, 1978, erschienen sind (s.u.).
42 Herbert Achternbusch, *Die Alexanderschlacht*, Frankfurt 1978.

von Tischbeins *Goethe in der Campagna* vor einem Prospekt aus treibendem Eis, tiefblauem Eismeer und Himmel und fernen Gletschern! Eis an allen Ecken und Enden: Packeis, Treibeis, Eisschollen und Eisberge; selbst der besagte Eisbär – ein Faschingskostüm, versteht sich – ist bereits in voller Lebensgröße vorhanden. Er, samt dem Autor und einem Helfer, ziert den zweiten der drei Bände, *Die Atlantikschwimmer*;[43] der dritte, *1969* betitelt,[44] rückt dann eher wieder die arktische Landschaft in den Vordergrund. Wäre es nicht schade um den Begriff, könnte man rundweg behaupten, Achternbusch sei von Eis, aber auch Schnee,[45] doch insbesondere vom Eis auf Grönland förmlich 'besessen'. Denn dort, auf Grönland, spielt *Servus Bayern*. Text wie Film sind buchstäblich von Grönlands Eismassen eingeschlossen. Beide beginnen und enden sie mit einem langen "Flug über die Grenze des grönländischen Inlandeises".[46]

Einen gewissen Zusammenhang mit dem vorher Betrachteten kann zwar selbst Achternbusch nicht vermeiden. Die "Leute in Bayern" beispielsweise haben, laut Aussage eines Reporters in diesem Drehbuch, "das Eis in sich".[47] Auch Achternbuschs eigene Gestalten, so unmöglich sie Baumgart zufolge sind, rufen einander zu: "Du bist nur Eis!" Und einmal – und ich meine das wirklich nicht rein ironisch – versteigt sich Achternbusch sogar zu der richtigen, obgleich nicht übermäßig tiefen Erkenntnis: "Aber das Eis ist der Trost und der Tod zugleich." Ansonsten jedoch herrscht in seinem Sprach- und Bildgebrauch entweder Unvermögen oder fast völlige Willkür. Erklärt etwa jener Reporter: "Sie vertreten die Ansicht, daß sich ganz Bayern unter Eis und Schnee befindet, unter einem Gletscher, bildlich gesprochen", so antwortet ihm Achtern-

---

43 Ders., *Die Atlantikschwimmer*, Frankfurt 1978.
44 Ders., *1969*, Frankfurt 1978.
45 Einen im Schnee knieenden oder watenden Achternbusch zeigt zum Beispiel sein auch mit Bildern durchschossener 'Roman' *Die Stunde des Todes* (Frankfurt 1975). Die betreffende Aufnahme erscheint dreimal: auf dem vorderen und hinteren Teil des Schutzumschlags sowie, über zwei Seiten hin, im Text. In der Bildunterschrift ist von einer "Katastrofe" (*sic*) die Rede.
46 Vgl. Achternbusch, *Die Atlantikschwimmer*, S. 299 u. 325.
47 Ebd., S. 303; zu den beiden folgenden Zitaten vgl. S. 310 u. 322.

busch lahm, auf Grönland gebe es zwar "mehr Eis, aber nicht so viel wie bei uns".[48] O ja, wir merken schon, was er sagen möchte; nur reichen halt leider seine schriftstellerischen Mittel nicht aus. Und dabei wird von diesem Pseudokünstler gerade auch übers Metier des Schriftstellers reflektiert – trotz Baumgart und unverfrorener (o der prophetischen Wortwahl) denn je! "Das ist die Schönheit des Schreibens, Eis brechen und Eis schmelzen, auch wenn dadurch Länder am Meer untergehen."[49] So Achternbusch mit talmihafter Titanengeste. Doch die Krönung des Ganzen und eins seiner Grundmotive – falls man von derlei bei Achternbusch tatsächlich reden kann – bildet eine Art Doppelszene, wo seine Frau Annamirl, mit der es schon nicht mehr recht klappen will, "an der Meerenge von Messina [...] unter einer vom Wind gepeitschten Palme" steht, während er selber sich, droben in Grönland, an einen "Eisbären" klammert und versucht, "ihn von hinten zu ficken".[50] Ob das eine bewußte Parodie auf das berühmte Heine-Gedicht aus dem *Lyrischen Intermezzo* sein soll, mag der Teufel oder ein Kritiker vom Schlage Baumgarts wissen. Die Anklänge an den "Fichtenbaum", den "einsam" im Norden über "Eis und Schnee" zwar kein abwegiges Gelüsten, wohl aber das Schläfern befällt, und an die "Palme", die im Süden "einsam und schweigend [...] auf brennender Felswand" trauert,[51] dürften, ob beabsichtigt oder nicht, kaum zu überhören sein. Nicht nur das Motiv der Vereisung, sondern auch Heine, wie vor ihm bereits Goethe auf dem Schutzumschlag, sind in *Servus Bayern* und ähnlichen Expektorationen auf den – Herbert Achternbusch gekommen, dieses vermeintliche Urviech der deutschen Gegenwartsliteratur, das in Wahrheit der albernste, ödeste und unflätigste aller literarischen Hanswürste ist, die sich jemals "zu Papier" gebracht haben.

Bitte, ich möchte nicht mißverstanden werden! Ich bin keineswegs prüde und weiß einen deftigen Ausdruck, wo er angebracht ist, durchaus zu schätzen; auch habe ich nicht das geringste gegen das,

---

48 Ebd., S. 303.
49 Ebd., S. 324.
50 Vgl. ebd., S. 323.
51 Vgl. *Heinrich Heines Sämtliche Werke*. Hrsg. von Ernst Elster, Leibzig u. Wien o.J., Bd. I, S. 78.

was soeben so überwältigend schlicht bei seinem volkstümlichen Namen genannt wurde (namentlich wenn es nicht im bloßen Versuch steckenbleibt). Wogegen ich jedoch sehr viel habe, sind bierumdunstete 'Originalideen' wie die vom malträtierten Eisbären[52] oder gar die folgende, abermals aus *Servus Bayern*:

> Zaghaft geht Herbert zur Theke, kommt vorher zum Stehen, stützt sich, blickt um: Kruzifix, jetzt habe ich in die Hose geschissen! – Die Kamera, die ihm nachgefahren ist, weicht zurück.[53]

Man kann der Kamera ihr Zurückweichen nicht verdenken. Hier, wenn irgendwo, wäre das von Baumgart beschworene Papier am Platze gewesen ... Aber genug all dieser Achternbuschiaden, selbst wenn auch schon, zum Überfluß, in dem als 'Roman' deklarierten Sammelsurium *Land in Sicht* von 1977 zahllose treibende "Eisberge" gesichtet werden, "die glitzern und funkeln". (Achternbusch merkt dazu an: "So wollte ich *Die Atlantikschwimmer* [gemeint ist sein gleichnamiger Film von 1976] aufhören lassen, doch ich bekam kein Geld."[54] Ich hätte ihm auch keines gegeben.) Nein, Schluß damit! Und kein Servus, Achternbusch.

Man macht immer wieder dieselbe Erfahrung. Denn sind es nicht stets die Stümper und keuchenden, atemlos grimassierenden Mitläufer, bei denen ein gängiges literarisches Motiv vollends zur billigen Scheidemünze wird und, gewollt oder ungewollt, in die eigene Karikatur umschlägt? Die Losung 'Eiszeit und Untergang', so sagte ich ja zu Beginn, schalle einem heute schon auf allen Gassen, zumindest

---

52 Was übrigens den wirklichen Einfall angeht, nämlich den Vergleich eines Menschen mit einem Eisbären, so stammt er höchstwahrscheinlich nicht einmal von Achternbusch. Neben dessen Machwerk echte Dichtung setzen heißt zwar mehr als nur die Majestät verletzen; doch ich darf den Namen Kaschnitz hier trotzdem nicht unterdrücken. Vgl. Marie Luise Kaschnitz, *Eisbären. Ausgewählte Erzählungen*, Frankfurt 1972, S. 98ff. (Die dort abgedruckte Titelgeschichte erschien, soweit ich feststellen kann, erstmals 1966 und hat natürlich mit Achternbuschs verquälter Tierquälerei nicht das mindeste zu tun.)
53 Achternbusch, *Die Atlantikschwimmer*, S. 309.
54 Ders., *Land in Sicht*, Frankfurt 1977, S. 71.

aus sämtlichen Zeitungsspalten entgegen; andererseits sei aber dieser ganze Komplex beileibe nicht ohne Vorgeschichte. Für beides zur Abrundung ein paar Belege. Und wenn es dabei wiederum oder erst recht etwas kunterbunt durcheinandergehen sollte, möge man mir auch das bitte nachsehen. Es liegt in der Natur der Sache.

Besonders kurz können wir uns bei der Vorgeschichte fassen. Schon allein die Entwicklung des *Titanic*-Motivs würde ja, wollte man sie erschöpfend behandeln, eine Untersuchung für sich erfordern (und wäre sie sicherlich wert). Auch ist diese Entwicklung keineswegs auf die deutsche Literatur beschränkt. Sie beginnt vielmehr bereits mit Thomas Hardys Gedicht *The Convergence of the Twain* von 1912 und Max Dauthendeys kleiner, noch ziemlich harmloser Versdichtung *Die Untergangsstunde der 'Titanic'* von 1913, die aber immerhin im expressionistischen Verlag Alfred Richard Meyers erschien. Der Eisberg heißt zwar auch in ihr schon "ein ungeheures Wesen"; doch wird man irgendwelche apokalyptischen Dimensionen sowohl an ihm wie an der Katastrophe selbst noch vergebens suchen. Diese ist für Dauthendey im Grunde nicht mehr − freilich gewiß nicht weniger − als ein entsetzliches Schiffsunglück, aus dem er die fromme Lehre zieht,

> Daß Menschen ihrem Tun den Untergang bereiten,
> Wenn nicht die Demut bei dem Werke saß.[55]

Doch leitet andererseits das Eis jenes Eisbergs zum Motivbereich von Frost und Erstarrung, Kälte und Schnee über; und damit liegt das Bild einer Eiszeit ebenfalls schon recht nahe. In der Tat gilt, was für das *Titanic*-Motiv gilt, auch für solche verwandten Motive. Sie setzen mindestens ebensofrüh ein, obzwar entschieden gewichtiger: nämlich im Werk Franz Kafkas. Und auch ihre Entfaltung würde zweifellos

---

55 Max Dauthendey, *Gesammelte Werke in sechs Bänden*, München 1925, Bd. IV, S. 715ff.; hier S. 717 u. 727. − Wenige Jahre vorher schon hatte das Erdbeben von Messina Dauthendey und dessen monistisch-optimistische Weltsicht erschüttert, wie aus seinem 'Epischen Gedicht' *Messina im Mörser* hervorgeht; vgl. ebd., S. 699ff.

eine eigene Untersuchung lohnen.[56] "Ungeheuer ist die Kälte", heißt es etwa — um nur ein Beispiel zu geben — in Kafkas Prosastück *Der Kübelreiter*, das Anfang 1917 entstand. Selbst das Zimmer ist hier "vollgeblasen von Frost". Die Schlußworte dieser Kurzgeschichte dürften so bekannt sein, wie sie für den Dichter typisch und, als Vorausdeutung, für die gegenwärtige Lage bezeichnend sind: "Und damit steige ich in die Regionen der Eisgebirge und verliere mich auf Nimmerwiedersehen."[57]

Oder müßten wir statt mit Kafka bereits Jahrzehnte früher beginnen, mit Wilhelm Busch und dessen Bildergeschichte vom *Eispeter*, der beim Schlittschuhlaufen zu einem klirrenden Eiszapfen erstarrt, von seinen Eltern sorgfältig am Ofen aufgetaut wird, dabei aber — o Schreck — zu einer jämmerlichen Pfütze zerrinnt, die dann die Eltern pietätvoll in einen Einmachtopf füllen? Und dieser Topf, sicherheitshalber "Peter" beschriftet, wandert zuletzt sogar (Wolfgang Kayser hat in seinem Buch übers Groteske ausführlich davon gehandelt) zum 'übrigen' Eingemachten in den Keller, wo er fortan, auf ein und demselben Regal, einträchtig mit Töpfen voll "Gurken" und "Käse" steht! Die makabre *Bilderposse*, wie Busch sie nannte, erschien bereits 1864,[58] Kaysers einflußreiche Studie hingegen erstmals 1957,[59] beinah hundert Jahre danach. Nur ein Jahr vor Kayser jedoch hatte Hans Erich Nossack sein Buch *Spirale* veröffentlicht, mit der zusätzlichen Kennzeichnung *Roman einer schlaflosen Nacht*; und in ihm, nämlich im fünften und letzten Teil, der "Das Mal" überschrieben ist, tauchen beide Motive Buschs in modernem Gewand aufs neue auf. Nossack verwendet in dieser Erzählung, die von einer

---

56 Das gilt natürlich, in diesem wie im vorhergehenden Fall, gleicherweise auch für die Gegenbewegung innerhalb solcher Motivik; vgl. hierzu etwa die Ansätze bei Jürgen Bay, *Brechts Utopie von der Abschaffung der Kälte*, Stuttgart 1975.

57 Vgl. Franz Kafka, *Die Erzählungen*, Frankfurt 1961, S. 275ff.

58 Wilhelm Busch, *Bilderpossen*, Dresden 1864; im selben Jahr und beim selben Verlag erschien dann *Der Eispeter. Eine Bilderposse* auch als Einzeldruck.

59 Wolfgang Kayser, *Das Groteske. Seine Gestaltung in Malerei und Dichtung*, Oldenburg 1957. Das Buch erschien 1960 auch, geringfügig gekürzt und unter dem Titel *Das Groteske in Malerei und Dichtung*, als Taschenbuch bei Rowohlt in Hamburg. Zu Busch vgl. dort insbes. S. 90f.

Art Expedition in eine zugleich konkrete und metaphorische Arktis oder Antarktis berichtet, sowohl das Gefrieren und Vereisen eines Menschen als auch dessen Zerschmelzen und Zerrinnen. Was die Expedition "in der Einförmigkeit der endlosen Schnee-Ebene" vorgefunden habe, schreibt er, sei "tatsächlich ein eingeschneiter Mann" gewesen, welcher "stand" (daher der Titel *Das Mal*) und rätselhafterweise geheimnisvoll "lächelte".[60] Man sieht in ihm, halb spielerisch, geradezu einen "erfrorenen Gott", so stark sind der Bann und die eisige Ausstrahlung und Verlockung zum Tode, die von ihm ausgehen. Andererseits erwägt einer der Expeditionsteilnehmer: "Könnte man ihn nicht auftauen?" Worauf ihm ein zweiter entgegnet:

> "Ich habe mal eine Geschichte von einer Frau in Eis gelesen [...]. In einem Eisblock aus der Eiszeit. Als man ihn auftaute, weil man die Frau haben wollte, zerfloß sie zu Schleim."

Ein dritter Teilnehmer bekennt gegen Ende der Geschichte, ihm sei "so erbärmlich kalt zumute", daß er "Angst habe, alles zu erfrieren", was er "künftig berühren" werde. Auch diese Bemerkung ist wohl bezeichnend genug.

Sie ist es, genauer gesagt, vor allem im Hinblick auf Kafka, der hier ja ebenfalls manche Anregung gegeben haben dürfte. Freilich würde gerade der Vergleich mit ihm wie mit Busch — und damit überhaupt der Rückgriff auf jene Vorgeschichte, die wir inzwischen schon wieder hinter uns gelassen haben — in solchen Zusammenhängen auch eine Fülle von Gegensätzlichkeiten ans Licht bringen. Friedrich Dürrenmatt ist dafür ein lehrreiches Beispiel. In seiner Sammlung früher Prosa von 1952, *Die Stadt*, begegnet ein Text mit der Überschrift *Weihnacht*, bei dessen Entstehung zwar schwerlich Busch, doch desto unverkennbarer, wie mir scheint, neben Kafka auch Georg Büchner Pate gestanden hat. Dieser Text, der knapp eine halbe Seite umfaßt, lautet:

---

60 Hierzu und zum Folgenden vgl. Hans Erich Nossack, *Spirale. Roman einer schlaflosen Nacht*, Frankfurt 1956, S. 357ff.

ES WAR WEIHNACHT. Ich ging über die weite Ebene. Der Schnee war wie Glas. Es war kalt. Die Luft war tot. Keine Bewegung, kein Ton. Der Horizont war rund. Der Himmel schwarz. Die Sterne gestorben. Der Mond gestern zu Grabe getragen. Die Sonne nicht aufgegangen. Ich schrie. Ich hörte mich nicht. Ich schrie wieder. Ich sah einen Körper auf dem Schnee liegen. Es war das Christkind. Die Glieder weiß und starr. Der Heiligenschein eine gelbe gefrorene Scheibe. Ich nahm das Kind in die Hände. Ich bewegte seine Arme auf und ab. Ich öffnete seine Lider. Es hatte keine Augen. Ich hatte Hunger. Ich aß den Heiligenschein. Er schmeckte wie altes Brot. Ich biß ihm den Kopf ab. Alter Marzipan. Ich ging weiter.[61]

Anders als Nossack gestaltet Dürrenmatt also wirklich einen "erfrorenen Gott". Auch sind die Anklänge an den Büchnerschen *Woyzeck* in der Tat fast ebenso offenkundig wie die Kafkaschen Züge dieses Prosastückes, das laut Nachwort bereits den vierziger Jahren entstammt. Die toten Gestirne aus Büchners Märchen der Großmutter verbinden sich mit Kafkas Kälte, seinem Eis und Frost — und nicht etwa nur aus dem *Kübelreiter*, sondern auch aus der Erzählung *Der Landarzt*, die wie dieser im Winter 1916/17 geschrieben wurde und ihren Helden "dem Froste dieses unglückseligsten Zeitalters", wie es ausdrücklich heißt, sogar "nackt" ausliefert.[62]

Kaum weniger bedeutsam ist für uns allerdings noch ein zweiter Text aus derselben Sammlung: die Geschichte *Der Tunnel*, entstanden, nach langem Umgang mit dem Stoff, im Erscheinungsjahr jenes Bandes.[63] *Der Tunnel* nämlich — eine Antilegende wie *Weihnacht*, obwohl durchaus religiös bestimmt — erweist sich als Dürrenmatts erste große Katastrophenphantasie, die das "Schreckliche" und "Ungeheuerliche" des Zeitalters dichterisch zu bewältigen sucht.[64] Als ihr Schauplatz fungiert eine friedlich-alltägliche Schweiz, als Held ein autobiographischer "Vierundzwanzigjähriger", der "fett" ist, Brasilzigarren raucht und "in den Ohren Wattebüschel" trägt; doch geschildert wird in dieser Erzählung, wie ein vollbesetzter Personen-

---

61 Friedrich Dürrenmatt, *Die Stadt: Prosa I–IV* (Neuausgabe Zürich 1959 [erstmals 1952]), S. 11.
62 Vgl. Kafka, S. 131.
63 Vgl. Dürrenmatt, S. 197.
64 Zum Folgenden vgl. ebd., S. 151ff.

zug, nachdem er brav und routinemäßig "in einen kleinen Tunnel" eingefahren ist, unmerklich sein Tempo beschleunigt und schließlich immer schneller und steiler ins dröhnende Dunkel jagt, das kein Ende mehr nimmt, bis er zuletzt, "als rase er mit Sterngeschwindigkeit in eine Welt aus Stein", senkrecht ins Erdinnere stürzt. Keine Frage, daß ein derartiger Sturz in den "Abgrund" in Tod und Vernichtung enden muß — indes braucht er darum keineswegs, wie uns Dürrenmatt zu verstehen gibt, unweigerlich ins Nichts zu führen. Der Begriff 'Nichts' wird zwar absichtlich, zum Zwecke der Provokation, ins Schlußwort eingeschwärzt: aber eben bloß als einsilbige Entgegnung auf den verzweifelten Ausruf, was man um Himmelswillen denn tun solle. Erst nach dieser Entgegnung folgt der letzte Satz und damit das eigentliche Schlußwort und Fazit der Erzählung: "Gott ließ uns fallen und so stürzen wir denn auf ihn zu."[64a]

Wie freilich bei Dürrenmatt gar nicht anders zu erwarten, ist sein apokalyptischer Alptraum "nicht ohne gespensterhafte Heiterkeit", die er auch eigens hervorhebt; ja, es gibt in seiner Tunnel-Groteske tatsächlich einen sehr ernstgemeinten und trotzdem höchst kauzigspitzbübischen Humor. Besonders erhellend ist in dieser Hinsicht das Textstückchen, wo sich der Zugführer dem Helden, der zunächst noch zum Handeln drängt, aus Verlegenheit vorstellt: "'Keller ist mein Name', sagte der Zugführer und sog an seiner Brasil." Doch: "Der junge Mann gab nicht nach." Worauf mit diesem Namen bzw. Wort angespielt wird, ist natürlich einerseits, als apokalyptischer Jux, jener Abgrund, in den der Zug samt Insassen hinabstürzt; andererseits aber wird damit zugleich — Dürrenmatt liebt solche Scherze[65] — nicht nur über Gottfried Keller ein wenig gewitzelt, sondern auch und erst recht, obschon unter Zuhilfenahme des folgenden Satzes, an den Verfasser eines einst vielgelesenen Zukunftsromans mit dem Titel *Der Tunnel* erinnert. Jener "Keller" nämlich und jener junge

---

64a In der Neuausgabe von 1978 wurde "die theologische Poesie" des Schlußsatzes ("Gott ließ uns fallen, und so stürzen wir denn auf ihn zu") gestrichen; vgl. Georg Hensel, *Der Kopf in der Welt und die Welt im Kopf: Friedrich Dürrenmatt mit sechzig — Versuch eines Porträts in Schnappschüssen*. In: *FAZ*, Nr. 2 (3.1.1981), Beilage.

65 Vgl. dazu meinen Aufsatz *Parodie und Groteske im Werk Friedrich Dürrenmatts*. In: *GRM*, N.F. XI (1961), S. 431ff.

"Mann" ergeben, zusammengenommen, den verschlüsselten, jedoch unmißverständlichen Hinweis auf den Namen (Bernhard) Kellermann. Und auch in Kellermanns Roman, der den Bau eines gigantischen, Europa und Amerika verbindenden Tiefseetunnels unter dem Atlantik schildert, kommt es selbstverständlich zu einer fürchterlichen Katastrophe; doch im Gegensatz zu derjenigen Dürrenmatts ist sie, so viele Opfer sie auch fordert und so verheerende Folgen sie hat, weder endzeitlicher noch endgültiger Art, sondern lediglich, weit mehr noch als der Untergang der *Titanic* für Dauthendey, ein zwar beklagenswerter, aber behebbarer Zwischenfall. Es gelingt den Menschen bei Kellermann, ihr Riesenprojekt dennoch zu verwirklichen. Mit anderen Worten: Menschlicher Geist und menschliche Tatkraft, Technik und Technikgläubigkeit triumphieren. In gewissem Sinne darf sich Dürrenmatts *Tunnel* von 1952 somit wirklich als "Gegenentwurf" (Brecht) zum älteren *Tunnel* Bernhard Kellermanns verstehen.

Ich erwähne das alles deshalb, weil sich daraus wie aus ähnlichen Beobachtungen bereits der Grundriß einer Motivgeschichte erschließen läßt. Denn wohl hat der Untergang der *Titanic*, der ja sofort paradigmatische Ausmaße annahm, ein entscheidendes Datum gesetzt (wie auch, auf andere Weise, natürlich der Erste Weltkrieg); aber dieses Datum ist beileibe kein absolutes. Das Jahr 1912 markiert im Hinblick auf die Gestaltung der großen Katastrophe sowenig den *terminus ante quem non* für eine negative (auch dystopische) Bewertung, wie es den *terminus post quem non* für eine positive (utopische) Bewertung markiert. Zum Beispiel erschien jener Kellermannsche Zukunftsroman ausgerechnet 1913,[66] in selben Jahr wie Dauthendeys kleine Versdichtung, während umgekehrt schon ein Menschenalter zuvor, Anfang 1880, Theodor Fontanes Ballade *Die Brück' am Tay* entstanden war, die auf dem schweren Eisenbahnunglück bei Dundee in Schottland vom 28.12.1870 basiert. Und wie bei Dauthendey, nur ungleich einprägsamer, kommt in ihr die Warnung vor der menschlichen Hybris und, zumindest zwischen den Zeilen, die Mahnung zur Demut zum Ausdruck. Auch Fontanes Johnie näm-

---

66 Bernhard Kellermann, *Der Tunnel. Roman*, Berlin 1913.

lich, so sympathisch er gezeichnet ist, läßt diese Demut vermissen; auch er ist allzu selbstsicher und technikgläubig — was seine stolzen Worte, die von jenem gespenstischen "Tand, Tand / Ist das Gebilde von Menschenhand!" umrahmt werden, zur Genüge beweisen. "Die Brücke noch", ruft Johnie aufmunternd:

> Aber was tut es, wir zwingen es doch.
> Ein fester Kessel, ein doppelter Dampf,
> Die bleiben Sieger in solchem Kampf.
> Und wie's auch rast und ringt und rennt,
> Wir kriegen es unter, das Element.

Doch nur wenig später — "als ob Feuer vom Himmel fiel", wie es mit apokalyptischem Einschlag heißt (vgl. Offb. 13, 13) — stürzt der Zug "in niederschießender Pracht" von der Brücke.[67]

Wie gesagt, dies alles sind lediglich verstreute Belege, die unbedingt durch eine umfassende Untersuchung ergänzt werden müßten. Aber scheint es nicht doch, als sei das große Eisenbahnunglück die traumatische Katastrophenerfahrung des späten 19. Jahrhunderts gewesen, so wie dann das große Schiffsunglück die des frühen 20. Jahrhunderts wurde? (Dagegen hat das große Flugzeugunglück, jedenfalls soweit ich im Augenblick sehe, bisher offenbar keine vergleichbare Wirkung gezeitigt oder entsprechende Gestaltung gefunden.)[68] Das unheimliche Tunnelerlebnis freilich beschäftigt nach wie vor die schriftstellerischen Gemüter, und sicher nicht zufällig besonders die schweizerischen. So lesen wir beispielsweise in einem Werk von 1977:

> Obwohl die Fahrt durch den Tunnel [es handelt sich um den Gotthardtunnel] nur etwa eine Viertelstunde lang dauerte, verspürte Berger wie immer, wenn er im Auto oder im Zug durch einen längeren Tunnel fuhr, ein leicht unangenehmes Gefühl, weil er sich dabei im Tunnelinnern fast automatisch

---

67 Theodor Fontane, *Sämtliche Werke*. Hrsg. von Walter Keitel, München 1962ff., Bd. VI, S. 285ff.; vgl. auch die Anmerkungen dazu auf S. 953ff.
68 Siehe dazu bei Franz Anselm Schmitt, *Stoff- und Motivgeschichte der deutschen Literatur. Eine Bibliographie*, Berlin/New York [3]1976 unter dem Stichwort 'Eisenbahn'; ferner unter 'Technik', 'Seefahrt', 'Schiff' (jedoch nicht 'Dampfschiffahrt'), 'Flieger', 'Flug', 'Untergang' etc.

vorstellen mußte, wie es wäre, wenn das dunkle Loch, in dem sie sich befanden, durch die gewaltige Erd- und Steinmasse des darüberliegenden Berges verschüttet würde: er sah einen verschütteten Tunnelquerschnitt vor sich, der kurz nach der Einfahrt lag und durch den er mit den bloßen Händen einen Durchgang freizulegen versuchte. Er sah, wie riesige Felsblöcke das Dach und die Seitenverstrebungen des Autotransportwagens zerdrückten, wie in dem völlig von Felsen und Erde umschlossenen und zusammengedrückten Auto fast keine Bewegungsfreiheit mehr blieb, er stellte sich vor, wie es war, wenn kein Sauerstoff mehr vorhanden sein würde. Mitten im Berg wurden ihre Körper, der von Anaïs, sein eigener und die der übrigen Reisenden, von einer unvorstellbar schweren Erdmasse zu einem blutigen, mit Eisen durchsetzten Brei zusammengedrückt [...].

Der Schweizer Beitrag, aus dem dieser Text stammt, ist der Roman *Die Rückfahrt* desselben E.Y. Meyer,[69] dessen *In Trubschachen* wir bereits kennengelernt haben. Ein Kommentar zu seiner Tunnelphantasie erübrigt sich. Ohnehin werden wir auf Meyer bald noch ein drittes Mal zurückkommen müssen.

Was mittlerweile die motivgeschichtliche Weiterentwicklung betrifft, so liegt auf der Hand, daß mit dem Ende des Zweiten Weltkriegs der tödliche Strahlenpilz von Hiroshima und Nagasaki zur beherrschenden, wahrhaft alles überschattenden Katastrophenerfahrung werden mußte.[70] Die Belege dafür reichen vom Brechtschen *Leben des Galilei* bis zu Arno Schmidts *Gelehrtenrepublik*, die laut Untertitel als *Kurzroman aus den Roßbreiten* einzustufen ist. Brechts Stück endet — so wurde es zumindest von ihm selbst 1956 am Berliner Ensemble inszeniert — mit den mahnenden, gerade in ihrer Schlichtheit ergreifenden, von einem Kinderchor gesungenen Versen:

Hütet nun ihr der Wissenschaften Licht
Nutzt es und mißbraucht es nicht
Daß es nicht, ein Feuerball

---

69 E.Y. Meyer, *Die Rückfahrt. Roman*, Frankfurt 1977, S. 152f.
70 Vgl. dazu auch meinen Aufsatz *Ein Menschenalter danach: Über das zweistrophige Gedicht 'Hiroshima' von Marie Luise Kaschnitz*. In: *Monatshefte* LXXI (1979), S. 5ff.

Einst verzehre noch uns all
Ja, uns all.[71]

Schon 1957 kam sodann Schmidts Roman heraus, der indes, insbesondere in seiner ersten Hälfte, neben dem *Galilei*-Drama wie eine läppische, auf Sex und Sensatiönchen getrimmte Farce wirkt. *Die Gelehrtenrepublik* erzählt zwar von einem Atomkrieg, durch den weite Landstriche Nordamerikas — zu schweigen vom "zerstrahlten Europa"[72] — teils verheert und verwüstet, teils auf bizarrste verwandelt worden sind: jedoch all das dient dem Autor im Grunde bloß als willkommener Vorwand für die Entfaltung seiner serienweise vorgeführten erotischen Kraftakte, will sagen Wunschvorstellungen. Dystopische und utopische Züge berühren und vereinigen sich in dieser lustvoll-belustigenden Katastrophenphantasie, deren Einzelheiten aus dem 21. Jahrhundert, wo sie als Zukunftsroman spielt, wir uns trotz der geglückten Versuche (die darin selbstverständlich in Fülle vorkommen) getrost schenken können.

Zu erwähnen sind hingegen noch zwei Wissenschaftlerdramen, die gleich dem Brechtschen ebenfalls in diesen Umkreis gehören. Wie das *Leben des Galilei* nämlich, so spiegeln auch sie die eigentliche atomare Katastrophe nur mittelbar, obschon darum nicht minder beklemmend. Was ich meine, sind natürlich Heinar Kipphardts Dokumentarstück *In der Sache J. Robert Oppenheimer* (1964) sowie vor allem Dürrenmatts *Komödie in zwei Akten* von 1962, *Die Physiker*. Nicht umsonst begegnet in den Anmerkungen zu diesem Drama, *21 Punkte zu den Physikern* überschrieben, der apodiktische Satz: "Eine Geschichte ist dann zu Ende gedacht, wenn sie ihre schlimmstmögliche Wendung genommen hat."[73] Mir scheint freilich, die Geschichte (in beiderlei Bedeutung des Wortes) habe ebenjene "schlimmstmögliche Wendung" bereits fünf Jahre vorher genommen.

---

71 Bertolt Brecht, *Gesammelte Werke in 20 Bänden*, Frankfurt 1967, Bd. 3, S. 1342; vgl. auch die Anmerkung dazu auf S. 3*.
72 Arno Schmidt, *Die Gelehrtenrepublik. Kurzroman aus den Roßbreiten*, Karlsruhe 1957, S. 7.
73 Friedrich Dürrenmatt, *Die Physiker. Eine Komödie in zwei Akten*, Zürich 1962, S. 70.

Damit meine ich natürlich wieder Becketts *End Game* oder *Fin de Partie*, uraufgeführt in London 1957. Über den Inhalt dieses Stückes brauchen keine Worte verloren zu werden: denn daß hier die Endzeit angebrochen ist, dürfte gewiß sein. Die totale Katastrophe – eine atomare oder sonst irgendeine – hat längst schon stattgefunden oder dauert immer noch an. Oder sollte etwa gar beides zugleich gelten? Erwähnung verdient in diesem Zusammenhang jedenfalls noch der einschlägige, ebenso umfang- wie einflußreiche Essay von Theodor W. Adorno, sein dem Dichter gewidmeter *Versuch, das Endspiel zu verstehen*. Nicht nur beruft sich auch Adorno von Anfang an auf Kafka, was ja bei ihm kaum überraschen kann, sondern er verkündet in der Tat bereits die "permanente Katastrophe" – eine Katastrophe, die aber dennoch den "zusätzlich von Menschen eigens bewirkten Katastrophenvorgang" keineswegs ausschließt.[74] Und der vom Untergang, ja Weltuntergang faszinierte Dürrenmatt, in seiner vorläufig wohl letzten Katastrophendichtung, vertritt ganz dieselbe hoffnungslose Doppelheit. Sein Stück *Porträt eines Planeten*, das 1970 in Düsseldorf uraufgeführt wurde, gestaltet zum einen, und zwar in aller Ausführlichkeit, die katastrophalen Verhältnisse auf dieser Erde und mündet zum andern, in einem gleichsam liturgischen Finale, in die "kosmische" oder "Weltkatastrophe", das heißt die Zerstörung der gesamten Erde und Menschheit dadurch, daß die Sonne zu einer Supernova schwillt und mit unvorstellbarer Gewalt zerbirst ("wenn es auch unwahrscheinlich wahrscheinlicher ist, daß die Menschheit sich selber zerstört", wie Dürrenmatt im Vorwort zu diesem insgesamt eher schwachen Stück bitter hinzusetzt).[75]

'Friedrich Dürrenmatts Endspiel': so könnte das *Porträt eines Planeten*, analog zu dem früher genannten Band über Müller, mit Fug und Recht heißen. Und die globale Vernichtung, die dieses Stück von 1970 darstellt, entspricht auch genau der universalen Vereisung in Bernhards düsterem Bericht *Frost*, mit dem ja bereits 1963 die jüngste Etappe der ganzen Motivgeschichte anhebt. Ende und Eis, wie wir eingangs sagten, oder finale und permanente Kata-

---

74 Vgl. Theodor W. Adorno, *Noten zur Literatur II*, Frankfurt 1961, S. 188ff.; hier S. 193.
75 Vgl. Friedrich Dürrenmatt, *Porträt eines Planeten*, Zürich 1971, S. 7.

strophe, wie wir jetzt sagen dürfen, kennzeichnen die gesamte seitherige Entwicklung. Wenn sich dabei die Einbildungskraft immer weniger an der Atombombe (die man völlig verdrängt zu haben scheint, sosehr sie unentwegt weiterdroht)[76] und statt dessen, paradoxerweise, immer mehr an der Vision des Schiffsuntergangs oder der Eiszeit entzündet, so ist die Ursache dafür, glaube ich, ebenso die allmählich geläufig gewordene Vorstellung vom 'Raumschiff Erde' wie das gleichzeitig erwachte und ständig noch wachsende ökologische Bewußtsein, also die Einsicht in die langsame, schleichende Selbstzerstörung oder doch Sebstzerstörbarkeit der Erde durch den Menschen. Und wenn des weiteren mit Vorliebe der bereits mythische, von einem "ungeheueren", einem "unerhört" hohen und kalten[77] Eisberg bewirkte Untergang der *Titanic* zum Gegenstand der Darstellung wird – und beileibe nicht bloß bei Enzensberger – oder wenn vollends, wie in der *Hamletmaschine*, "Tiefsee" und "Eiszeit" zusammenstoßen und ineinander übergehen, so mag auch das vielleicht, von allen anderen Gründen einmal abgesehen, kein reiner Zufall sein. Bestimmt aber trifft zu, daß sich in dieser zweifachen Katastrophenvision, die im Endeffekt nur eine einzige ist, die Erfahrungen sowohl einer gesamtgesellschaftlichen wie einer zwischenmenschlichen Entfremdung, ja Verzweiflung niedergeschlagen haben und fortwährend niederschlagen. Für die erstere, die gesellschaftlich bedingte, stehen gerade auch ostdeutsche Autoren wie Müller und Wolf; denn daß solch metaphorische Begriffe wie 'Eiszeit' oder 'Vereisung' in der DDR eine sehr konkrete politische Dimension besitzen, nämlich als Umkehrung des kurzfristigen, genauso konkret-metaphorischen "Tauwetters", wird sich, fürchte ich, kaum bestreiten lassen. Das soll jedoch keineswegs besagen, daß in Westdeutschland, nachdem die halb flammende, halb bloß hitzige Aufbruchsbewegung der sechziger und beginnenden siebziger Jahre abgeflaut ist, etwa ein Mangel an politi-

---

76 Heute – 1983/84 – scheint freilich eher das Umgekehrte zuzutreffen.
77 Vgl. Enzensberger, *Der Untergang der Titanic*, S. 28 u. 17. – Nachgetragen sei hier, daß Enzensberger auch eine der bedeutsamsten Auseinandersetzungen mit der ökologischen Gesamtproblematik verfaßt hat; vgl. seinen Aufsatz *Zur Kritik der politischen Ökologie*. In: *Kursbuch 33* (Okt. 1973), S. 1ff. (wiederabgedruckt in Hans Magnus Enzensberger, *Palaver. Politische Überlegungen (1967–1973)*, Frankfurt 1974, S. 169ff.).

scher Abkühlung herrsche. Derlei wirkt hier nur nicht ganz so erkältend und lähmend. Auch wird, was dem öffentlichen Frost allenfalls noch fehlt, ohnedies durch die weithin erfahrene individuelle, zwar persönlich bedingte, aber doch gesellschaftlich vermittelte Auskältung und Erstarrung der zwischenmenschlichen Beziehungen mehr als wettgemacht. Wie sehr davon nicht zuletzt schon die Familie betroffen ist, jener einstige Hort der Geborgenheit und Wärme, bezeugt besonders eindringlich eine der allerjüngsten Veröffentlichungen zum Thema, die zugleich mit einer neuen und zweifellos originellen Variation des Grundmotivs aufwartet: Helga M. Novaks freudloser Rückblick *Die Eisheiligen* von 1979.[78] "Man friert leicht bei der Lektüre dieses Buches", wurde dazu lapidar bemerkt. Das Frösteln, das man empfinde, liege aber gar nicht notwendig daran, daß in dieser Geschichte einer Kindheit so oft "von Kälte, Schnee, schneidendem Wind, abgestorbenen und tauben Füßen" geredet werde:

> Das sind nur die äußeren, meßbaren Korrelate zu einer sämtliche Gefühlsäußerungen und Familiensituationen durchdringenden Vereisung.

So — und ich könnte noch mehr zitieren — der Kritiker der *Frankfurter Allgemeinen Zeitung*.[79]

Denn die Vereisung ist in der Tat allgemein und greift allenthalben um sich. Und ihre poetischen Korrelate — um das Wort des Kritikers zu entlehnen — sind eben nicht nur jene Kälte, jener Novaksche Schnee und schneidende Wind und das Taube und Abgestorbene in und zwischen den Menschen, sondern Eiszeit und Untergang schlechthin, Endzeit und sogar Endspiel. Daß sie gerade in der Bundesrepublik am häufigsten ausgesprochen und niedergeschrieben, ja förmlich proklamiert werden, läßt sich wohl sowenig leugnen wie ihr Zusammenhang mit dem ostdeutschen "Tauwetter". In der Wochenzeitung *Die Zeit* setzte zum Beispiel Michael Krüger folgende Schlagzeile über eine Besprechung: *Krieg in Libanon — deutsche Eiszeit*.

---

78 Helga M. Novak, *Die Eisheiligen*, Darmstadt u. Neuwied 1979.
79 Gert Ueding, *Fotoalbum mit verzerrten Gesichtern*. In: *FAZ*, Nr. 221 (22.9.1979), Beilage.

Gemeint war damit Nicolas Borns neuester Band *Die Fälschung*, auch er von 1979.[80] Einerseits befinde sich dessen Held, so erfahren wir, in einem "Zustand der Vereisung"; andererseits aber sei dieser Bornsche Roman überhaupt "ein Buch über Deutschland, welches [. . .] die Vereisung erklärt".[81] In derselben Zeitung erklärt — um auch von Krüger eine Formulierung zu borgen — ein anderer Kritiker, Helmut Schödel, wenn schon nicht die (west)-deutsche Vereisung und Eiszeit, so doch wenigstens das österreichische Endspiel. Und zwar gleich als *Doppeltes Endpiel*, wie die Überschrift des betreffenden Artikels lautet. Worum es in ihm geht, sind zur Hauptsache die zwei bisherigen Stücke Ernst Jandls, *Die Humanisten* und *Aus der Fremde*, die jedoch alle beide, jenem Kritiker zufolge, waschechte Endspiele wären. Er kann sich dabei übrigens zum Teil auf ein Zeugnis von Jandl selber stützen, der einmal geäußert hat: "Ich sehe *Die Humanisten* als eine Art Endspiel: es kommt nichts nachher."[82] Es kommt aber leider doch etliches hinterher, zumindest für uns: nämlich als dickes Ende buchstäblich eine neue *Eiszeit der Vernunft*, wie uns im Titel einer weiteren Besprechung, nunmehr wieder aus Frankfurt, eröffnet wird. Diese zum Slogan geradezu prädestinierte Wendung ist auch insofern besonders aufschlußreich, als wir mit ihr urplötzlich in gänzlich andere Bereiche katapultiert werden. Denn der Titel, zu dem sie gehört, lautet vollständig: *Muß Konrad Lorenz eine Graugans werden? Zauberei, Ethnographie und alternative Rationalität. Vor einer neuen Eiszeit der Vernunft.* Der Verfasser dieser Sammelbesprechung, Eckhard Nordhofen, gibt sich auch keineswegs mit seiner vereisten Vernunft zufrieden, sondern sieht obendrein einen allgemeinen "Winter" heraufziehen. (Seine "alternative Rationalität" — was immer das sein soll — möchte ich lieber ungeschoren lassen.)[83] Was jedoch Verhaltensforschern und Anthropologen recht ist, kann natürlich dem

---

80 Nicolas Born, *Die Fälschung. Roman*, Reinbek 1979.
81 Michael Krüger, *Krieg in Libanon — deutsche Eiszeit*. In: *Die Zeit*, Nr. 42 (19.10.1979), S. 24.
82 Vgl. Helmut Schödel, *Doppeltes Endspiel*. In: *Die Zeit*, Nr. 43 (26.10.1979), S. 21; dort auch das Zitat von Jandl.
83 Vgl. *FAZ*, Nr. 235 (9.10.1979), Beilage.

Essayisten nur billig sein. So gebraucht Karl Heinz Bohrer zwar nicht die Eis-, dafür aber die Endzeitformel vollends als pures Reizwort, wenn er seinen druckfrischen Betrachtungen zur Lage Englands den schicken Katastrophentitel *Ein bißchen Lust am Untergang*[84] verleiht. Diese Lust ist in der Tat entlarvend. Sagte nicht Baudelaire irgendwann, man könne die Dichter an ihren Bildern, Gleichnissen und Motiven erkennen? Und gilt dies nicht auch, vielleicht in noch höherem Grade, für Scharen minder bedeutender Zeitgenossen, ja für die Zeitalter in ihrer Gesamtheit? Das unsere freilich scheint sich genausosehr durch die fast manische Art und Weise zu charakterisieren, in der es solche Bilder und Zeichen binnen kürzester Frist vermarktet, popularisiert und verschleißt.

Was nämlich Untergang und Weltuntergang (mitsamt der dubiosen Lust daran) betrifft, so würde man, steht zu befürchten, ebenfalls beinah beliebig fortfahren und mit jedem Tag und jedem Zeitungsblatt mehr Belege anhäufen können. Hier wie dort die gleiche Vermarktung und Popularisierung, der gleiche maßlose Verschleiß. Doch sind damit die Visionen der Dichter trotzdem nicht einfach widerlegt. Selbst ältere, für die fünfziger und frühen sechziger Jahre typische Texte wie die Erzählung *Der Tag X* von Marie Luise Kaschnitz, eine erschütternde Vorausahnung atomarer Vernichtung,[85] haben an Überzeugungskraft nichts eingebüßt. Die untergehenden Schiffe aber wachsen neuerdings, wahrhaft beängstigend, zu förmlichen Flotten an.[86] Ließ Brasch seine schon jämmerlich leckende 'Europäische Kultur' vom Stapel und schickte Enzensberger, wichtiger noch, seinen Luxusdampfer auf den Grund der Tiefsee, so hat sich ihnen inzwischen außerdem eine satirische Zeitschrift mit Namen *Titanic*, ja sogar eine Oper, Wilhelm Dieter Sieberts *Untergang der Titanic*, zugesellt. Schiffbruch, wohin man blickt! Oder wie Karl

---

84 Karl Heinz Bohrer, *Ein bißchen Lust am Untergang. Englische Ansichten*, München 1979.
85 Vgl. Kaschnitz, S. 138ff.; dazu auch Anita Baus, *Standortbestimmung als Prozeß. Eine Untersuchung zur Prosa von Marie Luise Kaschnitz*, Bonn 1974, S. 215f.
86 Zum Folgenden vgl. auch den in Anmerkung 10 genannten *Spiegel*-Artikel von Donner.

Krolow schon vor Jahrzehnten als Motto über eins seiner Gedichte schrieb: "Wenn man es recht besieht, so ist überall Schiffbruch."[87] Daß heute "mehr und mehr" auch im deutschen Film, wie gemeldet wird, "schwermütige Apostrophierungen von Tod und Endzeit" auftreten, dürfte dagegen kaum noch jemand wundernehmen. Jedenfalls steht Enzensberger – von Braschs *Kargo* zu schweigen – mit seinem Schiffs- und Weltuntergangsepos ganz und gar nicht mehr allein. Hat sich also der Unermüdliche deshalb, sozusagen zum Ausgleich, auf das Schreiben von Untergangschansons geworfen? Und gemahnen sie einen darum an das Bild "eines langsam kenternden Schiffes, wenigstens eines mit Schlagseite"?[88] Wie dem auch sei: 1979 kam die Schallplatte *Der Abendstern* heraus, besungen von Ingrid Caven; und zwei Drittel der darauf enthaltenen, von Peer Raben vertonten Texte – acht Lieder insgesamt – stammen von Hans Magnus Enzensberger, während für den Rest zu gleichen Teilen jeweils der Komponist und Wolf Wondratschek zeichnen. *In zehn Minuten ist alles vorbei* heißt eines dieser Enzensbergerschen Lieder; ein Verspaar daraus lautet:

Achtung, Achtung! Hier spricht die Direktion.
Kein Mensch kommt mit dem Leben davon.[89]

Makaber, auch melancholisch wird derlei, hören wir, "öfter in diesen Liedern annonciert"; doch in der Regel handle es sich dabei um ausgesprochen "fröhliche Weltuntergänge". Ja, von der Sängerin Caven wird sogar behauptet, daß sie ihre apokalyptischen Weisen "kreuzfidel" aus den Rillen schmettere![90] Der *Zeit*-Kritiker Manfred Sack ist von alldem dermaßen beeindruckt, daß er geradezu fragt: "Macht Enzensberger Hoffnung?" Sack bezieht sich zwar lediglich auf das "Chanson-Elend", das seiner Meinung nach in deutschen Landen herrscht: für dieses, so wünscht er, möge Enzensberger einen "Auf-

---

87 Vgl. Karl Krolow, *Die Zeichen der Welt. Neue Gedichte*, Stuttgart 1952, S. 41. – Es handelt sich, wie Krolow angibt, um ein Zitat aus Petronius; der Titel des betreffenden Krolow-Gedichts heißt *Verlassene Küste*.
88 Vgl. Manfred Sack, *Lieder vom Dichter*. In: *Die Zeit*, Nr. 45 (9.11.1979).
89 Hans Magnus Enzensberger, *Die Gedichte*, Frankfurt 1983, S. 340.
90 Vgl. Donner.

bruch" signalisieren.[91] Aber gerade der Gedanke, daß somit der Neubeginn des Kabarettsongs in Deutschland mit dem Anfang vom Ende (einem wie marktgängigen immer) zusammenfiele, entbehrt ja wahrhaftig nicht der Ironie.

Enzensbergers *Abendstern*-Lieder bilden offenbar in jeder Hinsicht, quantitativ wie auch qualitativ, den vorläufigen Gipfel jener Popularisierung. Doch wir haben hier zugleich, so scheint es, eine echte und ernste Paradoxie vor uns. Wolf Donner beispielsweise (man ist ja leider zunächst auf Berichte aus zweiter Hand angewiesen) erklärte im *Spiegel* von diesen Chansons: "Trotz und Widerstand setzen sich immer wieder durch." Zusammenfassend heißt es bei ihm über Enzensbergers Weltuntergangslyrik:

> Statt schrillem Galgenhumor zu frönen, ermuntern diese Lieder, sich nicht unterkriegen zu lassen, auch nicht von der akuten populären Tristesse, und hellwach zu bleiben; und statt in Nostalgie und Dekadenz und Eskapismus und narzißtischen Posen zu schwelgen, propagieren sie Auseinandersetzungen, analytische Anstöße, Hoffnung und, wie schrecklich, Humor.[92]

Wie also? Gäbe es, trotz allem Geheul, noch Humor, ja Zuversicht? Sollte selbst Fortschreiten noch möglich sein? Oder stünde an Ende gar − ein Zurück?

Nicht ohne Grund stelle ich diese Frage; denn immerhin nennt sich das Buch des Schweizers Meyer, aus dem ich vorhin zitierte, *Die Rückfahrt*. Es enthält tatsächlich, innerhalb der deutschsprachigen Gegenwartsliteratur, die wohl fundierteste und ausführlichste Reflexion über alle Aspekte nicht nur der Katastrophen- und Untergangsthematik, sondern auch des damit verknüpften Zeitproblems. Ja, Meyer reflektiert in ihm sogar seine eigene Gestaltungsproblematik, das heißt die Möglichkeit visionärer Vorwegnahme der Zukunft durch die "Dichter oder Schriftsteller".[93] Die Vorstellung vom

---

91 Vgl. Sack.
92 Vgl. Donner.
93 Auf die Frage, "ob die gegenwärtige Entwicklung wohl zu einer Katastrophe führen werde, man sage doch, daß Künstler ihrer Zeit irgendwie voraus seien und das Kommende irgendwie vorwegnehmen würden", antwortet der angesprochene "Dichter oder Schriftsteller" bescheiden, "er glaube nicht, daß

"Raumschiff Erde" ist diesem Autor ebenso geläufig wie die ökologische "Apokalypse einer von Menschen überfüllten, platzlosen, der Tollheit und dem Wahnsinn nahen Welt"; das individuelle Scheitern steht bei ihm neben dem "Weltuntergang" wie der "zweite [...] Urknall oder Big Bang", will sagen die von Menschen verursachte Erdkatastrophe, neben dem sinnlos-zufälligen, freilich tödlich endenden Autounglück.[94] Meyers Visionen von Untergang, Tod und Ende steigern sich schließlich zur kosmischen Katastrophe, ja d e r Katastrophe des Alls überhaupt, die auch nicht mehr in eine Art 'Eiszeit' mündet, sondern in die endgültige und unaufhebbare, weil zeitlose 'Vereisung' des gesamten Universums, das ja "irgendwann einmal in einen Zustand *ewiger Nacht, absoluter Stille* und einer alles umfassenden innergalaktischen *Leichenstarre* verfallen" müsse, wie uns so unbarmherzig wie schlüssig mitgeteilt wird.[95]

Und trotz alledem versucht auch *Die Rückfahrt* noch Hoffnung zu artikulieren. Schon dieser Titel ist ja vieldeutig genug. Er zielt nämlich einerseits auf eine ganz alltägliche Autofahrt und andererseits, wie das Rückerinnern des Helden, darauf, daß sogar die Zeit selber rückwärts laufen kann — falls man sie eben anders, als wir das tun, konzipiert. Diese "perpendikuläre" oder "pendelartige Zeitauffassung",[96] die somit eine wirkliche "Zeitwende" ermöglicht, wird der vertrauten linearen Auffassung von der Zeit als irreversibler genauso entgegengesetzt wie der seit der Antike immer wieder sporadisch auf-

---

dies bewußt geschehe, sondern daß solche Zukunftsvisionen unbewußt bei der Entstehung der Werke in diese hineinkämen und erst nachträglich aus ihnen herausgelesen würden"; vgl. Meyer, *Die Rückfahrt*, S. 352. Eine völlig andere Sprache spricht freilich die kunstvolle, ja raffinierte Komposition des Romans selbst.

94 Vgl. ebd., S. 355, 351f., 70 u. 426.
95 Vgl. ebd., S. 131 (Hervorhebung im Original — wobei ich betonen möchte, daß ich mir hier selber einmal erlaubt habe, die Begriffe 'Eiszeit' und 'Vereisung' metaphorisch zu gebrauchen).
96 Vgl. ebd., S. 426, 69f. u. insbes. 424, wo es erläuternd heißt: "Die Kunst, die Zeit *rückwärts* laufen zu lassen, beruht aber [...] auf einer völlig anderen Zeitkonzeption, bei der die Zeit wie ein Perpendikel oder Pendel hin und her schwingt: Zeit ist da nicht Linie und auch nicht Zyklus, sondern Oszillation, also ein Schaukeln oder eine Schwingung" (Hervorhebung im Original).

getauchten von einer zyklischen oder kreisförmigen, die auf der "Wiederkehr des Gleichen" beruht.[97] In der Wende allein, spekuliert Meyers Held — oder eigentlich dessen Begleiter, der neben ihm sitzt, während jener steuert —, in der Wende und unserer Fähigkeit dazu läge die Hoffnung, um nicht zu sagen: das Heil . . . Doch mitten in diesem Gespräch gerät der Wagen ins Schleudern, stürzt, sich überschlagend, eine steile Böschung hinab und begräbt seine Insassen unter sich. Der Zweifelnde überlebt, der Hoffende findet den Tod. Am Ende der *Rückfahrt* steht der ungeklärte und unerklärbare Unfall, dessen Gleichnishaftigkeit deutlich, aber nun erst recht vieldeutig ist. Soll er (um die schlimmstmögliche Folgerung zu ziehen) ein Bild für die Unentrinnbarkeit der Katastrophe sein, die eintreten wird, wenn man sie am allerwenigsten erwartet?

Indessen gilt auch für uns noch das Schlußwort des Alten aus dem Stück *Eiszeit*, von dem wir ausgingen. Auch wir — vorläufig — leben noch.[98]

---

97 Vgl. ebd.
98 Daß der von mir hier skizzierte Motivkomplex unentwegt weiterwirkt und weiterwuchert, ließe sich leicht belegen. So wies mich zum Beispiel Herbert Lederer (Storrs, Conn.) auf folgende Neuerscheinungen österreichischer Autoren hin: Hans Trummer, *Versuch sich am Eis zu wärmen*; Bernhard Hüttenegger, *Reise über das Eis*; Hans Joachim Sells, *Eisfarben*; Jeannie Ebner, *Erfrorene Rosen*. Aus der Schweiz schrieb mir Andreas Fischer (Univ. Basel): "Die Zürcher Jugendunruhen [. . .] finden unter dem Motto (einem von vielen) 'Wider das Packeis' (d.h. der 'erstarrten' bürgerlichen Gesellschaft) statt, und eine ihrer Zeitschriften heißt *Eisbrecher!*" Nachzutragen wäre ferner Werner Herzogs Bericht *Vom Gehen im Eis* sowie Thomas Bernhards *Der Präsident*, wo — in der Zürcher Ausgabe von 1975 auf S. 137 — eine "zwischenmenschliche Eiseskälte" konstatiert wird. Auch der in meinem Motto genannte Text von Max Frisch, *Der Mensch erscheint im Holozän. Eine Erzählung* (Frankfurt 1979), könnte und müßte natürlich ausführlicher behandelt werden, desgleichen Thomas Bernhards *Die Kälte. Eine Isolation* von 1981. Besonders aufschlußreich wäre das bisher letzte große Werk desjenigen Dichters, von dem wir ausgingen: nämlich Tankred Dorsts *Merlin oder Das wüste Land*, ebenfalls von 1981. In ihm mündet die Kulturkatastrophe der Artus-Welt in die menschheitliche, ja planetarische Katastrophe; vgl. S. 370f.: "Der erloschene Zwergplanet, der zu einem flach eliptischen, das galaktische Zentrum der Milchstraße in 30 000 Lichtjahren Entfernung umkreisenden Sonnensystem gehörte, hatte nur einen Mond,

geringen Durchmesser, hohe Dichte und feste Oberfläche. Darin glich er den kleineren Schwesterplanetoiden seines Sonnensystems. Die langen Rotationsperioden veränderten zyklisch den Einfall des Sonnenlichtes, so daß helle und dunkle Perioden, warme und kalte Perioden einander abwechselten. / Auf seiner erstarrten Außenhaut aus Gestein und Metall bildete sich unter der schützenden Umhüllung einer feuchten Aura aus Sauerstoff und Stickstoff, in der sich das Licht brach und sie blau färbte, durch organisch-chemische Vorgänge eine planetarische Flora von großer Vielfalt. Sie überzog die Oberfläche des Planetenballs wie ein grüner Flaum. Später entwickelten sich auch verschiedene vielzellige Lebensformen. Sie konnten sich frei bewegen und paßten sich in Form und Färbung den Gegebenheiten ihrer Umwelt an. Kurz vor dem Ende des Sterns entstand aus den mehrzelligen Organismen eine Vielzahl verschieden pigmentierter androgyner Wesen. Sie waren zweigeschlechtlich angelegt und pflanzten sich mit lebend geborenen Nachkommen fort, die sich aus Samen im weiblichen Wirtskörper bildeten. Diese Lebensform von niederer Intelligenz war jedoch mit rudimentären Erkenntnissen über ihr Entstehen und minimalen Einsichten in die Zusammenhänge ihres Sonnensystems ausgestattet. Sie entwickelten vermutlich eine gewisse Kultur mit primitiven Religions- und Gesellschaftsformen und erreichten wohl zu gewissen Zeiten ein schwaches Bewußtsein ihrer Vergänglichkeit. Es ist nicht erwiesen, inwieweit sie das Ende des Planeten voraussahen oder sogar herbeiführten. Die wenigen Spuren ihrer Existenz bleiben rätselhaft." — Zu Christa Wolf wäre übrigens noch anzumerken, daß schon in Nietzsches *Geburt der Tragödie* jenes entscheidende Bild vom "furchtbaren Eisstrome des Daseins" erscheint, wie ja überhaupt Nietzsches Gesamtschaffen das vielleicht wichtigste Bindeglied innerhalb der bis in die europäische Romantik um 1800 zurückreichenden Vorgeschichte des Motivkomplexes 'Eiszeit und Untergang' darstellt. In *Ecce homo* etwa erklärt er — um nur noch ein Beispiel anzufügen — rückblickend auf seine denkerische 'Vereisung' in *Menschliches, Allzumenschliches*: "Ein Irrtum nach dem andern wird gelassen aufs Eis gelegt, das Ideal wird nicht widerlegt — *es erfriert* [. . .] Hier zum Beispiel erfriert 'das Genie'; eine Ecke weiter erfriert 'der Heilige', unter einem dicken Eiszapfen erfriert der Held; am Schluß erfriert 'der Glaube', die sogenannte 'Überzeugung', auch das 'Mitleiden' kühlt sich bedeutend ab — fast überall erfriert 'das Ding an sich' . . ." Vgl. dazu Friedrich Nietzsche, *Werke in drei Bänden*. Hrsg. von Karl Schlechta, München 1959ff., Bd. I, S. 102 bzw. Bd. II, S. 1118. Und so weiter und so fort.

[Hans Magnus Enzensberger:]

ENTREVISTA 1969
(1974)

Während seines Aufenthaltes in Kuba gab Hans Magnus Enzensberger (HME) der kubanischen Kulturzeitschrift *Casa de las Américas* ein Interview, das im Spätsommer 1969 erschien.[1] Interviewer war Arqueles Morales (AM). Dieser Text, der bisher unbeachtet geblieben ist, wird im folgenden erstmals in deutscher Übersetzung zugänglich gemacht. Er ist durchaus als historisches Dokument zu werten. Doch erweist sich sehr rasch, daß er nicht nur Aufschlüsse über jenen "Revolutions-Tourismus" liefert, den Enzensberger inzwischen selber kritisch beleuchtet hat,[2] sondern auch grundsätzliche Einsichten und Stellungnahmen enthält. In diesem doppelten Sinne, als ein geschichtlich bedingtes und zugleich geschichtlich bedeutsames Dokument, wird die *Entrevista* von 1969 im Einverständnis mit Hans Magnus Enzensberger hier vorgelegt.　　R.G.[3]

AM: In jüngster Zeit wird in den fortschrittlichen Kreisen der westeuropäischen Intelligenz häufig der Ausdruck 'Kulturrevolution' gebraucht, mit dem man einen spezifischen Faktor einer neuen revolutionären Perspektive kennzeichnen will. Inwieweit darf dieser Begriff so verstanden werden, wie er bereits über die ganze Welt verbreitet ist, und was bedeutet er andererseits für die Intellektuellen Westeuropas wirklich?

HME: Ich maße mir nicht an, für jene fortschrittlichsten Kreise zu sprechen; was ich sage, spiegelt viel eher Auffassungen, wie sie in der Studentenbewegung vorherrschen. Lassen wir daher alle Exklusivität fahren und reden wir von Gemeinplätzen – solchen, die es zumindest in einigen aktiven und militanten Kreisen sind, welche keineswegs im-

---

1　*Entrevista con Hans Magnus Enzensberger.* In: *Casa de las Américas* 10 (1969), Nr. 55 (Juli/August), S. 117ff.
2　Vgl. Hans Magnus Enzensberger, *Dossier: Revolutions-Tourismus.* In: *Kursbuch* 30 (1972), S. 155ff.; zur allgemeinen Lage in Kuba vgl. etwa Günter Maschke, *Cubanischer Taschenkalender,* ebd., S. 129ff.
3　Vorbemerkung zur Erstveröffentlichung 1974.

mer mit denen der Intelligenz zusammenfallen. Für uns ist die Kulturrevolution ein unentbehrliches und zugleich verführerisches Konzept: also etwas, was dringend der Klärung bedarf. Ihre Theorie leitet sich natürlich von Mao Tse-tung und ihre Praxis von *der* Kulturrevolution her. In Europa hat es von seiten maoistischer Gruppen nicht an Versuchen gefehlt, jene Lehren und Erfahrungen mechanisch auf unsere Länder anzuwenden – was nicht bloß, wie mir scheint, mit Maos eigenem dialektischem Denken in Widerspruch steht, sondern eine geradezu gefährliche Verwirrung darstellt. In Wahrheit nämlich hat die Kulturrevolution als Perspektive innerhalb der hochentwickelten Länder mit den geschichtlichen Ereignissen und Situationen in China sehr wenig zu tun. Ein einziges rotes Büchlein, so nützlich es auch für die politische Alphabetisierung der chinesischen Bauern sein mag, reicht nicht hin, um unsere Probleme zu lösen. Andererseits tendiert jeder historische Lernprozeß dazu, sich in Gleichsetzungen zu vollziehen, und in diesem Sinne kann uns das Beispiel Chinas von großem Nutzen sein – vorausgesetzt nur, daß wir uns bewußt bleiben, hier nicht einen beliebig abbetbaren Katechismus *ad usum Delphini* vor uns zu haben.

Aus zwei Gründen ist die Kulturrevolution bei uns neuerdings zu einem Schlüsselbegriff geworden. Im rein politischen Bereich drücken sich darin Forderungen aus, die weit über die sozialistische Revolution, wie wir sie aus Osteuropa kennen, hinausgehen. Diese Revolution, im wesentlichen die Vergesellschaftung der Produktionsmittel, ist für alle kapitalistischen Länder eine unabdingbare Notwendigkeit; aber als Ziel genügt sie keineswegs. Den lohnabhängigen Massen Westeuropas kann man als revolutionäre Alternative nicht die Errichtung einer zentralisierten Staatsbürokratie anbieten, die sich darin erschöpft, das Vorbild der osteuropäischen Länder nachzuahmen und die politische wie wirtschaftliche Lenkung der Gesellschaft zu monopolisieren. Der einzig brauchbare Ausweg besteht vielmehr darin, die repressive Staatsgewalt zu zerbrechen, um so zu einer wirklichen Selbstbestimmung der Massen – sei es in Industrie, Landwirtschaft oder Erziehungswesen – zu gelangen. Solche Forderungen sind selbstverständlich keineswegs neu, sondern bilden das eigentliche Fundament des klassischen Marxismus. Zudem sind sie tief in der Geschichte des europäischen Sozialismus verwurzelt, von Rosa

Luxemburg und den Erfahrungen der Arbeiterräte aus den Jahren 1917/19 über die sogenannte 'Arbeiteropposition', die es während der zwanziger Jahre in der Sowjetunion gab, bis zum *Offenen Brief* der beiden Polen Kurón und Modzelewski aus unserer unmittelbaren Gegenwart. Die Bewertung der chinesischen Vorgänge erscheint mir, so betrachtet, fast einigermaßen naiv. Sie stützt sich aber gleichwohl auf einen konkreten Aspekt jener Kulturrevolution: nämlich deren antibürokratische Tendenz, die sich gegen die neue Schicht einer privilegierten Elite richtet, von der die Ausübung der politischen Macht monopolisiert wird.

Was sich in der Notwendigkeit einer europäischen Kulturrevolution ferner ausdrückt, ist ein grundlegender Wandel in der Beziehung von Überbau und Basis. In dieser Hinsicht haben sich die Dinge seit dem 19. Jahrhundert drastisch verändert, insbesondere innerhalb der fortgeschrittenen Industriegesellschaften. Es herrscht ein von Mal zu Mal sich verschärfender Widerspruch zwischen der Entwicklung der Produktivkräfte und der Bewußtseinsentwicklung der Massen, die ihnen nachhinkt. Der Spätkapitalismus vermag sich dadurch, daß er diesen Widerspruch stärkt, am Leben zu erhalten. Denn die politische und gesellschaftliche Blockierung des Bewußtseins, die immaterielle Ausbeutung, ist die *conditio sine qua non* für die Fortdauer der materiellen Ausbeutung. Wenn diese Hypothese zutrifft, müssen wir, was Westeuropa angeht, bei unserer Planung die Perspektive einer Revolution des Überbaus ins Auge fassen. Ich glaube, daß hierin tatsächlich der Schlüssel zu jeder revolutionären Möglichkeit im kapitalistischen Teil Europas liegt. Wenn Sie die Produktivkräfte betrachten, die es in unserer Gesellschaft gibt, und dazu den Widerspruch analysieren, in dem sie sich zu den Produktionsverhältnissen befinden, so wird Ihnen dreierlei auffallen:

Erstens läßt sich, objektiv gesehen, eine zunehmende Intellektualisierung der Produktionsweisen feststellen. Ihre schärfste Ausprägung erfährt sie durch die Automatisation der Industrie; doch auch in anderen, weniger fortgeschrittenen Bereichen wie zum Beispiel der Landwirtschaft äußert sich, dank einer Art Einsickerung von Überbauteilchen in den materiellen Produktionsprozeß, eine ins Ungeheuere angestiegene Produktivität.

Zweitens ist – im Hinblick auf das Produkt, will sagen: die Ware – deren klassischer Fetischcharakter, den schon Marx erkannte, zu seinen extremsten Konsequenzen gelangt. Ein Großteil der von unserer Industrie hergestellten Güter verwandelt sich immer mehr in immaterielle Faktoren unseres Lebens, d.h. ihr symbolischer Wert übertrifft bereits ihren Nutzwert. Den Musterfall dafür bietet der eigene Wagen, den man nicht etwa deshalb wechselt, weil er unbrauchbar geworden wäre, sondern weil der Fetischgehalt des neuen Modells es so erheischt. (Ich teile übrigens die gängige Kritik an der Konsumgesellschaft ganz und gar nicht, sondern halte derlei für schlichtweg reaktionär. Den lohnabhängigen Massen zu predigen, daß Konsumieren eine Art Erbsünde sei, ist so nutzlos wie unpolitisch. Die Arbeiter sind vollauf im Recht, wenn sie jeweils einen höheren Lebensstandard verlangen; unrecht haben hingegen gewisse frustrierte und moralisierende Intellektuelle, welche sich den Luxus einer Sehnsucht nach dem "einfachen Leben" leisten, die ihrem Wesen nach konservativ ist. Nicht einfach das Anwachsen des Konsums bewirkt, daß Unstimmigkeiten, Irrationalität, Verschleiß und Verschmutzung grassieren, sondern eine ganz bestimmte Gesellschaftsordnung.)

Drittens hat auch das Gewicht des Überbaus im Vergleich zur Basis zugenommen. Verantwortlich dafür ist das Entstehen der Bewußtseinsindustrie. Ich möchte mit diesem Begriff, den ich vorschlage, den Gesamtkomplex der Massenmedien bezeichnen, einschließlich ihrer weniger anrüchigen Zweige wie Tourismus, Mode und (zum Teil) Kybernetik, dazu vor allem und mit größtem Nachdruck den Erziehungsapparat, der sich erst spät industrialisiert hat. Unterm Gesichtspunkt des kapitalistischen Systems ist die Bewußtseinsindustrie eine Schlüsselindustrie. Ihr Hauptzweck ist das Manipulieren der unterjochten Bevölkerung. Dennoch verursacht sie unweigerlich Widersprüche, die dem System gefährlich werden können. Nehmen wir zum Beispiel das Unterrichtswesen. Daß die Intellektualisierung seiner Arbeitsvorgänge eine ständige Ausdehnung nicht nur im Bereich der Universitäten, sondern auch der technischen Ausbildungsstätten, ja sogar der höheren Schulen erfordert, hat sich bereits gezeigt. Und genau diese Institutionen waren es, die sich, obwohl sie von verhältnismäßig privilegierten Gesellschaftsschichten besucht werden, in Zentren des revolutionären Widerstands verwandelt haben. Wir stoßen hier auf eine jener unvorhersehbaren Folgen, die sich gegenwärtig aus dem Überbau ergeben, der in einer Art Osmose die gesamte Gesellschaft bis in ihren letzten Winkel durchdringt. Und überdies — was war es denn, wogegen sich die Studentenbewegung zuerst richtete? Ihre heftigsten Angriffe galten auf weite Strecken den Monopolen der Presse und des Rundfunks, und zwar in Westdeutschland so gut wie in Italien oder im französischen Mai. Was die Studenten fordern, ist nicht bloß eine Ablösung derjenigen, die im Augenblick die Bewußtseinsindustrie besitzen, so daß deren Leitung eben einfach in andere Hände überginge. Gefordert wird vielmehr eine Veränderung in der Struktur der Medien selbst, die unter Verwendung der modernsten, jedermann zugänglichen Mittel der Technik in eine riesige Wandzeitung nicht nur an Mauern, sondern auch in Rundfunk- und Fernsehgeräten umfunktioniert werden sollen. Hier ist ein vorzügliches Beispiel für das, was eine europäische Kulturrevolution bedeuten könnte.

Wer von der Schlüsselstellung des Überbaus ausgeht, verfällt freilich leicht — und dies war einer der Vorwürfe, die gegen die westdeutsche Studentenbewegung erhoben wurden — dem Voluntarismus und Idealismus. Die Maulhelden der Revolution, zugegeben, fingern oft am Hebel des Bewußtseins herum, um von Gewaltaktionen abzulenken. Doch der Prozeß der Aufklärung, der sich in Europa zu entfalten beginnt, unterscheidet sich grundsätzlich von allen Formen, deren sich Intellektuelle bedient haben, um ihre Kritik, ihren Protest, ihren Widerspruch zu artikulieren. Daran, daß die Kulturrevolution von Schriftstellern gemacht werden könnte, denkt niemand. Es bedarf einer Einheit von Theorie und Praxis, die schwierig sein wird. Es bedarf sehr konkreter Aktionen auf den Straßen und in den Nervenzentren der Metropolen. Die revolutionäre Tätigkeit, wie sehr auch von einer Minderheit getragen, muß sich in ein entscheidendes Moment bei der Aufklärungsarbeit unter den Massen verwandeln.

AM: In den letzten Jahren hat die westdeutsche Regierung ihre Anstrengungen verdoppelt, um sich einen — übrigens sofort in die weltweite Strategie des Imperialismus eingegliederten — Anteil an der kulturellen Aushöhlung der Dritten Welt, an der Infiltrierung, Neutralisierung und Ausnutzung ihrer intellektuellen Kader zu sichern. In Lateinamerika, konkret gesprochen, begegnen wir neben der Arbeit von Organisationen wie dem Entwicklungshilfsdienst der Konrad-Adenauer-Stiftung . . . Wie sieht ein Intellektueller, ein Schriftsteller der Bundesrepublik, die Tätigkeit dieser Organisationen; wie könnte man sie spezifizieren und ihnen wirksam entgegentreten?

HME: Diese Machenschaften der imperialistischen Regierungen zeigen klar, daß sich dieselben Tendenzen, die sich innerhalb der fortgeschrittenen Industrienationen entwickeln, auf internationaler Ebene reproduzieren. Es erweist sich zum Beispiel, daß der Imperialismus der USA schon nicht mehr am Analphabetentum der unterdrückten Völker interessiert ist, sondern sich heute umgekehrt — mit Textbüchern, Programmberatern und wissenschaftlichen Rundfunksendungen — in den Erziehungsapparat der lateinamerikanischen Länder einzuschalten versucht. Entsprechende Versuche lassen sich auf anderen Sektoren der Bewußtseinsindustrie beobachten. Die Imperialisten wissen haargenau, daß auch in den Gesellschaften der Dritten Welt der Überbau unausweichlich Formen und Funktionen annehmen wird, die denen der Metropolen mehr oder weniger ähneln. Die Anstrengungen, die von westdeutscher Seite unternommen werden, hängen, wie mir scheint, mit einer internationalen Aufteilung der "Zivilisationsarbeit" zusammen. Die unterentwickelte Welt ist offenbar in "kulturelle Einflußzonen" aufgegliedert worden. So hat etwa die BRD recht genau umgrenzte Gebiete erhalten, wo sie ihren Einfluß ausüben darf: sie liegen [bzw. lagen] insbesondere in Asien, und dort wiederum vor allem in Iran und in Pakistan. Was Lateinamerika betrifft, so dient die westdeutsche Kulturpolitik sozusagen als Reserve. Die Amerikaner beherrschen nach wie vor das Feld; erst wenn es zu einer eindeutig gegen die USA gerichteten Konfrontation kommen sollte, würden die Westdeutschen in deren Sold nachrücken und voll in Tätigkeit treten.

Welche Strategie soll man gegen Infiltrationsbestrebungen dieser Art anwenden? Zugegeben, die Linke in den Metropolen ist bisher nicht imstande gewesen, eine wirksame Gegenstrategie auszuarbeiten. Keinerlei anti-imperialistische Stiftungen, Stipendien oder Forschungszentren existieren, die den lateinamerikanischen Intellektuellen als Alternative offenstünden. Wie sollen sie sich da gegen das, was ihnen der Imperialismus offeriert, zur Wehr setzen? Es gibt zwar Fälle, wo der Boykott die einzig sinnvolle Antwort ist. Ich glaube aber nicht, daß diese Haltung im Bereich der wissenschaftlichen Forschung und des Stipendiensystems genügt. Es gilt hier vielmehr, ein politisches Kalkül anzustellen, anstatt zu moralisieren. Die lateinamerikanischen Wissenschaftler und Studenten müssen den imperialistischen Ländern alle Kenntnisse entreißen, deren sie nur irgend habhaft werden können. (Vergessen wir doch nicht, daß diejenigen, die Chinas Atombombe bauten, ihre Kernphysik in den USA studiert hatten, und zwar als Stipendiaten!) Statt die westdeutsche Studienhilfe gleichsam zu einer Versuchung des Heiligen Antonius zu stempeln, täte man besser daran, mit jenen jungen Leuten, bevor man sie nach Europa schickt, politisch zu arbeiten, sie durch und durch zu politisieren. Andererseits bestehen an allen deutschen Universitäten politische Gruppen, die in der Lage sind, die lateinamerikanischen Genossen aufzunehmen und zu unterstützen. Es handelt sich dabei zudem um eine wechselseitige Hilfe. Die revolutionäre Bewegung in Westdeutschland hat von Studenten, die als Stipendiaten aus Asien, Afrika und Lateinamerika kamen, entscheidende Impulse empfangen; man braucht nur an die berühmten Fälle des Chilenen Gastón Salvatore oder des Persers Bahman Nirumand zu erinnern.

AM: Das letzte Beispiel scheint mir absolut überzeugend zu sein. Doch wir müssen beachten, daß Westdeutschland in jüngster Zeit gar nicht mehr so sehr daran interessiert ist, lateinamerikanische Studenten an seine Universitäten zu holen. Man lädt vielmehr durch die genannten Institutionen Intellektuelle unmittelbar ein, um sie zunächst für sich arbeiten zu lassen und später in ihrer Heimat nutzbringend zu verwerten. Dieser spezielle Fall interessiert mich gegenwärtig am meisten.

HME: Es ist nicht unbekannt, daß einige dieser Organisationen recht düstere Vorläufer aus den dreißiger Jahren und aus der Zeit des Zweiten Weltkriegs haben. Diese Kontinuität spiegelt die gleichbleibende Tendenz der herrschenden Klasse Deutschlands und ihrer Absichten, die sich kaum verändert haben, sondern im wesentlichen — wie auch ihre globalen Einsatzmöglichkeiten — dieselben sind. Ich begreife nicht, wie lateinamerikanische Intellektuelle den geringsten Zweifel am politischen Charakter solcher Organisationen hegen können (und selbstverständlich schließe ich hier sozialdemokratische Unternehmen wie die Friedrich-Ebert-Stiftung keineswegs aus). Das alles sind offensichtlich Einrichtungen, die der Feind aufgebaut hat. Wenn es sich als notwendig erweist, von ihnen Gebrauch zu machen, muß man über ein entsprechendes politisches Bewußtsein verfügen, um dieses Spiel zu vereiteln, ja umzukehren.

Aber die eigentliche Lösung des Problems liegt letzten Endes in der Errichtung anti-imperialistischer Kulturinstitutionen. Es herrscht im Bereich der Kulturpolitik eine Art *horror vacui*. Der Sozialismus muß sich jedoch der Herausforderung, die das Eindringen des Imperialismus bedeutet, stellen und der unterentwickelten Welt positive Lösungen bieten. Nur in dem Maße wird er imstande sein, Boden zu gewinnen, als er kulturelle Alternativen bereithält, die nicht bloß brauchbar sind, sondern durch ihren freien, allen Neuerungen aufgeschlossenen Geist und ihren Verzicht auf Scheuklappen auch attraktiv. Ich befürworte nicht etwa einen Wettstreit mit dem Imperialismus auf dessen ureigenstem Gebiet, dem der Bestechung und der Korruption, sowenig wie eine intellektuelle Koexistenz nach liberalem Muster. Im Gegenteil, ich denke an Zentren einer permanenten kritischen Debatte, wo man sich der kulturellen Gesamtproblematik rücksichtslos und mit revolutionärem Elan stellt und jegliche Form von Zensur, Selbstverstümmelung und administrativem Zwang zurückweist. Da ich auf der ganzen Welt keine andere Institution dieser Art an der Arbeit sehe, muß ich wohl – auch auf die Gefahr hin, eine Taktlosigkeit zu begehen – auf das Beispiel der Zeitschrift *Casa de las Américas* verweisen.

AM: Einigen Ihrer jüngsten Essays, die in Deutschland erschienen sind, entnehmen wir, daß Sie sich eindringlich darum bemühen, gewisse Probleme in polemischer Zuspitzung zu fassen und zu formulieren – Probleme, die im Bereich der Literatur auf der Tagesordnung stehen, zumindest in Europa. So legen Sie sich in Ihren *Gemeinplätzen, die Neueste Literatur betreffend*, die Frage vor, ob eine revolutionäre Literatur überhaupt existiere, sei es nun unterm Kapitalismus oder unterm Sozialismus. Uns will scheinen, die endgültige Antwort, zu der Sie in diesem Essay gelangen, laufe darauf hinaus, ganz allgemein die Möglichkeit einer revolutionären Literatur zu negieren, und zwar im Sozialismus so gut wie im Kapitalismus. Könnten Sie uns darüber konkrete Aufschlüsse geben?

HME: Es wäre eine Torheit sondergleichen, die Möglichkeit einer revolutionären Literatur *in abstracto* zu leugnen. Ganz im Gegenteil, überall auf der Welt sind Scharen von Schriftstellern verzweifelt dabei, solche Möglichkeiten zu suchen; und ich als Dichter teile selbstverständlich diesen Eifer voll und ganz. Als Kritiker jedoch, wenn ich analytisch und deskriptiv verfahre, bin ich verpflichtet, die Dinge so darzustellen, wie sie in Wirklichkeit sind. Und ich widerspräche mir selbst, wollte ich nicht mit allem Nachdruck jene falsche Bescheidenheit zurückweisen, die darauf zielt, die literarischen Anforderungen zu senken, sobald es sich um ein Werk handelt, das den Anspruch erhebt, revolutionär zu sein. Wir müssen vielmehr umgekehrt unsere Ziele als Kritiker höher stecken. Es ist ein leichtes, den Inhalt der Literatur auszuwechseln und beispielsweise, je nachdem, ein Gedicht auf Ché oder auf die zehn Millionen[4] zu verfertigen; nicht minder leicht ist es, die literarischen Formen zu "revolutionieren", wie dies seit mehr als fünfzig Jahren von der europäischen Avantgarde und Neo-Avantgarde in ihren sämtlichen Spielarten vorexerziert wird. Aber derlei genügt nicht, um eine revolutionäre Literatur zu schaffen. Der inflationistische Mißbrauch dieses Begriffs stößt mich ab, ja empört mich geradezu.

Werfen wir, um der Frage historisch näherzukommen, einen Blick auf die Vorläufer der bürgerlichen Revolution. Für mich steht außer Zweifel, daß sie eine große Literatur hervorgebracht haben, mit eigenen Gattungen, Formen, Gehalten – eine Literatur, die vollständig anders war als diejenige der Feudalzeit. Sie schufen, mit einem Wort, neue Werte und Strukturen. Im Gegensatz dazu hat die sozialistische Revolution zwar ebenfalls wichtige Werke hervorgebracht; ihr gesamtes Kulturschaffen blieb jedoch in das alte Wertsystem gebannt und ist bis heute von der kulturellen Vormundschaft des Bürgertums abhängig. Ebensowenig ist es gelungen, die kulturelle Weltherrschaft der Bourgeoisie, insbesondere im Bereich der Literatur, zu brechen.

---

4 Bezieht sich auf die sensationell angekündigte und ebenso sensationell gescheiterte Zuckerernte von 1970, die *zafra de los diez millones*.

Der freie Zugang der Arbeiter und Bauern zu den Klassikern, unter der Devise "die Literatur dem ganzen Volk", stellt zweifellos einen wichtigen Gewinn dar, der aber letztlich im Quantitativen verharrt und bloß den alten sozialdemokratischen Forderungen entspricht. Man stampft keine revolutionäre Kultur aus dem Boden, indem man einfach die Auflagen erhöht. Doch vielleicht ist es verfehlt, die bürgerliche Revolution zum Maßstab zu nehmen, deren soziale Erfolge sich in keiner Weise mit ihren kulturellen vergleichen lassen; vielleich, wer weiß, benötigen die Klassen, die im Rahmen der sozialistischen Revolution an die Macht gelangt sind, hundert Jahre, um eine wahrhaft revolutionäre Kultur zu schaffen. Für gerechtfertigt halte ich eine so langmütige Geduld, die schon an Resignation grenzt, allerdings nicht. Immerhin, man muß die Wahrheit über die sozialistische Kultur der Gegenwart erkennen, auch wenn sie uns keinen Grund zur Zufriedenheit gibt.

AM: Seit ein paar Jahren spricht man in Europa gern von einer Wiederentdeckung der Dritten Welt. Viele europäische Intellektuelle wenden ihre Blicke nach Asien, Afrika und insbesondere Lateinamerika. Wodurch ist dieses wachsende Interesse der europäischen Intelligenz am Kampf und an den Problemen unseres Kontinents bedingt?

HME: Daß die Revolutionsbewegungen in China (freilich erst nachträglich) und Vietnam, in Algerien und Kuba seit ungefähr fünfzehn Jahren in Europa eine allgemeine Bewußtseinsentwicklung bewirkt haben, ist eine Binsenwahrheit. Die offene, ja manchmal zu Gewaltaktionen führende Ablehnung der amerikanischen Aggression in Vietnam, der enorme Einfluß des Denkens und des Kampfes Ché Guevaras sind ebenfalls bekannt. Gegenwärtig veranschaulicht uns eine Organisation wie die Tupamaros in Uruguay Formen des Kampfes, die direkt auf Europa angewandt werden können und müssen.

Und vergessen wir nicht, daß die Vorstellung einer Dritten Welt — obwohl auf sozio-ökonomischen Gegebenheiten beruhend, die stark genug sind — sich unter politischem und kulturellem Gesichtspunkt als sehr schwach erweist. Die historische und kulturelle Situation in den Ländern Afrikas und Asiens hat Schranken aufgerichtet, deren Beseitigung mittels eines reinen Voluntarismus schwierig sein dürfte. Umgekehrt erscheint der lateinamerikanische Kontinent dem (begrenzten, ungenügenden) Verständnis der Europäer zugänglicher. Vor allem die kubanische Revolution stellt für uns einen ganz besonderen und entscheidenden geschichtlichen Knotenpunkt dar; denn Kuba vereinigt, auf Grund seiner politischen und gesellschaftlichen Konstellation, Merkmale aller drei Welten zugleich.

Aber ich möchte dieses Gespräch nicht in einer Stimmung von Harmonie und trügerischem Optimismus beschließen. Das viele Reden von der Dritten Welt hat sich in Westeuropa noch nicht (außer im Falle Vietnams) in materielle Gewalt umgesetzt, die imstande wäre, die Geschichte in Bewegung zu bringen. Es gibt viel Selbsttäuschung, viel Legendenbildung, viele bequeme Mythen: den Mythos vom edlen Wilden; den Mythos vom Guerrillero als Heiland; den Mythos, wonach die Lösung unserer Probleme nicht darin liegt, daß wir selbst, jeder in seinem eigenen Land, die Revolution machen, sondern daß diese in weiter Ferne, so weit entfernt wie nur möglich, stattfindet. Die Solidarität mit der Dritten Welt erweist sich vielfach als abstrakt und rhetorisch, und die Einstellung der Europäer zu den Revolutionsereignissen auf anderen Kontinenten ist nach wie vor oft eine Art Konsumhaltung. Ich denke, daß die Intellektuellen zu einer ständigen Anstrengung der Selbstkritik und Entmystifizierung verpflichtet sind, um endlich mit der "revolutionären" Sippschaft aufzuräumen.

(Aus dem Spanischen von Reinhold Grimm)

[Diskussion zu]

FESTGEMAUERT UND NOCH NICHT ENTBEHRLICH*
(1982)

OELLERS: *Das Lied von der Glocke* fehlt nur in ganz wenigen Exemplaren. Sehr bald ist es als Separatdruck mitgeliefert worden. Der Verlag und Enzensberger haben sich also gefügt. War diese Beilage des Separatdrucks ein Einfall des Verlags oder des Herausgebers?
 GRIMM: Der Einfall wäre Enzensbergers würdig, aber ich weiß es nicht. Enzensberger hat in dem *Zeit*-Artikel, den ich nannte, das *Lied von der Glocke* ganz interessant untersucht, wobei er zwei Stränge unterscheidet: die Glockengießer-Ballade und einen Überbau, den er verwirft.
 HINDERER: Du sagst, *Poesie und Politik* seien bei Enzensberger untrennbar verknüpft. Du gibst andererseits zu, er betont ausdrücklich, daß es zwei getrennte Sachgebiete sind. Wie er diese Begriffs-Konstellation definiert, hat sie m.E. überhaupt nichts mit Schiller zu tun, dagegen sehr viel mit Adorno.
 GRIMM: Ohne Zweifel. Die Verbindung zwischen Poesie und Politik ist bei Enzensberger wie auch bei Adorno eine negative. Poesie ist der Widerpart der Politik und gerade dadurch mit ihr untrennbar verknüpft. Es würde sich lohnen, Enzensbergers Vorstellung (die sich auch gewandelt hat) vom subversiv-anarchischen Wesen der Dichtung und einer anarchischen Rezeption des Geschriebenen zu vergleichen mit dem Spieltrieb, der m.E. immer noch umstritten ist.

---

* Nach dem Vortrag (einer gekürzten Fassung) auf dem Schiller-Symposium in Albany, N.Y. im Herbst 1980. Die Teilnehmer am Gespräch waren: Norbert Oellers (Universität Bonn), Walter Hinderer (Princeton University), Wulf Köpke (Texas A+M University), Hans Rudolf Vaget (Smith College), Karl Menges (University of California, Davis), Hildburg Herbst (Rutgers College).

KÖPKE: Im Zusammenhang mit Büchmann würde ich gerne wissen, welche Bedeutung Sie den Schiller-Zitaten und -Anspielungen in Enzensbergers Gedichten beimessen.

GRIMM: Neben Schiller gibt es da auch Hölderlin, Goethe und viele andere. Das ist analog zu der Art, wie Brecht Klassiker verwendet, z.B. in der *Heiligen Johanna der Schlachthöfe*, was man immer mißverstanden hat als eine böswillige Verunglimpfung des klassischen Erbes, was aber bei Brecht — und ebenso bei Enzensberger — mindestens auch als Beleg vorgezeigt wird für die verrotteten Zustände.

KÖPKE: Gibt es das eigentlich nur bei der Satire?

GRIMM: Nein. Das Gedicht *Utopia* enthält ein Krypto-Zitat aus Wolframs Tagelied: "Der Tag steigt auf mit großer Kraft." Es gibt viele andere solche Fälle. Da zeigt sich auch das Alexandrinische bei Enzensberger, das Verfügen über die Poesie aller Zeiten.

VAGET: Ist Enzensbergers Schiller-Rezeption nicht doch intensiver, spannender als diese etwas ungefähre In-Beziehung-Setzung?

GRIMM: Die Dreiteilung in dem ersten Gedichtband deutet auf ein bewußtes Sich-in-Beziehung-Setzen. Enzensberger sieht *Über naive und sentimentalische Dichtung* im geschichtsphilosophischen Sinn und sich selbst in der sentimentalischen Situation.

VAGET: Also keine Opposition.

GRIMM: Nein. Der scheinbare Klassiker-Ketzer ist nicht der ganze Enzensberger.

OELLERS: Enzensberger hätte Schiller falsch rezipiert, falls er tatsächlich annehmen sollte, heute wäre eine doppelte *Idylle* noch möglich. Für Schiller ist eindeutig die Idylle von Arkadien *passé*. Mir scheint allerdings, daß Enzensberger das auch so sieht. Wenn er noch eine arkadische Idylle darstellt, dann allenfalls als Parodie.

GRIMM: Das gebe ich gern zu. Parodie der Idylle ist vor allem in dem letzten Band evident. In der *Lot*-Idylle des allerersten Bandes sieht er im ausgegrenzten Naturbereich, mit F.Th. Vischer zu reden, noch 'grüne Flecken' in der allgemeinen Entfremdung. Andererseits ist sein *Utopia*-Gedicht anarchisch. Das ist ja eine surrealistische Phantasmagorie. Da kommt keine Ordnung zustande, sondern alles zur Explosion.

OELLERS: Das ließe sich doch dem Schillerschen 'Utopie'-Begriff subsumieren, und zwar über den Begriff des Spiels, wie Sie eben sagten.

GRIMM: Wenn man sich anschaut, wie Thomas Mann in *Goethe und Tolstoi* Schillers Schrift rezipiert hat, dann wird das Besondere und m.E. Legitimere von Enzensbergers Verhältnis zu Schiller deutlich. Denn bei Thomas Mann, in einem der großen Essays der deutschen Literatur, der ausdrücklich auf Schillers Schrift Bezug nimmt und sie preist als "essay to end all essays": in dieser Schrift verschwindet die *Geschichte*. Was übrigbleibt, ist eine interessante psychologische Typologie: hier diese göttlichen Naturkinder Goethe und Tolstoi, und auf der anderen Seite die heiligen Geistessöhne Schiller und Dostojewski. Mir scheint, es ist Schiller gemäßer, ihn — wie vage und problematisch auch immer — so zu rezipieren, wie Enzensberger das tut.

OELLERS: Obwohl der *Versuch über Schiller* gerade diese Linie fortsetzt, die schon mit *Schwere Stunde* beginnt. Diese fünfzig Jahre Schiller-Rezeption durch Thomas Mann entwerfen übrigens ein Schillerbild des 19. Jahrhunderts.

VAGET: Thomas Mann hat einen Nachsatz geschrieben in seinem Essay über *Goethe und Tolstoi*, wo die geschichtliche Dimension ausdrücklich nachgetragen wird. Es ist dieser Nachsatz über die problematische Versöhnung von Marx und Hölderlin, die kommen müßte.

GRIMM: Das finde ich nicht. Das ist keine Nachschrift, sondern ein Teil des Essays, der ja heterogen ist, an der Stelle besonders. Da versucht Thomas Mann, zeitgeschichtlich relevant zu werden. Der Essay stammt von 1922, als Deutschland und Rußland im gleichen Boot saßen. Da war es opportun, sowas zu sagen. Ich will dem Thomas Mann nicht unnötig am Lack kratzen, und das ist ja wirklich ein sehr schön zitierbarer Satz. Er kommt auch bei mir vor. Ich zitiere frei (und leicht parodistisch): "Die Utopie wird nicht eintreten, ehe denn der Karl Marx den Friedrich Hölderlin gelesen habe." Aber das bleibt doch sehr am Rande; und worauf es insgesamt hinausläuft, ist die Frage der Vornehmheit.

MENGES: In welchem Zusammenhang sehen Sie dies mit der zeitgenössischen Klassikerrezeption überhaupt, wenn Sie z.B. an Härtlings *Hölderlin*-Roman denken, oder an Hildesheimers *Mozart*-Buch?

GRIMM: Die Klassikerrezeption — und nicht nur Klassiker, auch Romantiker spielen eine große Rolle — ist das Mittel, gerade auch sehr gemäß einem in der DDR schreibenden Autor, sich und seine eigenen Probleme in einem Bild der Vergangenheit darzustellen. Das ist evident etwa in Christa Wolfs *Kein Ort. Nirgends* oder bei Kunert in seinen Beiträgen zu Kleist oder Lenau. Diese Entwicklung liegt bei Enzensberger noch nicht vor. Das ist eine gelassenere, historisch distanziertere Haltung.

HINDERER: Adam Müller hat gesagt, Schiller hätte der größte Redner der Nation werden können. Dieses ganz starke rhetorische Talent hat Enzensberger auch. Es mag eine literarische Rhetorik sein, aber sie sind beide Rhetoriker, und auch beide Agitatoren im besten und im schlechtesten Sinne. Und niemand hat nach 1945 Schillers pathetische Stilhaltung so nachexerziert wie Enzensberger.

GRIMM: Mit glühendem Unwillen. Nicht nur in der Lyrik ist das wichtig, sondern auch in der Prosa. — Ist übrigens nicht auch Enzensberger mit Schriften wie *Las Casas oder Ein Rückblick in die Zukunft* oder *Politik und Verbrechen* und manchen anderen als — vielleicht sehr im Schillerschen Sinne — Historiograph hervorgetreten? Das wäre vielleicht auch eine interessante Vergleichsbasis. Und seine allerneueste Entwicklung? Frau Herbst erwähnte Schillers Plan einer dokumentarischen Zeitschrift: modern gesprochen, einer Zeitschrift, die aus Reportagen, Tatsachen-Material, Fakten besteht. *Transatlantik* ist genau das, Enzensbergers neueste Sache, die sinnigerweise finanziert wird vom Herausgeber des deutschen *Playboy*.[1]

---

1 Wie bekannt, hat sich Enzensberger inzwischen wieder von diesem Unternehmen getrennt.

Nachwort

Die vorstehenden Essays und anderen Beiträge zeugen von einer nunmehr bald drei Jahrzehnte anhaltenden, zwar keineswegs unkritischen, aber stets aufs neue als Faszination erfahrenen Beschäftigung mit dem Werk Hans Magnus Enzensbergers. Wie ihr Gegenstand, so spiegeln auch sie, obschon zusätzlich gebrochen, den Wechsel der Zeitläufte und der daraus sich ergebenden Haltungen und Einstellungen wider; und so wie jene sind auch sie von Sprüngen und Widersprüchen oder halben, selbst ganzen Wiederholungen nicht frei. Doch herrscht ja zweifellos im Schaffen wie im gesamten Tun und Treiben des Dichters ein genuin Beharrendes, bei allem Wandel, aller Vielgestalt notwendig Wiederkehrendes. Zu hoffen bleibt mithin nur, daß etwas davon, wie bescheiden immer, auch für die ihm gewidmete Gegenwartsarbeit des Literarhistorikers gilt oder daß jedenfalls deren dauerhaftere Zugriffe (vielleicht sogar produktive Eingriffe) ihre unvermeidlichen Fehlgriffe (oder ephemeren Mißgriffe) überwiegen.

Die abgedruckten Texte sind im wesentlichen unverändert. Bloß einiges Stilistische wurde zuweilen verbessert; und Daten und Fakten (meist bibliographischer Art) wurden auf den neuesten Stand gebracht. Größere Änderungen erwiesen sich als unnötig. Die einschlägige Sekundärliteratur ist, soweit erforderlich, in den Fußnoten berücksichtigt; ergänzend hervorzuheben wären lediglich noch die Bemerkungen eines südafrikanischen Kritikers, der sich mit Teilen des Essays *Bildnis Hans Magnus Enzensberger* auseinandersetzt,[1] zwei Interpretationen des Gedichts *Bildzeitung*, die sich in manchem mit dem bereits in *Montierte Lyrik* Ausgeführten überschneiden,[2] so-

---

[1] Vgl. Arnold Blumer, *Der lange Marsch des Gesellschaftskritikers H.M. Enzensberger. Bemerkungen zu Reinhold Grimms 'Bildnis Hans Magnus Enzensberger' anhand des 'Verhörs von Habana'*. In: *Acta Germanica* 9 (1976), S. 213–221.

[2] Vgl. Robert Hippe, *Interpretationen zu 50 modernen Gedichten* (Hollfeld, o.J.), S. 76–79; Peter Bekes [u.a.], *Deutsche Gegenwartslyrik von Biermann bis Zahl. Interpretationen* (München, 1982), S. 69–81.

wie die — parallel zu den betreffenden Erwägungen in *Poetic Anarchism?* und *Das Messer im Rücken* entstandenen oder doch veröffentlichten — Gedanken Ursula Krechels zu dem balladesken Gedicht *Das wirkliche Messer*.[3] Im übrigen darf ich, insbesondere was weitere Literaturangaben betrifft, auf den von mir edierten Suhrkamp-Materialienband *Hans Magnus Enzensberger* (Frankfurt, 1984) und die darin enthaltene Bibliographie von Alfred Estermann verweisen, die das bisher umfassendste Verzeichnis der Schriften von und über Enzensberger darstellt.

Der Titel meiner vorliegenden Sammlung erlaubt sich natürlich ein kleines Wortspiel, indem er den technischen Begriff der Textur ("Gefüge; Anordnung der Teile in einem Gestein oder Werkstück") auf das entsprechende literarische Phänomen und zugleich auf die daran vorgenommenen Untersuchungen bzw. deren Ergebnisse überträgt. Aber derlei wird zumindest der mit dem englischen Sprachgebrauch Vertraute kaum als willkürlich empfinden, da ja *texture* unter anderm nicht nur "a composite of the elements of prose or poetry" bedeutet, sondern vielfach mit *structure* geradezu synonym ist. Sollte sich deshalb jemand an meine frühere Sammlung *Strukturen* erinnert fühlen,[4] so hätte ich nichts dagegen. Und gern und dankbar bekenne ich zum Schluß, daß zu den stets wieder neuen, mir in der Tat unentbehrlichen "alten Wörtern" auch in Zukunft — falls uns noch eine Zukunft gegönnt ist — vorbehaltlos diejenigen Hans Magnus Enzensbergers zählen werden.

Madison, im März 1984   R.G.

---

3 Vgl. *Lesarten.* Hrsg. von Ursula Krechel (Berlin-Spandau u. Neuwied am Rhein, 1982), S. 187–190.

4 In dieser Sammlung war zum Beispiel ebenfalls schon, obgleich ohne ausdrückliche Nennung, "Ergänzendes" bzw. "anderes" neben den eigentlichen Essays enthalten, wenn auch erst im Ansatz; vgl. Reinhold Grimm, *Strukturen. Essays zur deutschen Literatur* (Göttingen, 1963), insbes. S. 273–352. Nach wie vor erscheint mir die Aufnahme solcher Texte nicht bloß als vertretbar, sondern als durchaus nützlich.

Nachweise

[Hans Magnus Enzensberger:] *Der Auswanderer*
Bisher unveröffentlicht.

Option für einen Klassiker
Erstdruck als *Nachwort* zu Hans Magnus Enzensberger, *Verteidigung der Wölfe* ([Neuauflage] Suhrkamp: Frankfurt, 1981), S. 97–107 (hier gekürzt).

An Introduction to Enzensberger
Erstdruck als *Introduction* zu Hans Magnus Enzensberger, *Critical Essays*. Ed. by Reinhold Grimm and Bruce Armstrong. Foreword by John Simon (Continuum: New York, 1982), S. xi–xvi; veränderter Teildruck unter dem Titel *Hans Magnus Enzensberger* in *Northwest Review* XXI/1 (Mai 1983), S. 136–141.

Montierte Lyrik
Erstdruck in *Germanisch-Romanische Monatsschrift*, N.F. VIII (1958), S. 178–192; auch in Heinz Otto Burger/Reinhold Grimm, *Evokation und Montage. Drei Beiträge zum Verständnis moderner deutscher Lyrik* (Sachse u. Pohl: Göttingen, 1961; Athenäum: Bad Homburg, [2]1967), S. 44–68 u. 70; ferner in *Über Hans Magnus Enzensberger*. Hrsg. von Joachim Schickel (Suhrkamp: Frankfurt, 1970), S. 19–39.

Bildnis Hans Magnus Enzensberger.
Struktur, Ideologie und Vorgeschichte eines Gesellschaftskritikers
Erstdruck in *Basis. Jahrbuch für deutsche Gegenwartsliteratur* 4 (1973 [*recte*: 1974]), S. 131–174; Teildruck in englischer Sprache unter dem Titel *The Commitment and Contradiction of Hans Magnus Enzensberger* in *Books Abroad. An International Literary Quarterly* 47 (1973), S. 295–298.

Enzensberger, Kuba und 'La Cubana'
Erstdruck in *Basis. Jahrbuch für deutsche Gegenwartsliteratur* 6 (1976), S. 65–77; Teildruck auch in *Programmhefte des Bayerischen Staatstheaters am Gärtnerplatz*, Spielzeit 1974/75, H. VII, S. 2–6; ferner in *Rendevouz im Rampenlicht. Das Gärtnerplatztheater in München* (Langen Müller: München, 1979), S. 130–134.

Poetic Anarchism?
The Case of Hans Magnus Enzensberger
Erstdruck in *Modern Language Notes* 97 (1982), S. 745–758.

Festgemauert und noch nicht entbehrlich.
Enzensberger als Erbe Schillers
Erstdruck in *Friedrich Schiller. Kunst, Humanität und Politik in der späten Aufklärung. Ein Symposium.* Hrsg. von Wolfgang Wittkowski (Niemeyer: Tübingen, 1982), S. 310–325.

Das Messer im Rücken.
Utopisch-dystopische Bildlichkeit bei Hans Magnus Enzensberger
Erstdruck in *Literarische Utopie-Entwürfe.* Hrsg. von Hiltrud Gnüg (Suhrkamp: Frankfurt, 1982), S. 291–310.

Das alte Rätsel und die neuen Spiele
[Besprechung von] *verteidigung der wölfe*
Erstdruck in *Erlanger Tagblatt*, 99. Jg., Nr. 294 (14.12.1957).

Silent Summer
Erstdruck in *Frankfurter Allgemeine Zeitung*, Nr. 65 (17.3.1979); auch in *Frankfurter Anthologie. Gedichte und Interpretationen.* Hrsg. u. mit einer Nachbemerkung von Marcel Reich-Ranicki. Vierter Band (Insel: Frankfurt, 1979), S. 221–224; ferner in *Hundert Gedichte werden vorgestellt. Eine zeitgenössische Auswahl aus der Frankfurter Anthologie.* Hrsg. u. mit einem Vorwort von Marcel Reich-Ranicki (Bertelsmann: Gütersloh o.J. [1983]), S. 255–258.

Eiszeit und Untergang.
Zu einem Motivkomplex in der deutschen Gegenwartsliteratur
Erstdruck in *Monatshefte* 73 (1981), S. 155–186; Teildruck unter dem Titel *The Ice Age Cometh. Skizzenhaftes zu einem Motivkomplex in der deutschen Gegenwartsliteratur* in *Festschrift for E.W. Herd.* Ed. by August Obermayer (University of Otago: Dunedin, N.Z., 1980), S. 78–85; Teilübersetzung unter dem Titel *"The Ice Age Cometh": A Motif in Modern German Literature* in *"The Fisherman and His Wife": Günter Grass's 'The Flounder' in Critical Perspective*, ed. by Siegfried Mews (AMS Press: New York, 1983), S. 1–17.

[Hans Magnus Enzensberger:]
Entrevista 1969
Erstdruck in *Basis. Jahrbuch für deutsche Gegenwartsliteratur* 4 (1973) [recte: 1974]), S. 122–130; ursprünglich in spanischer Sprache unter dem Titel *Entrevista con Hans Magnus Enzensberger* in *Casa de las Américas* 10 (1969), Nr. 55, S. 117–121.

[Diskussion zu] *Festgemauert und noch nicht entbehrlich*
(S.o. *Festgemauert und noch nicht entbehrlich*).

Für die Erlaubnis zum Wiederabdruck der einzelnen Texte gilt allen Verlagen bzw. Herausgebern mein herzlicher Dank.